Um capítulo sobre sonhos e outros ensaios

Um capítulo sobre sonhos e outros ensaios

Robert Louis Stevenson

Tradução e notas **Miguel Nassif**

wmf martinsfontes

1ª edição *2025*

Tradução e notas
Miguel Nassif
Coordenação
Joca Reiners Terron
Acompanhamento editorial
Diogo Medeiros
Preparação
Maria Fernanda Alvares
Revisões
Beatriz de Freitas Moreira e Cássia Land
Produção gráfica
Geraldo Alves
Diagramação
Renato Carbone
Capa e projeto gráfico
Luciana Facchini

Dados Internacionais de Catalogação na Publicação (CIP)
(Câmara Brasileira do Livro, SP, Brasil)

Stevenson, Robert Louis, 1850-1894
Um capítulo sobre sonhos e outros ensaios / Robert Louis Stevenson ; tradução Miguel Nassif. – São Paulo : Editora WMF Martins Fontes, 2025. – (Errar melhor)

ISBN 978-85-469-0714-4

1. Ensaios escoceses I. Título. II. Série.

25-247786 CDD-824

Índices para catálogo sistemático:
1. Criação : Escrita : Literatura 808.02

Cibele Maria Dias – Bibliotecária – CRB-8/9427

Rua Prof. Laerte Ramos de Carvalho, 133 01325-030 São Paulo SP Brasil
Tel. (11) 3293-8150 e-mail: info@wmfmartinsfontes.com.br
http://www.wmfmartinsfontes.com.br

Sumário

Prefácio: A tentação do fracasso: os ensaios de Robert Louis Stevenson 7

1. Uma defesa dos ociosos 15
2. Brincadeira de criança 27
3. Os lanterneiros 41
4. Sobre a apreciação de lugares desagradáveis 55
5. Mendigos 65
6. Estradas 77
7. Caminhadas 87
8. A verdade na conversa 97
9. A conversa e os conversadores 109
10. Carta a um jovem cavalheiro que pretende abraçar a carreira artística 135
11. A moralidade da profissão das letras 145
12. O meu primeiro livro: *A Ilha do Tesouro* 159
13. Enviado para o sul 171
14. Uma conversa sobre um romance de Dumas 185
15. Uma nota sobre realismo 197
16. Um humilde protesto 205
17. Um capítulo sobre sonhos 219
18. A filosofia da nomenclatura 235
19. *Aes triplex* 241
20. A filosofia dos guarda-chuvas 253
21. Eldorado 259

Notas 263

Prefácio

A tentação do fracasso: os ensaios de Robert Louis Stevenson

A ficção de Robert Louis Stevenson se confunde com a própria infância, mas tal identificação não faz justiça à integralidade de sua obra. Em particular no Brasil o escocês é conhecido apenas por seus contos, novelas e romances de aventura, sem dúvida popularíssimos, em sua forma integral ou resumida, adaptados aos quadrinhos, ao cinema e aos livros ilustrados, com numerosas, repetidas e discutíveis edições. A redução do espectro imaginativo de um autor tão prolífico, há sessenta anos em domínio público, só pode ser fruto de uma negligente visão editorial.

A mais conhecida página brasileira de internet dedicada à busca de livros exibe 3.917 ocorrências do nome de Stevenson. No entanto, em sua enorme maioria, excetuando-se as edições estrangeiras, resumem-se a dois títulos, *A Ilha do Tesouro* e *O estranho caso do Dr. Jekyll e Mr. Hyde* (também conhecido em português como *O médico e o monstro*), além das presumíveis aparições esporádicas de *Raptado*, *O demônio da garrafa* e *O Clube do Suicídio*, indício de que nem todas as incursões do escocês pela narrativa de aventura, pelo conto fantástico, pelo relato de horror e pela novela policial foram traduzidas. Nossa única edição de *As novas mil e uma noites* (Editora Três, 1975) é devorada pelas traças há cinquenta anos.

As demais dimensões da prosa flexível e imaginativa do narrador, poeta e ensaísta nascido em Edimburgo em 1850, pertencente a uma linhagem de engenheiros (seu avô homônimo inventou a lâmpada intermitente usada nos faróis e construiu dezoito deles na costa escocesa, o que o liga diretamente ao amor pela vida marítima do neto), são resumidas às memórias de *Nos mares do sul* (Iluminuras, 1992), ao diário *Viagem com um burro pelas Cevenas* (Carambaia, 2016) e à radiante correspondência com outro luminar das letras, seu amigo Henry James, em *A aventura do estilo* (Rocco, 2017, organizado por Marina Bedran). Quanto aos ensaios, temos à disposição *O elogio do ócio* (Nova Fronteira, 2021), antologia introdutória com apenas seis textos. Portanto, para além do valor intrínseco dos ensinamentos e do regozijo oferecido pela própria leitura, esta edição de *Um capítulo sobre sonhos e outros ensaios* entrega a mais generosa seleção do gênero até o momento no Brasil, reunindo vinte e um ensaios traduzidos e anotados por Miguel Nassif. Ainda assim, está longe de abranger a totalidade das valiosas reflexões do genial autor de *Markheim*.

Acrescento que Stevenson, sem dúvida de maneira involuntária, é o padroeiro desta coleção de ensaios sobre escrita. Não poderíamos contar com melhor benefício, pois se trata de alguém que concluiu um sermão natalino para sua família afirmando que: "Nosso objetivo neste mundo não é ter sucesso, mas continuar a fracassar, com o melhor dos ânimos." Portanto, se Samuel Beckett foi a inspiração direta do título da coleção, ainda assim é impossível deixar de mencionar a semelhança que seu quase lema ("Já tentou. Já falhou. Não importa. Tente de novo.

Falhe de novo. Falhe melhor.") tem com outra máxima que a precedeu, agora de Stevenson: "Aqui está alguém que foi bem intencionado, tentou um pouco, falhou muito: sem dúvida, esse pode ser seu epitáfio, do qual não precisa se envergonhar."

O fato de Stevenson ter sido um dos autores mais populares de sua época contribuiu, junto com sua autopropalada paixão pelas narrativas de aventura, para a fama póstuma de autor de clássicos da literatura dedicada à juventude. Foi celebrado por uma legião inigualável de colegas, epígonos e pupilos posteriores, de Jorge Luis Borges a Vladimir Nabokov, dentre eles Marcel Schwob, que chegou a realizar extenuante viagem aos mares do Sul a fim de prestar a última homenagem ao homem que lhe fizera amar a literatura, e a quem não chegou a conhecer em pessoa, a despeito de tê-lo como verdadeiro irmão. O francês, entretanto, tão enfermo quanto seu mestre (que havia falecido prematuramente aos quarenta e quatro anos em 1894, vítima de derrame), ao aportar em 1901 na ilha de Upolu não teve forças para escalar a colina em cujo cimo Stevenson estava sepultado. Desencantado pela frustração e delirante em decorrência da febre, Schwob tentou se jogar no mar, sendo impedido por seu fiel criado chinês, Ting, numa possível cena de um romance não escrito pelo próprio autor de *O Clube do Suicídio*.

Não parecia existir na visão de Stevenson nenhuma oposição entre a biblioteca, antro deleitável de onde o enfermiço e erudito Schwob mal saíra antes de empreender sua jornada às ilhas Samoa, e os percalços da vida real. Esse possível contraste nunca chegou a ser impedimento para o jovem escritor escocês refrear seus frequentes traslados de lá para cá, das montanhas da Europa ao Atlântico até a Califórnia, movido pela fatalidade de procurar o amor (sua primeira visita aos Estados Unidos foi no encalço da futura esposa, Fanny Osbourne, de quem estava inelutavelmente enamorado) ou pelas inconstâncias da saúde (sofria de alguma doença pulmonar crônica, talvez bronquiectasia ou tuberculose, não se sabe com certeza).

A reclusão por conta da má condição respiratória numa estância de repouso às margens do lago Saranac em Nova York (para onde a família Stevenson se mudara, agora constituída por Fanny e seus dois filhos, além da mãe do escritor, Margaret, enviuvada depois da morte do marido, Thomas), aliada ao inverno sem trégua de 1887-1888, permitiu ao escritor produzir seus melhores ensaios, alguns deles incluídos nesta coletânea. Como ensaísta, Stevenson se notabilizou pela crítica aguda à sociedade vitoriana, insurgindo-se contra a ética protestante (à qual negou no próprio berço, nascido que era em família religiosa) e sua férrea defesa dos benefícios do trabalho constante. Em oposição, argumenta em "Uma defesa dos ociosos" que o lazer e a contemplação permitem uma vida mais equilibrada e plena em experiências subjetivas e introspectivas, e suas palavras se adequam a qualquer época, até mesmo à nossa, na qual os trabalhadores continuam, cento e quarenta anos depois, a ser acossados pelos relógios de ponto, com o acréscimo atual de que inteligências artificiais batem à porta, ameaçando seu sustento.

Ao ironizar um comentário de que a ocupada vida adulta não reserva espaço (ou tempo) para a leitura, reagiu com agudeza:

> (...) muitas coisas se tornam repelentes além da leitura, e muitas delas até mesmo impossíveis quando um homem tem que usar óculos e não consegue andar sem o auxílio de uma bengala. Livros são bons o bastante por si mesmos, mas são um substituto pálido para a vida. É uma pena se sentar, como a dama de Shalott, encarando um espelho, de costas para toda a agitação e brilho da realidade. E se um homem lê com muito afinco, como a velha anedota nos lembra, vai ter pouco tempo para pensar.

Sem dúvida, a contradição entre ócio e trabalho se apresenta no próprio exemplo de Stevenson, cujo estilo elegante soa fluido e fresco como água da nascente, porém é fruto da precisão técnica e da intensa dedicação à atividade literária, resultando numa prosa transparente na qual o esforço é imperceptível; nela, o autor se torna invisível, abrindo espaço para vívidas imagens que, com detalhes tocantes, narram. A dicotomia entre vida e literatura propiciou um de seus melhores textos, "Um humilde protesto", em resposta ao ensaio de Henry James, "A arte da escrita", publicado na revista *Longman's* de dezembro de 1884, versando sobre a importância da realidade para a arte do romancista. A troca de provocações marcou o início de intenso debate epistolar acerca da escrita de ficção entre os dois gênios.

> O único método do homem, quer ele pense ou crie, é fechar os olhos contra o deslumbramento e a confusão da realidade. A vida é monstruosa, infinita, ilógica, abrupta e pungente; uma obra de arte, em comparação, é ordenada, finita, autocontida, racional, fluida e emasculada. O romance, que é uma obra de arte, existe não por suas semelhanças com a vida, que são forçadas e materiais, mas por sua incomensurável diferença da vida, que é projetada e significativa.

Em um ensaio dedicado à prosa de não ficção de Stevenson*, Alberto Manguel defende que sua fé nas palavras se presta admiravelmente a seu pensamento, resultando em um estilo "im-

---

* "Memória para o esquecimento: os ensaios de Robert Louis Stevenson", incluído na coletânea *À mesa com o Chapeleiro Maluco, ensaios sobre corvos e escrivaninhas*, Companhia das Letras, São Paulo, 2009.

pecável, sem artifícios". O autor canadense-argentino afirma que a confiança de Stevenson no poder da língua escrita o faz "buscar sempre *le mot juste*, a palavra exata, que, como seu contemporâneo Flaubert, ele sabe perfeitamente encontrar-se nessa quase infinita combinação de vinte e seis letras, e nenhum texto lhe parece acabado até encontrá-lo". Para concluir, Manguel cita o próprio Stevenson ("Uma nota sobre realismo"):

> O estilo é a marca invariável de todo mestre; e, para o estudante que não é tão ambicioso para querer figurar entre os gigantes, continua sendo a única qualidade que pode aprimorar por esforço próprio. Paixão, sabedoria, força criativa, o poder do mistério e do colorido, tudo isso é designado na hora do nascimento e não pode ser aprendido nem simulado. Mas o uso justo e preciso das qualidades que temos, a proporção de uma parte para a outra e para o todo, a supressão do supérfluo, a ênfase no essencial e a preservação de uma uniformidade do começo ao fim – esses elementos, que juntos constituem perfeição técnica, estão, até certo ponto, ao alcance do esforço e da coragem intelectual.

Stevenson não organizou de modo sistemático suas reflexões sobre escrita, a não ser em ensaios dispersos como os mencionados e os demais incluídos neste livro, nos quais tratou o tema direta ou indiretamente. Sua convicção na importância da imagem como forma de ativar o "olho da mente" e no incidente como deflagrador narrativo, em detrimento das tradicionais convenções que valorizam dados circunstanciais e o detalhismo descritivo na construção de personagens e cenários, é de suma importância para a compreensão da forma do romance como expressão artística. De igual modo, certa visão dos aspectos inimitáveis da vida, e do redobrado valor da literatura como tempero e alento máximo da existência: "O amor pelas palavras e não o desejo de publicar novos achados, o amor pela forma e não uma nova leitura de fatos históricos marcam a devoção do escritor", afirmou.

Em seu magistral ensaio* incluído em *O Clube do Suicídio e outras histórias*, Davi Arrigucci Jr. argumenta que Stevenson é um narrador que ensina a ler e a escrever, e não há maior ensinamento desejável a um escritor no início de sua trajetória do que essas duas atividades inevitavelmente ligadas: "Existem nas páginas dos ensaios e estudos literários de Stevenson, como no famoso e importante 'Uma nota sobre realismo', muitas observações sagazes e intuições certeiras que acabam por configurar, ainda que de forma assistemática e difusa, mas fundada numa longa e profunda experiência de leitura e na prática da narrativa, uma teoria crítica da ficção, que é também uma poética da narrativa de longo alcance, precisão e coerência."

Se aprendemos com Stevenson que não há página à altura da aurora ou de uma noite estrelada, ou parágrafo que rivalize com o úmido estalar de um beijo, por outro lado é possível perceber que não existe alegria mais desmesurada ou intimidade maior entre duas consciências do que o espaço compartilhado na leitura de um livro. Como feliz leitor das aventuras escritas pelo escritor quando garoto, nas edições do Círculo do Livro, posso atestar que o perfume do Mato Grosso do Sul na fronteira com o Paraguai de minha infância cheirava aos becos fétidos de Londres pisados pelo sinistro Mr. Hyde, enquanto eu singrava no beliche que dividia com meu irmão os mesmos oceanos navega-

* "A poesia da circunstância", Davi Arrigucci Jr., in *O Clube do Suicídio e outras histórias*, Cosac Naify, São Paulo, 2011.

dos por Jim Hawkins a bordo do Hispaniola. E ainda hoje, ao escovar os dentes com distração, canto "Iô-rô-rô e uma garrafa de rum!".

Em permanente discórdia, os numerosos biógrafos de Robert Louis Stevenson discutem se logo antes de sua morte ele abria uma garrafa de vinho ou fazia maionese para o jantar, numa noite amenizada pelo vento aprazível do Pacífico. Mas todos concordam que suas últimas palavras foram dirigidas à esposa: "O que é isso, minha cara está esquisita?" Como tudo o que fez em sua breve existência atribulada e produtiva, morreu por uma boa ação, comentando algo divertido, a despeito da péssima hora.

Joca Reiners Terron

1 Uma defesa dos ociosos

BOSWELL: O ócio nos deixa entediados.
JOHNSON: Isso acontece, senhor, porque, estando os outros ocupados, queremos companhia; mas, se fôssemos todos ociosos, não haveria tédio; entreteríamos uns aos outros.

Nesta época em que todo mundo é obrigado, sob o risco de uma condenação por lesa-respeitabilidade, a ingressar numa profissão lucrativa e se esfalfar com um sorriso de orelha a orelha, qualquer pio da facção oposta, dos que se contentam com pouco e preferem ficar de fora e se divertir, soa um pouco como bravata e gabarolice. E não deveria ser o caso. O chamado "ócio", que não consiste em fazer nada, mas em fazer coisas que não constam dos manuais dogmáticos da classe dominante, tem todo o direito de marcar posição como um trabalho em si. Fica claro que a existência de gente que se recusa a entrar no páreo por seis vinténs é ao mesmo tempo um insulto e um desencanto para aqueles que o fazem. Um sujeito decente (como muitos que vemos por aí) faz a sua aposta, opta pelos seis vinténs e "vai pra cima deles", como diz o enfático americanismo. E não é difícil entender o ressentimento desse sujeito quando ele vê, enquanto ara a terra com dificuldade, pessoas despreocupadamente largadas na relva com turbantes improvisados e um copo ao alcance da mão. A falta de consideração de Diógenes atingiu Alexandre num ponto muito delicado. Onde estava a glória da tomada de Roma para aqueles bárbaros turbulentos que invadiram o Senado e depararam com os patriarcas sentados em silêncio, impassíveis diante do seu sucesso? É difícil trabalhar duro galgando uma montanha e, ao chegar lá em cima, descobrir que a humanidade é indiferente à sua conquista. É por isso que os cientistas condenam tudo o que não é científico; os financistas toleram só por alto quem não entende de ações; os literatos desprezam os iletrados; as pessoas que trabalham têm em comum o desprezo pelos que não fazem nada.

Mas, apesar de essa ser uma das dificuldades do assunto, não é a maior. Você não pode ser preso por falar contra o trabalho, mas pode ser internado por falar maluquices. A maior dificuldade com a grande parte dos assuntos é tratá-los com justeza; logo, lembrem-se por favor de que isto é uma defesa. É certo que muito pode ser dito a favor do empenho, mas há algo que pode ser dito contra, e é o que, nesta ocasião, tenho a dizer. Defender um argumento não significa necessariamente ignorar todos os outros. Alguém escrever um relato de viagem a Montenegro[1] não quer dizer que nunca tenha estado em Richmond.

Não há sombra de dúvida de que se deve aproveitar o ócio na juventude. Ainda que aqui ou ali um Lord Macaulay[2] escape das honras escolares com todos os parafusos no lugar, a maioria dos garotos paga um preço tão alto por suas medalhas que começam a vida sem reservas, falidos. E isso se aplica a todo o período em que um jovem está se educando ou sendo educado por outros. Deve ter sido um velho cavalheiro muito tolo o que se dirigiu a Johnson em Oxford com estas palavras: "Jovenzito, meta o nariz nos livros o quanto antes e garanta o seu estoque de conhecimento, porque, quanto mais se envelhece, mais o ato de se debruçar sobre um livro se torna uma tarefa repelente." O velho cavalheiro não deve estar a par de que muitas coisas se tornam repelentes além da leitura, e muitas delas até mesmo impossíveis quando um homem tem que usar óculos e não consegue andar sem o auxílio de uma bengala. Livros são bons o bastante por si mesmos, mas são um substituto pálido para a vida. É uma pena se sentar, como a dama de Shalott[3], encarando um espelho, de costas para toda a agitação e fulgor da realidade. E se um homem lê com muito afinco, como a velha anedota nos lembra, vai ter pouco tempo para pensar.

Se você rememorar os tempos da escola, tenho certeza de que não será das horas cheias, vívidas e instrutivas, cabulando aula, que você vai se arrepender; você preferiria apagar os períodos sem brilho entre o cochilo e o despertar na sala de aula. De minha parte, assisti a muitas aulas boas na minha época. Ainda lembro que a rotação de um pião é um caso de Estabilidade Cinética. Também lembro que a "enfiteuse" não é uma doença nem o "estilicídio" um crime. Apesar de não dispensar essas migalhas de ciência, não dou a mesma importância a elas que a certos badulaques que encontrei na rua quando matava aula. Não é o momento de me demorar nessa importante instituição de ensino, que era a escola preferida de Dickens e de Balzac, e que forma todo ano muitos mestres inglórios na Ciência das Coisas da Vida. Basta dizer isto: se um rapaz não aprende nada nas ruas é porque não tem a capacidade de aprender. Nem o cabulador está sempre nas ruas, pois, se preferir, pode ir para os subúrbios ajardinados. Pode escolher um arbusto de lilases diante de um regato e fumar inúmeros cachimbos ao som da água nas pedras. Um pássaro vai cantar na mata. E aí ele pode se entregar a uma espiral de pensamentos agradáveis e ver as coisas de outro ângulo. Se isso não é educação, o que é? Podemos imaginar o Sábio-Segundo-o-Mundo[4] abordando um desses e a conversa que se seguiria:

"Então, jovem, o que fazes aqui?"

"Na verdade, senhor, estou descansando."

"Não é hora da aula? E não deverias estar estudando com diligência, a fim de adquirir conhecimento?"

"Mas aqui também estou aprendendo, se me permite."

"'Aprendendo! Que matéria, rogo-te? É a matemática?"

"Certamente que não."

"A metafísica?"

"Nem isso."

"Algum idioma?"

"Não, idioma nenhum."

"Uma profissão?"

"Também não."

"O que seria, então?"

"Na verdade, senhor, como logo será a hora de sair em peregrinação, estou desejoso de aprender o que é feito comumente pelas pessoas na minha situação, e onde se encontram os piores charcos e matagais da estrada, bem como que cajado é o mais apropriado. Além disso, estou aqui deitado à beira d'água a fim de memorizar uma lição que meu mestre me ensinou a chamar de Paz ou Contentamento."

Nesse ponto, o Sábio-Segundo-o-Mundo estaria tomado pela raiva e, brandindo a sua bengala de modo bastante ameaçador, irromperia: "Aprendendo!", diria ele. "Por mim, vagabundos desse tipo seriam todos açoitados pelo carrasco!"

E assim iria embora, ajeitando a sua gravata com um farfalhar de goma, como um peru quando abre as penas.

Ora, essa opinião, a do Sábio, é a opinião corrente. Um fato não é chamado de fato, mas de mera fofoca, se não se encaixa numa das categorias acadêmicas. Um estudo deve ter uma direção conhecida e um nome; do contrário você não está estudando coisa nenhuma, só matando tempo, e até um reformatório é bom demais para você. Supõe-se que todo o conhecimento está no fundo de um poço ou na outra ponta de um telescópio. Sainte-Beuve[5], à medida que envelhecia, passou a considerar toda experiência como um único grande livro para estudar por alguns anos antes de seguirmos em frente; e para ele dava no mesmo ler o capítulo 20, sobre cálculo diferencial, ou o capítulo 39, sobre escutar a banda que toca nos jardins. A verdade é que uma pessoa inteligente, com os olhos abertos e os ouvidos atentos, e um sorriso constante no rosto, vai ter uma educação melhor do que muitos que levam uma vida de vigílias heroicas. É certo que há conhecimento frio e árido a se encontrar nos píncaros de uma ciência formal e laboriosa, mas as coisas estão ao seu redor, e é só olhar em volta para apreender os fatos quentes e palpitantes da vida. Enquanto os outros estão enchendo a cabeça com um carregamento de palavras – metade das quais vão esquecer antes do fim da semana –, você pode, ao cabular aula, aprender alguma coisa realmente útil: tocar violino, reconhecer um bom charuto ou conversar com desenvoltura com todo tipo de gente. Muitos dos que "meteram o nariz nos livros" e sabem tudo sobre um ramo ou outro do cânone aceito saem da escola com um jeito de coruja velha e acabam se provando secos, estúpidos e indigestos nos melhores e mais luminosos aspectos da vida. Muitos dos que fazem uma grande fortuna morrem ignorantes e pateticamente estúpidos. Enquanto isso, o ocioso, que começou a vida com eles – com a sua licença, a coisa muda de figura... Ele tem tempo para cuidar da saúde e do espírito; passou tempo suficiente ao ar livre, que é a coisa mais saudável tanto para o corpo como para a mente; e se nunca leu o grande Livro em lugares recônditos, o folheou com excelentes resultados. Não poderia o estudante trocar o seu conhecimento das raízes hebraicas e o empresário algumas de suas meias-coroas por uma parcela do conhecimento de mundo e da Arte de Viver do ocioso? Não, e o ocioso tem uma qualidade mais importante do que essa. Me refiro à sabedoria. Ele, que observou a satisfação infantil de outras pessoas imersas em seus *hobbies*, encara a própria com uma indulgência muito irônica. Os dogmáticos não lhe darão ouvidos. Ele terá uma tolerância grandiosa e jovial com todo tipo de gente e opinião. Se não encontrar nenhuma verdade extravagante, não vai se identificar com nenhuma mentira deslavada. Seu caminho o conduz por uma estrada pouco viajada, mas muito plana e agradável, que se chama travessa do Lugar-Comum e que leva ao mirante do Senso Comum. Dali ele vai ter uma vista, se não muito nobre, ao menos agradável, e, enquanto os outros contemplam o leste e o oeste, o diabo e a aurora, ele contempla satisfeito uma espécie de despertar de todas as coisas sublunares, com um exército de sombras se movendo com rapidez e em várias direções no grande amanhecer da Eternidade. As sombras e as gerações, os doutores estridentes e as guerras estrondosas passam em silêncio e em direção ao vazio, mas sob tudo isso é possível divisar, pelas janelas do mirante, uma paisagem verde e serena; lareiras acesas; pessoas boas rindo, bebendo e fazendo amor, como faziam antes do Dilúvio ou da Revolução Francesa; e o velho pastor contando suas ovelhas debaixo do pilriteiro[6].

Atarefação extrema, na escola ou na faculdade, na igreja ou no mercado, é sintoma de uma deficiência de vitalidade; e uma habilidade para o ócio implica um apetite eclético e um forte senso de identidade pessoal. Existe por aí um tipo de gente morta-viva e desinteressante que quase não tem consciência de estar vivendo exceto pelo exercício de alguma ocupação convencional. Ponha esses sujeitos no campo ou a bordo de um navio para você ver como anseiam por suas mesas e escritórios. Eles não têm curiosidade; não conseguem se render a provocações aleatórias; não têm prazer no uso das suas faculdades sem um propósito; e, a menos que a Necessidade os fustigue com uma vara, eles nem se mexem. Não é bom falar com esse tipo de gente: são *incapazes* de se entregar ao ócio, e passam as horas que não são dedicadas a moer furiosamente no moinho de ouro numa espécie de coma. Quando não precisam ir para o escritório, não têm fome nem vontade de beber, o mundo que respira desaparece para eles. Se precisam esperar o trem por uma hora ou coisa assim, entram num estúpido transe de olhos abertos. Ao vê-los nesse estado, parece que não têm nada para ver nem ninguém com quem conversar; que têm alguma paralisia ou perturbação; e, no entanto, são muito provavelmente gente que trabalha duro e tem bom olho para um erro numa escritura ou para uma movimentação do mercado. Frequentaram a escola e a faculdade, mas o tempo todo de olho no prêmio; viajaram o mundo e travaram contato com pessoas inteligentes, mas estavam o tempo todo pensando nos próprios assuntos. Como se a alma do homem já não fosse pequena o bastante, eles apequenaram e estreitaram a deles com uma vida de muito trabalho e pouca diversão; agora estão com quarenta anos, apáticos e desatentos, e com a cabeça vazia de tudo o que é divertido e uma ideia para friccionar na outra enquanto esperam o trem. No tempo em que usava calças curtas, podia escalar caixas; quando tinha vinte, podia olhar as meninas; mas agora o cachimbo foi fumado, a caixa de rapé está vazia, e o meu cavalheiro se senta ereto num banco, com olhos tristonhos. Isso não me parece Sucesso na Vida.

Mas não é só ele que sofre com a própria atarefação, sofrem também sua mulher e filhos, amigos e conhecidos, e até as pessoas que sentam do lado dele no trem ou no ônibus. A devoção perpétua ao que chamam de trabalho só pode ser sustentada pela negligência perpétua de muitas outras coisas. E de modo algum é certo que o trabalho de um homem é a coisa mais importante que ele tem para fazer. Numa avaliação parcial, ficará claro que muitos dos papéis mais sábios, mais virtuosos e mais benevolentes a serem interpretados no teatro da vida são desempenhados por atores amadores e são vistos, pelo mundo em geral, como momentos de ócio. Porque, nesse teatro, não são só os figurantes, as criadas cantoras e os diligentes violinistas da orquestra, mas também aqueles que veem e aplaudem da plateia que realmente desempenham um papel de verdade e cumprem uma função realmente importante para o resultado geral. Você é sem dúvida bastante dependente dos cuidados dos seus advogados e corretores, dos guardas e dos sinaleiros que o conduzem rapidamente de um lugar para o outro e dos policiais que percorrem as ruas para a sua proteção; mas não teria no coração um pensamento de gratidão para certos benfeitores que o fazem sorrir quando cruzam o seu caminho ou temperam o jantar com boa companhia? O coronel Newcome ajudou a gastar o dinheiro do amigo; Fred Bayham tinha o hábito terrível de pegar camisas emprestadas; e mesmo assim eram companhias mais agradáveis que o sr. Barnes[7]. E ainda que Falstaff não fosse sóbrio nem honesto, acho que consigo nomear um ou dois Barrabás de cara triste que não fariam a menor falta. Hazlitt comenta que tinha um senso de dever maior para com Northcote[8], que nunca lhe tinha feito nada que se pudesse chamar de favor, do que para com todo o seu círculo de amigos ostentadores; porque achava que um bom companheiro era sem dúvida o maior benfeitor.

Sei que existem no mundo pessoas incapazes de gratidão a menos que o favor tenha sido prestado à custa de dor e de dificuldade. Mas essa é uma inclinação vulgar. Uma pessoa pode te mandar seis folhas de papel de carta preenchidas com a fofoca mais divertida, ou talvez você possa passar uma meia hora, talvez proveitosamente, debruçado sobre um artigo dela; você acha que ela teria te prestado um serviço mais importante se tivesse escrito com sangue, como num pacto com o diabo? Você realmente acha que estaria mais em dívida com o seu correspondente se ele o tivesse amaldiçoado o tempo inteiro pela inconveniência? Os prazeres são mais benéficos que os deveres porque, assim como a qualidade da compaixão, não exigem esforço, e por isso são duplamente benditos. Um beijo precisa de duas pessoas para acontecer; uma piada pode ser apreciada por várias; mas, onde há um elemento de sacrifício, o favor é concedido com dor e, entre pessoas generosas, recebido com confusão.

Não há dever que subestimamos mais do que o dever de ser feliz. Quando estamos felizes, semeamos no mundo benfeitorias anônimas que permanecem desconhecidas até para nós mesmos ou que, ao serem reveladas, surpreendem mais o benfeitor do que qualquer um. Outro dia, um menino descalço e esfarrapado correu rua abaixo atrás de uma bola de gude com um ar tão jovial que deixou todo mundo que passava de bom humor; uma dessas pessoas, afastada de pensamentos mais sombrios que de costume, parou o menininho e lhe deu dinheiro com este comentário: "Veja o que às vezes acontece quando parecemos contentes." Se antes ele parecia contente, agora parecia contente e perplexo. De minha parte, defendo que se encoraje as crianças a sorrir em vez de chorar; não quero pagar por lágrimas em lugar nenhum além do palco; mas estou preparado para lidar com a mercadoria oposta. É melhor encontrar um homem ou uma mulher feliz do que uma nota de cinco libras. Ele ou ela é um foco radiante de boa vontade; quando entra numa sala é como se mais uma vela fosse acesa. Não importa se são capazes de provar a 47ª proposição[9]; fazem uma coisa melhor que isso, praticamente demonstram o grande Teorema da Habitabilidade da Vida. Consequentemente, se alguém não consegue ser feliz sem ser ocioso, ocioso deve ser. É um preceito revolucionário; mas, graças à fome e ao reformatório, não se pode abusar muito dele, e, dentro de limites práticos, é uma das verdades mais incontestáveis entre todos os preceitos morais. Olhe por um momento para um dos seus companheiros industriosos, eu imploro. Ele semeia pressa e colhe indigestão; investe uma grande quantia de atividade e recebe de volta uma grande dose de perturbação nervosa. Ou se ausenta inteiramente de toda camaradagem e vive recluso num sótão, de pantufas e com um tinteiro de chumbo; ou se aproxima das pessoas rápida e amargamente, com o sistema nervoso exaurido, para descarregar a raiva nelas antes de voltar ao trabalho. Não me importa se esse sujeito trabalha muito ou faz um bom trabalho, ele é uma presença maligna na vida das pessoas. Elas ficariam mais felizes se ele estivesse morto. Seria mais fácil se virar sem os seus serviços no Escritório de Circunlocução do que tolerar o seu espírito irritadiço. Ele envenena a vida na fonte. É melhor ser arruinado de uma vez por um sobrinho tratante do que ser atormentado a vida toda por um tio rabugento.

E por que, Deus, tanto alvoroço? Por que amarguram a própria vida e a dos outros? Que alguém publique três ou trinta artigos por ano, que termine ou não o seu grande quadro alegórico, são perguntas que pouco importam para o mundo. As fileiras da vida estão cheias; e, embora mil caiam, sempre haverá alguém para penetrar a fenda. Quando disseram para Joana d'Arc que ela deveria ficar em casa cuidando dos afazeres femininos, ela respondeu que já havia gente suficiente para lavar e fiar. O mesmo para os seus talentos raros! Quando a natureza é "tão descuidada com a vida individual"[10], por que deveríamos nos aconchegar à ideia de que a nossa é de excepcional importância? Se Shakespeare tivesse levado uma pancada na cabeça numa noite escura nas reservas de sir Thomas Lucy[11], o mundo teria continuado em frente melhor ou pior, o balde no poço, a foice no milho e o estudante no seu livro; e ninguém notaria a perda.

Não há muitas obras, se você olhar bem, que valham o preço de uma libra de tabaco para um homem de recursos parcos. Essa é uma reflexão que deixa sóbria a mais orgulhosa das nossas vaidades terrenas. Até mesmo um vendedor de tabaco pode, depois de refletir, não encontrar grandes motivos para se vangloriar dessa frase; porque, apesar de o tabaco ser um sedativo admirável, as qualidades necessárias para vendê-lo não são raras ou preciosas em si mesmas. Ai de mim! Podem entender como quiserem, mas os serviços de ninguém são indispensáveis. Atlas era só um cavalheiro com um pesadelo prolongado! E ainda assim vemos comerciantes que trabalham para juntar uma grande fortuna e depois vão à falência; escribas que continuam rabiscando os seus artiguinhos até que a sua irritação se torne uma cruz para todos que se aproximam deles, como se o faraó pusesse os israelitas para construir uma agulha em vez de uma pirâmide; e jovens talentosos que trabalham até a exaustão e são carregados num rabecão com plumas brancas. Não é de imaginar que o Mestre de Cerimônias sussurrou a promessa de um destino extraordinário no ouvido dessas pessoas? E que esta bola morna sobre a qual as suas farsas se desenrolam era o centro de todo o universo? E ainda assim não é o caso. Os fins pelos quais elas oferecem a sua preciosa juventude podem ser, até onde sabem, quiméricos ou nocivos; a glória e as riquezas que elas esperam podem não vir nunca, ou podem encontrá-las indiferentes; e elas e o mundo que habitam são tão insignificantes que a mente gela só de pensar nisso.

(1877)

2 Brincadeira de criança

A falta que sentimos da infância não é totalmente justificável: isso um homem pode dizer sem receio de ser alvo da chacota pública; pois, apesar de resistirmos à mudança, temos consciência das muitas vantagens do nosso novo estado. O que perdemos em impulso generoso ganhamos em dobro no hábito de pensar nos outros com generosidade; e a capacidade de apreciar Shakespeare compensa a aptidão perdida de brincar de soldado. Além do quê, o terror sumiu das nossas vidas; não vemos mais o diabo no dossel nem ficamos acordados ouvindo o vento. Não vamos mais à escola; e, se só trocamos um trabalho pesado por outro (o que não é de jeito nenhum uma certeza), pelo menos estamos livres para sempre do medo diário do castigo. No entanto, uma grande mudança se operou em nós; e, embora não nos divirtamos menos, sentimos prazer de forma diferente. Hoje precisamos de picles para que os restos do carneiro de quarta agradem ao nosso paladar de sexta; e ainda me lembro do tempo em que dizer que o carneiro frio era carne de veado-vermelho e imaginar uma história de caçador para ele o teria deixado mais saboroso que o melhor dos molhos. Para o adulto, carneiro frio é carneiro frio em qualquer lugar; e nenhuma mitologia inventada vai deixá-lo melhor ou pior; o fato, a realidade gritante do carneiro, carrega para longe tais fantasias sedutoras. Mas, para a criança, ainda é possível lançar um feitiço nos alimentos; e, se ela leu sobre um prato num livro de histórias, isso será um maná celestial para ela por uma semana.

Se um homem adulto não gosta de comer e beber e de fazer exercícios, se ele não tem gostos positivos, isso quer dizer que tem uma constituição frágil e deveria se medicar; mas as crianças podem ser espíritos puros e se divertir num mundo de luar. A sensação não conta tanto nos primeiros anos quanto depois; algo da dormência da infância se agarra a nós; vemos e tocamos e ouvimos através de uma espécie de névoa dourada. As crianças, por exemplo, são bem capazes de ver, mas não têm grande capacidade de olhar; não usam os olhos pelo prazer de usá-los, mas para fins próprios; e as coisas que lembro de ver com mais vivacidade não eram belas em si, mas só interessantes ou invejáveis para mim na medida em que poderiam ser usadas para fins práticos em brincadeiras. O sentido do tato também não é tão claro e agudo nas crianças quanto nos adultos. Se revisitarmos as nossas velhas memórias, acho que as sensações desse tipo de que nos lembraremos serão algo vagas, e não irão muito além de uma sensação dormente e embotada de calor dos dias de verão, ou de uma sensação dormente e embotada de bem-estar na cama. E aqui, claro, entenderemos que são sensações agradáveis; porque domar a dor – o elemento mais mortal e trágico da vida, e o verdadeiro comandante da alma e do corpo do homem –, ai de mim!, a dor tem com cada um de nós um jeito de se portar; ela invade, como um visitante mal-educado, o jardim encantado onde a criança vagueia num sonho, do mesmo jeito que domina o campo de batalha ou manda o deus imortal da guerra choramingando para o pai; e a inocência, mais que a filosofia, pode nos proteger desse sofrimento. Quanto ao gosto, se pensarmos nos excessos de açúcar puro que deliciam o paladar juvenil, "não será certamente uma aspereza muito cínica"[1] pensar que o gosto é uma característica da maturidade. O olfato e a audição estão talvez mais desenvolvidos; me lembro de muitos cheiros, de muitas vozes e de muita cantoria primaveril nos bosques. Mas a audição pode ser bastante melhorada como um meio de prazer; e há um mundo de distância entre o espanto boquiaberto perante o dialeto dos pássaros e a emoção com que um homem ouve música articulada.

Ao mesmo tempo, e seguindo os passos desse aumento na definição e na intensidade do que sentimos que acompanha o nosso crescimento, ocorre outra mudança na esfera do intelecto, pela qual todas as coisas são transformadas e passam a ser vistas através de teorias e associações como através de vitrais coloridos. Construímos para nós mesmos, dia após dia, a partir da história, dos mexericos, das especulações econômicas e sabe Deus de quê, um lugar em que caminhamos e através do qual olhamos para o mundo. Estudamos as vitrines com olhos diferentes dos da infância, nunca para nos maravilhar, nem sempre para admirar, mas para elucubrar e modificar nossas teoriazinhas incongruentes sobre a vida. Não é mais o uniforme do soldado que prende a nossa atenção; mas talvez o andar gracioso de uma mulher, ou talvez um semblante fortemente marcado pela paixão e que carrega uma história aventurosa nas rugas. Desapareceu o prazer da surpresa; pães de açúcar e carros d'água[2] nos parecem muito insípidos; e andamos pelas ruas para inventar histórias e sociologizar. Nem podemos negar que muitos de nós só caminham com o propósito de se locomover ou ter uma melhor digestão. Esses, aliás, devem olhar para a própria infância com um olhar ambíguo, mas o restante está numa situação melhor; sabem mais do que quando eram crianças, entendem melhor as coisas, os desejos e as sensibilidades respondem mais agilmente à provocação dos sentidos, e as mentes fervilham de interesse quando percorrem o mundo.

De acordo com o meu argumento, esse é um patamar que as crianças não são capazes de alcançar, empurradas em carrinhos ou arrastadas por babás num estupor agradável. São possuídas por um maravilhamento vago, débil e permanente. Aqui ou ali, algum detalhe especialmente notável, como um carro d'água ou um guarda, penetra com força na casa do pensamento e as atrai, por um segundo, para fora de si; e aí dá para vê-las, ainda rebocadas pela inexorável babá como por uma espécie de destino, mas ainda encarando o objeto brilhante que ficou para trás. Pode demorar alguns minutos para que outro espetáculo emocionante as desperte de novo para o mundo em que vivem. Outras crianças quase sempre demonstram alguma sensibilidade inteligente. "Aquele menino está fazendo um bolo de lama", elas parecem dizer, "isso eu entendo, bolo de lama faz sentido." Mas as ações dos mais velhos, a menos que sejam francamente pitorescas ou atraiam pela qualidade de ser facilmente imitáveis, deixam passar em brancas nuvens (como dizem), sem a menor consideração. Se não fosse por essa imitação perpétua, ficaríamos tentados a achar que nos desprezam abertamente, ou só nos consideram criaturas brutalmente fortes e brutalmente tolas; entre as quais condescendem viver em obediência, como um filósofo numa corte bárbara. Às vezes elas demonstram uma arrogância desrespeitosa surpreendente. Certa vez, quando eu gemia alto de dor física, um jovem cavalheiro entrou na sala e perguntou com indiferença se eu tinha visto o seu arco e flecha. Não deu atenção aos meus gemidos, que aceitou, como teve que aceitar muitas outras coisas, como parte da conduta inexplicável dos mais velhos; e, como um jovem cavalheiro sábio, não perderia tempo com o assunto. Ele tinha aceitado aqueles velhos, que não gostam nada do prazer racional, e são até contra o prazer racional para os outros, sem entender nem reclamar, como o restante de nós aceita o esquema do universo.

Nós, os adultos, podemos inventar uma história, dar e receber golpes até que os escudos soem, cavalgar rápido e para longe, casar, cair e morrer; isso tudo sentados em silêncio ao pé do fogo ou de bruços na cama. E é exatamente isso que uma criança não consegue fazer, ou não faz, ao menos quando consegue arranjar alguma outra coisa para se ocupar. Ela só trabalha com manequins e cenografia. Quando a história chega à parte da luta, ela vai levantar, achar alguma coisa para fazer as vezes da espada e entrar em combate com a mobília até ficar sem fôlego. Se tem que cavalgar para anunciar o perdão do rei, vai montar uma cadeira, que vai cavalgar com tanta pressa e violência e em que vai se esfalfar tão furiosamente que o mensageiro vai chegar, se não coberto de sangue de tanto esporear, pelo menos vermelho-vivo de afobação. Se a sua história de cavalaria envolve um acidente numa falésia, vai escalar a cômoda pessoalmente e cair fisicamente no tapete até satisfazer a imaginação. Soldadinhos de chumbo, bonecas, todos os brinquedos, em suma, estão na mesma categoria e servem ao mesmo objetivo. Nada abala a fé de uma criança; ela aceita os substitutos mais mambembes e engole as incongruências mais flagrantes. A cadeira que estava sitiando como um castelo ou valentemente fatiando como um dragão é levada embora para acomodar um convidado, mas ela não se desconcerta; pode lutar o dia inteiro com um balde de carvão fixo; em meio ao regozijo encantado, pode ver, sem grande choque, o jardineiro colhendo batatas calmamente para o jantar. Ela consegue abstrair qualquer coisa que não encaixe na sua fábula; e guarda os olhos no bolso como tapamos o nariz numa ruela fedorenta. E é assim que, apesar de os caminhos das crianças se cruzarem com os dos mais velhos em centenas de lugares diariamente, nunca vão na mesma direção nem sequer ficam no mesmo elemento. Assim como os fios do telégrafo podem cruzar a rua principal, ou como um pintor de paisagens e um caixeiro-viajante podem visitar o mesmo país e mesmo assim andar por mundos diferentes.

As pessoas, impressionadas com esses espetáculos, ficam alardeando o poder da imaginação no jovem. Acho bem discutível. Não passa, em muitos casos, de uma fantasia pedestre que a criança exibe. São os adultos que inventam as histórias de dormir; tudo o que as crianças fazem é preservar zelosamente o texto. Uma das muitas razões pelas quais *Robinson Crusoé* é tão popular entre os jovens é que ele atinge o seu nível, nesse quesito, com precisão. Crusoé estava sempre improvisando e tinha, de fato, que *brincar* de várias profissões; e o livro é cheio de ferramentas, e não tem nada que encante mais uma criança. Serras e martelos estão num departamento da vida que exige imitação. O drama lírico juvenil, certamente inspirado no mais antigo modelo teatral, em que todos os ofícios da humanidade são simulados sucessivamente à perfeição "numa manhã fria e gelada"[3], é um bom exemplo do gosto artístico infantil. E essa necessidade de ação explícita e de manequins atesta um defeito na imaginação da criança que a impede de realizar os seus romances na intimidade do coração. Ela ainda não sabe o bastante sobre o mundo e os homens. Sua experiência é incompleta. O palco-armário e a cena-quarto de que nos lembramos são tão mal equipados que ela pode fazer poucas combinações e construir poucas histórias, a seu bel-prazer, sem ajuda externa. Ela está na fase experimental; não tem certeza de como alguém se sentiria em determinada situação; para ter certeza, tem que experimentar tanto quanto os seus meios permitem.

E, assim, eis o heroísmo juvenil com uma espada de madeira, e as mães exercem a sua vocação natural com um pedaço de pau articulado. Pode ser risível agora; mas são essas mesmas pessoas e esses mesmos pensamentos que, quando estiverem no teatro da vida, daqui a não muito tempo, nos farão chorar e tremer. Porque as crianças pensam muito os mesmos pensamentos, e sonham os mesmos sonhos, como homens barbados e mulheres casadouras. Ninguém é mais romântico. A fama e a honra, o amor dos homens jovens e o amor das mães, o prazer que o homem de negócios tira do método, elas antecipam e ensaiam todas essas coisas e mais outras nas horas de brincadeira. Para nós, que estamos mais avançados e lidamos razoavelmente com os fios do destino, elas só olham de vez em quando para colher uma pista para a própria reprodução mimética. Duas crianças brincando de soldado são muito mais interessantes uma para a outra do que um dos seres escarlates que elas estão ocupadas em imitar. Essa é talvez a maior estranheza de todas. A "arte pela arte" é o seu lema; e as ações dos adultos só são interessantes como matéria-prima para o jogo. Nem Théophile Gautier nem Flaubert poderiam olhar a vida com mais desdém, ou valorizar mais a reprodução em detrimento da realidade; e eles vão parodiar uma execução, um leito de morte ou o funeral do jovem de Naim com toda a alegria do mundo.

O verdadeiro paralelo da brincadeira não se encontra, evidentemente, na arte consciente, que, embora derivada da brincadeira, é ela própria uma coisa abstrata e impessoal, e depende em grande medida de interesses filosóficos que ultrapassam o âmbito da infância. É quando fazemos castelos no ar e encarnamos o protagonista nas nossas próprias histórias que recuperamos o espírito dos primeiros anos. Só que há várias razões pelas quais já não é tão fácil satisfazer o espírito.

Hoje, quando admitimos esse elemento pessoal nas nossas divagações, estamos aptos a despertar recordações incômodas e dolorosas, e revisitar velhas feridas. Nossos devaneios não podem mais ficar no ar como histórias das *Mil e uma noites*; nos parecem mais uma história de um período no qual nós mesmos tomamos parte, em que encontramos muitas passagens infelizes e vimos a nossa própria conduta ser duramente repreendida. E depois a criança, veja bem, representa o papel. Não se limita a repeti-lo para si mesma; salta, corre e faz o sangue circular pelo corpo todo. E é assim que a brincadeira lhe infunde vida; e, mal assume uma paixão, já está dando vazão a ela. Infelizmente, quando nos dedicamos à nossa brincadeira intelectual, sentados calmamente junto à lareira ou deitados na cama, despertamos muitos sentimentos inflamados para os quais não conseguimos encontrar uma saída. Os substitutos não são aceitáveis para a mente madura, que deseja a coisa em si; nem mesmo quando ensaiamos um diálogo triunfante com um inimigo, talvez a peça de teatro mais satisfatória ainda ao nosso alcance, isso não é inteiramente satisfatório, e é até capaz de levar a uma visita e a uma conversa que podem ser, no fim, o contrário de triunfante.

No mundo infantil das sensações difusas, a brincadeira é tudo. O "faz de conta" é o centro da vida das crianças, que não conseguem nem dar uma caminhada sem interpretar um personagem. Eu não teria aprendido o alfabeto sem uma mise en scène adequada, e tinha que fingir que era um homem de negócios num escritório para conseguir sentar e estudar. Quer ter a gentileza de examinar a sua memória e descobrir o quanto fez, em trabalho ou em lazer, com boa-fé e sobriedade, e o quanto teve que se enganar com alguma fantasia? Lembro-me como se fosse ontem da expansão do espírito, da dignidade e da autoconfiança que vinham junto com um bigode pontudo de rolha queimada, mesmo quando não tinha ninguém para ver. As crianças se contentam em renunciar ao que chamamos de coisas reais, e preferem a sombra à substância[4]. Quando poderiam conversar de forma inteligível, tagarelam coisas sem sentido e se divertem fingindo que falam francês. Já disse que até a fome mais implacável se deixa enganar e conduzir pelo nariz com o finzinho de uma velha canção. E a coisa vai mais longe: quando as crianças estão juntas, até uma refeição é sentida como uma interrupção dos afazeres da vida; e elas têm que encontrar alguma explicação imaginativa, e contar a si mesmas uma história qualquer, para explicar, colorir, tornar divertidos os simples processos de comer e beber. Que fantasias maravilhosas já ouvi serem desenvolvidas a partir do padrão das xícaras de chá! E daí surgiu uma série de regras e um mundo de excitação, até que tomar chá começou a virar um jogo. Quando meu primo e eu tomávamos nosso mingau de manhã, tínhamos um dispositivo para animar a refeição. Ele comia o dele com açúcar, e dizia que era uma região perpetuamente coberta pela neve. Eu comia o meu com leite, e dizia que era uma região sofrendo de uma inundação gradual. Você pode nos imaginar trocando relatórios; como aqui tinha uma ilha ainda não submersa, aqui um vale ainda não coberto pela neve; quantas coisas inventamos; como a população dele vivia sobre palafitas e se deslocava com pernas de pau, e como a minha estava sempre de barco; como o interesse aumentava à medida que o último pedaço de terreno seguro ia sendo isolado por todos os lados e diminuindo a cada momento; e como, no fim das contas, a comida era de importância secundária, e podia até ser enjoativa, contanto que a temperássemos com esses sonhos. Mas talvez os momentos mais emocionantes que já tive durante uma refeição tenham sido no caso da gelatina de pata de vitela. Era difícil não acreditar – e podem ter certeza que fiz tudo o que podia para alimentar a ilusão – que uma parte dela era oca e que, mais cedo ou mais tarde, a minha colher abriria o tabernáculo secreto da rocha dourada. Ali talvez houvesse um Barba-Ruiva em miniatura esperando a sua chance; ali alguém poderia achar os tesouros dos Quarenta Ladrões e um Cassim desnorteado esmurrando as paredes. E assim fui avançando devagar, prendendo a respiração, saboreando o fascínio. Acredite, eu não tinha muito mais apetite pela geleia; e, apesar de preferir o gosto quando a comia com creme, costumava passar sem, porque o creme turvava as fraturas transparentes.

Mesmo nos jogos, esse espírito é dominante nas crianças de bom senso. É por isso que o esconde-esconde reina soberano: porque é a fonte do romance, e as ações e o entusiasmo que provoca se prestam a quase todos os tipos de fábula. E é por isso que o críquete, que é mera questão de destreza, não fala sobre nada e não tem objetivo, não satisfaz o desejo infantil. É um jogo, mas não é um jogo de brincadeira. Não dá para contar para si próprio uma história sobre críquete; e a atividade que ele exige não pode ser justificada por nenhuma teoria racional.

Até o futebol, ainda que simule admiravelmente o esforço e o vaivém da batalha, apresenta dificuldades à mente do jovem caxias atrás de verossimilhança; e conheci pelo menos um rapazinho que se incomodava com a presença da bola, e tinha que se animar, sempre que ia brincar, com uma história elaborada de encantamento, e imaginar a bola como uma espécie de talismã usado num conflito entre duas nações árabes.

Pensar em tal estado de espírito é ficar preocupado com a educação das crianças. Com certeza vivem numa época mitológica e não são contemporâneas dos pais. O que vão pensar deles? O que vão achar desses gigantes barbados ou metidos em anáguas que desprezam os seus jogos? Que se movem num Olimpo enevoado seguindo desígnios desconhecidos, para além do prazer racional? Que professam a mais terna consideração pelas crianças e que, no entanto, de vez em quando descem das alturas e reivindicam terrivelmente as prerrogativas da idade? E lá vai a criança, com dores pelo corpo mas moralmente rebelde. Existiram alguma vez divindades tão inconcebíveis quanto os pais? Daria tudo para saber qual é, em nove em cada dez casos, o sentimento genuíno da criança. Um sentimento de adulação passada; um sentimento de atração pessoal bem frágil, na melhor das hipóteses; sobretudo, imagino, um sentimento de terror pelo resíduo não experimentado da humanidade: para compor a atração que ela sente. Não é de admirar que o pobre coraçãozinho, com um mundo tão confuso à sua frente, se agarre à mão que conhece! A terrível irracionalidade de todo o processo, tal como parece às crianças, é uma coisa que esquecemos rápido demais. "Por que", lembro de me perguntar com fervor, "por que é que não podemos ser todos felizes e nos dedicar à brincadeira?" E, quando as crianças filosofam, acho que é geralmente pelo mesmo motivo.

Uma coisa, pelo menos, fica muito clara a partir dessas considerações; que o que quer que esperemos das crianças, não pode ser qualquer exatidão pedestre sobre questões práticas. Vivem num espetáculo vão, entre brumas e arco-íris; são apaixonadas pelos sonhos e indiferentes à realidade; falar é uma arte difícil e nem sempre bem aprendida; e não há nada nos seus próprios gostos ou propósitos que lhes ensine o que queremos dizer com verdade abstrata. Quando um mau escritor é inexato, mesmo que consiga remontar a meio século, o acusamos de incompetência, não de desonestidade. Por que não estender a mesma tolerância aos oradores imperfeitos? Quando um corretor da bolsa é muito estúpido em relação à poesia, ou um poeta inexato nos pormenores dos negócios, nós os desculpamos de coração. Mas nos mostrem uma entidade humana miserável, de calças curtas, cuja profissão é tomar uma banheira por uma cidade fortificada e um pincel de barbear por uma adaga mortal, e que passa três quartos do seu tempo sonhando e o restante a se enganar; e nós esperamos que seja tão respeitadora dos fatos quanto um perito científico apresentando provas. Do fundo do coração, acho que é menos do que decente. Não se leva em conta o pouco que a criança vê, nem a rapidez com que transforma o que viu numa ficção desconcertante; e que ela não liga mais para o que você chama de verdade do que você liga para um cavaleiro de pão de mel.

Enquanto escrevo, lembro que a criança é muito exigente quanto à verdade exata das histórias. Mas, de fato, essa é uma questão muito diferente, que está ligada ao tema do jogo e à quantidade exata de brincadeira, ou capacidade de brincar, que se deve procurar no mundo. São muitas as questões prementes como esta que se apresentam no decurso da educação pré-escolar. Entre a fauna deste planeta, que já inclui o soldado bonito e o aterrorizante mendigo irlandês, a criança está errada de esperar um Barba-Azul ou um Cormoran[5]? É absurdo que busque magos bondosos e poderosos? Poderá ela, ou não, esperar com legitimidade ser lançada numa ilha deserta, ou ser transformada em proporções tão diminutas que possa viver em igualdade de circunstâncias com os seus soldados de chumbo e sair navegando na sua escuna de brinquedo? Todas essas são, sem dúvida, questões práticas para um neófito que entra na vida com o objetivo de brincar. Uma criança entende a necessidade de exatidão quanto a essa questão. Mas se só lhe perguntarmos qual foi o seu comportamento no passado, quem atirou tal pedra, por exemplo, ou se acendeu tal fósforo, ou se fuçou um embrulho, ou se passou por um caminho proibido, ela não vê motivo algum para a pergunta, e é certo que meio que já se esqueceu da pergunta e já está meio perdida em imaginações subsequentes.

Seria fácil deixá-las nas nuvens, onde figuram tão lindamente – bonitas como as flores e inocentes como os cães. Logo sairão dos seus jardins e terão que ocupar os escritórios e o banco das testemunhas. Ó pais zelosos, poupem-nas por ora. Deixem que cochilem mais um pouco no meio dos brinquedos, pois quem sabe que vida dura e belicosa as aguarda no futuro.

(1878)

3
Os lanterneiros

I

Esses meninos se encontravam todo outono numa certa vila de pescadores[1] a leste, onde experimentavam a glória da existência no mais alto nível. Parecia que o lugar tinha sido criado só para a diversão dos jovens cavalheiros. Uma rua ou duas de casas, a maioria vermelha e muitas delas ladrilhadas; árvores frondosas em volta da mansão senhorial e do pátio da igreja, transformando a rua principal num beco sombrio; muitos jardinzinhos adornados por flores; redes de pesca secando e as mulheres dos pescadores ralhando nos fundos; um cheiro de peixe, um cheiro agradável de alga; rastros de areia nas esquinas; lojas com bolas de golfe e jarras de pirulitos; outra loja com charutinhos de um pêni (aqueles charutos extraordinários) e o *London Journal*, que eu adorava por causa das imagens assustadoras, e alguns romances, que eu adorava por causa dos nomes sugestivos: estes eram, se não me falha a memória, os ingredientes da cidade. Vocês devem conceber tudo isso num lido entre duas baías arenosas, esparsamente flanqueado por casas de veraneio – o suficiente para os meninos se alojarem com os pais subsidiários, mas não o suficiente (ainda não) para londrificar o cenário: um ancoradouro nas rochas em frente: na frente delas, uma fileira de ilhotas cinzentas: à esquerda, intermináveis dunas e faixas de areia, um sertão de esconderijos animado por coelhos pulando e gaivotas voando: à direita, uma série de penhascos voltados para o mar, uma encosta escarpada depois da outra; as ruínas de uma fortaleza poderosa e ancestral numa delas; entre elas, enseadas – ora encantadas pela quietude do sol, ora tomadas pelo assobio do vento e pelo clamor das ondas; as tocas e os buracos protegidos recendendo a tomilho e abrótano, o ar na beirada da falésia fresco e limpo e com o cheiro pungente do mar – na frente de tudo, a Bass Rock[2], voltada para o mar como um banhista indeciso, a rebentação tingindo a rocha de branco, os gansos-patola rondando o cume como fumaça reluzente. Além disso, esse pedaço de costa era sagrado para os saqueadores de naufrágios; e a Bass, aos olhos da imaginação, ainda hasteava as cores do rei Jaime; e no ouvido da imaginação os arcos do Tantallon[3] ainda ressoavam com as ferraduras e ecoavam os comandos de Bell-the-Cat[4].

Se você fosse um menino passando o verão naquelas partes, nada poderia estragar as suas férias senão o embaraço de sentir prazer. Se quisesse, podia jogar golfe; mas acho que empreguei melhor meu tempo. Você podia se esconder no Lady's Walk[5], certo antro de anciões sem sol, cheio de musgo verde como grama por causa da umidade, e pontilhado aqui e ali, à beira do regato, por paredes sem telhado, as casas frias dos anacoretas. Para se prepararem para a vida, com atenção especial à arte de fumar, era até comum que os meninos se abrigassem ali; e você veria um único charutinho, irmãmente fracionado com uma faca cega, espalhado pelo caminho por esses aprendizes. Você também poderia se juntar às nossas expedições de pescaria, onde ficávamos empoleirados que nem gansos-patola, uma ninhada de pequenos pescadores, meninos e meninas, pescando por cima das cabeças uns dos outros, causando emaranhados de linhas e a perda de escamudos e, consequentemente, recriminações estridentes – tão estridentes quanto os próprios gansos. Se isso fosse tudo, você poderia fazê-lo com frequência; mas, apesar de a pesca ser um bom passatempo, o escamudo não é exatamente uma iguaria; e era um ponto de honra que o menino comesse tudo o que tinha pescado. Ou então você poderia escalar a Law, onde a mandíbula da baleia ficava como um marco no vento sibilante[6], e contemplar os muitos condados, a fumaça e os pináculos de muitas cidades e as velas de navios distantes. Você poderia se banhar ora nos arroubos de bom tempo a que chamamos pateticamente de verão, ora num vendaval, com a areia fustigando sua pele nua, suas roupas se batendo debaixo da pedra guardiã, a espuma da arrebentação que há pouco batia nos seus joelhos te virando de ponta-cabeça. Ou então explorar os rochedos, sobretudo na vazante, quando as raízes dos morros estão temporariamente descobertas; seguir o mestre de um grupo a outro, tateando no emaranhado escorregadio atrás dos destroços dos navios, mergulhando nas poças atrás das abomináveis criaturas do mar, e sempre com um olho na marcha da maré e na linha ameaçadora da sua retirada. E então você podia ir crusoar, uma palavra que abrange todas as refeições extemporâneas ao ar livre: talvez escavar uma casa debaixo da margem das dunas, fazer uma fogueira com algas e cozinhar maçãs ali – se é que eram realmente maçãs, porque às vezes acho que o merceeiro deve ter nos enganado com uma fruta local inferior, capaz de virar, perto do fogo, mera areia e fumaça e iodo; ou, talvez, em Tantallon, almoçar sanduíches e visões no pátio relvado enquanto o vento zune nas torres em ruína; ou, subindo a costa, comer *geans** (as pio-

* Cerejas selvagens. [As notas de rodapé são todas do autor; as do tradutor encontram-se ao final do livro.]

res, imagino, da cristandade) de uma árvore de *geans* aventureira que tinha criado raízes debaixo de uma falésia, onde era sacudida por um vento leste febril e prateada com o sal dos vendavais, e cresceu tão alheia ao seu entorno árido que comer dos seus frutos era uma aventura em si.

Misturadas às memórias felizes, há algumas sombrias. Da mulher do pescador, por exemplo, que cortou a própria garganta em Canty Bay[7]; e de como eu corri com as outras crianças para o alto da Quadrant, e onde vi um pelotão de pessoas silenciosas escoltando uma carroça, e na carroça, amarrada a uma cadeira, com a garganta enfaixada, e a faixa toda ensanguentada – o horror! –, a própria mulher do pescador, que continuou a atormentar meus pensamentos, e mesmo hoje (quando lembro da cena) escurece o dia. Ela foi instalada na pequena e velha cadeia na rua principal; mas, se morreu ali ou não, eu, com um sábio pavor do pior, nunca perguntei. Ela tinha bebido; não passou de uma tragédia suja; e é estranho e doloroso que, passados todos esses anos, essa pobre louca pecadora ainda esteja no pelourinho em cima da carroça no livro de recortes da minha memória. Também nunca vou esquecer de uma casa na Quadrant onde morreu um visitante, e uma velha sombria passou a viver sozinha com o cadáver; nem de como essa velha nutria um ódio contra mim e um de meus primos, e na hora terrível do crepúsculo, quando estávamos trepando nos muros do jardim, abriu uma janela daquela casa da morte e nos amaldiçoou com uma voz estridente e uma linguagem muito peculiar. Foi um par de moleques bem pálidos que fugiu rua abaixo dessa experiência memorável! Mas me recordo com um sentimento mais ambíguo, composto de medo e exultação, da onda de tempestades equinociais; rajadas trombeteantes, chuvas torrenciais; os barcos com suas catitas enroladas se precipitando para a entrada do porto, onde morava o perigo, porque era difícil saber quando o vento tinha algum leste; as mulheres com os xales ao vento aglomeradas na ponta do cais, onde (se a sorte estivesse contra elas) podiam ver barco e marido e filhos – toda a sua posse e toda a sua família – tragados sob seus olhos; e (o que vi só uma vez) uma tropa de vizinhos forçando a infeliz a voltar para casa, e ela berrando e se debatendo entre eles, uma figura praticamente inumana, uma mênade trágica.

Essas são coisas que recordo com interesse; mas no que a minha memória mais se detém eu escondi esse tempo todo. Era um esporte próprio daquele lugar, na verdade próprio de uma semana e pouco das nossas férias de dois meses lá. Talvez ainda floresça em seu habitat natural; pois meninos e seus passatempos são regidos por forças periódicas inescrutáveis para o homem; assim peões e bolinhas de gude reaparecem na sua estação, constantes como o Sol e a Lua; e a arte inofensiva do jogo das pedrinhas viu a queda do Império Romano e a ascensão dos Estados Unidos. Talvez ainda floresça no seu habitat natural, mas estou convencido de que em nenhum outro lugar; porque tentei introduzi-lo às margens do Tweed[8] e fui lamentavelmente derrotado; o seu encanto é bem local, como um vinho de mesa que não pode ser exportado.

A atitude ociosa era esta:

Lá para o fim de setembro, quando estava chegando a hora de voltar para a escola e as noites já eram escuras, saíamos das nossas respectivas casas de veraneio para as nossas incursões munidos de lanternas olho de boi de lata. A coisa era tão conhecida que tinha se tornado um hábito no comércio da Grã-Bretanha; e os merceeiros, na hora certa, começaram a enfeitar suas janelas com a nossa marca única de luminária. Nós as usávamos afiveladas à cintura, num cinto de críquete, e sobre elas

– o jogo era rigoroso assim – um sobretudo abotoado. Elas fediam a lata quente; nunca queimavam direito, embora queimassem sempre os nossos dedos; sua utilidade era nula; o prazer que tirávamos delas era só fantasioso; e mesmo assim um menino com uma olho de boi debaixo do sobretudo não queria mais nada. Os pescadores usavam lanternas nos barcos, e foi deles, suponho, que tiramos a ideia; mas as deles não eram olho de boi nem nunca brincamos de pescador. Os policiais carregavam as lanternas deles no cinto, e os copiamos nisso; mas nunca brincamos de policial. Talvez tenhamos pensado em brincar de ladrão; e tínhamos sem dúvida um olho no passado, quando lanternas eram mais comuns, e em certos livros de histórias em que elas apareciam bastante. Mas no fim das contas o prazer da coisa era substantivo; e ser um menino com uma olho de boi debaixo do sobretudo era bom o bastante para nós.

Quando dois desses bobocas se encontravam, o que se ouvia era um ansioso "você está com a sua lanterna?", e um satisfeito "sim!". Essa era a senha, e uma muito útil; porque, como a regra era manter nossa glória discreta, ninguém podia reconhecer um lanterneiro senão (como o tourão[9]) pelo cheiro. Quatro ou cinco às vezes se enfiavam no convés de um lugre de dez homens, com nada além dos bancos acima deles – porque a cabine estava geralmente trancada – ou escolhiam um buraco qualquer nas dunas onde o vento pudesse assobiar por cima deles. Lá os casacos eram desabotoados e as olho de boi descobertas; e ao bruxuleio quadriculado, debaixo do enorme corredor de vento da noite, e animados pelo cheiro forte de estanho queimado, esses jovens cavalheiros afortunados se acocoravam na areia fria das dunas, ou na sentina escamosa do barco de pesca, e se deliciavam com conversas inapropriadas. Ai de mim se não der alguns exemplos – algumas das suas perspectivas de vida ou perguntas profundas sobre os rudimentos do homem e da natureza, tão ardentes e tão inocentes, tão ricamente bobas, tão romanticamente jovens. Mas a conversa, em todo caso, era só um tempero; e esses encontros, meros acidentes na carreira do lanterneiro. A essência da felicidade era andar sozinho na noite negra; a portinhola fechada, o sobretudo abotoado; nem um raio escapando, seja para conduzir os seus passos, seja para tornar pública a sua glória: um mero pilar de escuridão no escuro; e o tempo todo, no fundo da privacidade do seu coração tolo, saber que tem uma olho de boi no cinto, e exultar e cantar esse conhecimento.

II

Dizem que o poeta morreu jovem nos braços de um grande estólido. Pode-se dizer, ao contrário, que esse bardo (algo menor) sobrevive na maioria dos casos, e é o tempero da vida do seu detentor. Não se faz justiça à versatilidade e à infantilidade inexplorada da imaginação do homem. De fora a sua vida pode não parecer mais do que um monte rude de lama; e haverá uma câmara dourada no coração disso onde ele vive em deleite; e por mais escuro que pareça o seu caminho, ele vai ter algum tipo de olho de boi no cinto.

Seria difícil escolher uma carreira mais deprimente que a de Dancer, o avarento[10], tal como figura nos *Old Bailey Reports*, vítima das mais sórdidas perseguições, alvo da vizinhança, traído pelo empregado, sua casa sitiada pelo estudante endiabrado, e ele remoendo e fumegando e recorrendo, impotente, à lei, contra esses tormentos. Parece estranho, a princípio, que alguém queira prolongar de bom grado uma vida tão desprovida de encanto e dignidade; e então você se lembra de que, se ele tivesse escolhido deixar de ser avarento, poderia ter sido libertado de uma vez dessas tribulações e construído um castelo e ido embora escoltado por um esquadrão. Por amor a prazeres mais recônditos, que não podemos estimar, que talvez devêssemos invejar, o homem tinha aberto mão voluntariamente tanto do conforto quanto da estima. "Sua mente era para ele um reino"[11]; e de fato, escavando essa mente, que à primeira vista parece uma pilha de pó[12], desenterramos algumas joias valiosas. Porque Dancer devia ter amor pelo poder e desdém por usá-lo, um caráter nobre em si mesmo; desdém por muitos prazeres, um dos componentes mais importantes do que é comumente chamado sabedoria; desdém pelo fim inevitável, a característica mais bela da humanidade; desprezo pelas opiniões dos homens, outro elemento de virtude; e, no fundo de tudo, uma consciência como a nossa, choramingas como um covarde, trapaceira como um embaralhador de copos, mas ainda apontando (bem ou mal) para um padrão convencional. Eis aí um retrato a que Hawthorne poderia fazer jus; e ainda assim não exatamente Hawthorne, porque ele tinha uma mente moderada, e não tinha dentro dele o que é preciso para fazer o pulso do avarento acelerar, fazer surgir aquela energia frenética de entusiasmo, suas mãos cobiçosas agarrando o que quer que seja: insaciável, insano, um deus com um ancinho.[13] Assim, pelo menos, olhando no coração do avarento, o exame detecta um poeta cheio de vida, com mais fogo poético do que o destinado aos épicos; e, rastreando aquele homem mesquinho à sua lareira fria e de cima para baixo na sua casa desconfortável, dá para espiar dentro dele uma fogueira ardente de prazer. Assim como com outros que não vivem só de pão, mas de um prazer querido e talvez fantástico; que são vendedores de carne para o mundo enquanto, para eles mesmos, possivelmente Shakespeares, Napoleões ou Beethovens; que não têm nenhuma virtude para exibir no campo da vida ativa, e que talvez, na vida da contemplação, figurem entre os santos. Nós os vemos na rua e podemos contar os seus botões; mas sabe Deus do que se orgulham! Sabe Deus onde botaram o seu tesouro!

Há uma fábula que toca muito perto do âmago da vida: a fábula do monge que passava por um bosque quando ouviu um pássaro cantar, ouviu um ou dois trinados e se percebeu um estranho quando voltou aos portões do convento; porque esteve fora por cinquenta anos, e só um dos seus camaradas sobreviveu para reconhecê-lo. Não é só nos bosques que canta esse encantador, embora talvez seja natural de lá. Ele canta nos lugares mais lúgubres. O avarento o ouve e ri, e os dias são instantes. Sem mais do que uma lanterna malcheirosa, eu o invoquei nas dunas nuas. Toda vida que não é meramente mecânica flui de duas correntes: procurar por aquele pássaro e escutá-lo. E é isso que faz da vida tão difícil de avaliar e do prazer de cada um tão incomunicável. E só o conhecimento disso, e a lembrança das horas afortunadas quando o pássaro cantou para nós, que nos enche de tal admiração quando viramos as páginas do realista. Lá certamente encontramos um retrato da vida na medida em que ela consiste de lama e ferro velho, desejos baratos e medos baratos, aquilo que temos vergonha de lembrar e aquilo que não nos importamos de esquecer; mas da música daquele rouxinol devorador de tempo não temos notícia.

O caso desses escritores de romance é muito obscuro. Eles foram meninos e jovens; eles se demoraram à janela da amada, que estava provavelmente escrevendo para outro; sentaram em frente de uma folha de papel e se sentiram meros continentes de poesia congestionada de que nenhuma linha fluiria; andaram sozinhos nos bosques e debaixo das incontáveis lâmpadas das cidades; estiveram no mar, odiaram, tiveram medo, quiseram esfaquear um homem e talvez o tenham feito; o gosto selvagem da vida ferroou o seu palato. Ou, se lhes negarmos todo o resto, pelo menos um prazer eles saborearam à exaustão – os seus livros estão aí para provar –, o prazer agudo da composição literária bem-sucedida. E, no entanto, enchem o globo de volumes cuja inteligência me inspira uma admiração desesperada e cuja falsidade consistente de tudo que ouso chamar de existência, de uma ira desesperada. Se não tivesse alternativa senão continuar a circular entre os negócios monótonos e mesquinhos, e viver pelas esperanças e pelos medos baratos com que eles envolvem e animam os seus heróis, afirmo que morreria agora. Mas nunca uma hora passou tão devagar; se eu a tivesse passado esperando num cruzamento ferroviário teria alguns pensamentos dispersos, poderia contar alguns grãos de memória, comparados aos quais um desses romances não passa de uma maçaroca.

Esses escritores respondem (se os entendo bem) que isso é bem verdade; que acontece o mesmo com eles e outras pessoas de (do que eles chamam de) temperamento artístico; que nisso somos excepcionais e devíamos aparentemente nos envergonhar; mas que nossos trabalhos devem lidar exclusivamente com (o que eles chamam de) o homem comum, que é um sujeito prodigiosamente enfadonho e completamente morto para todas as questões exceto as mais insignificantes. O temperamento artístico (uma praga de expressão!) não nos faz diferentes do próximo, ou nos faria incapazes de escrever romances; e o homem comum (uma peste de palavra!) é como nós, ou não seria comum. Foi Whitman quem imprimiu a essa frase uma espécie de sacralidade de Birmingham; mas Whitman sabia muito bem, e demonstrou muito nobremente, que o homem comum é cheio de alegrias e cheio de poesia própria. E essa insistência na monotonia da vida e na mesquinhez do homem é uma profissão eloquente de incompetência; é uma dessas duas coisas: o lamento do olho cego, *não consigo ver*, ou a reclamação da língua muda, *não consigo proferir*. Desenhar uma vida sem prazeres é provar que não os realizei. Imaginar um homem sem algum tipo de poesia – bom, chega perto de provar o meu argumento, pois prova que um autor pode ter pouco o bastante. Ver Dancer só como um homem sujo, velho, tacanho e impotentemente furioso, numa casa suja sitiada pelos meninos de Harrow e possivelmente por advogados de porta de cadeia, é me provar um observador tão arguto quanto... os meninos de Harrow. Mas esses jovens cavalheiros (com uma modéstia mais do que apropriada) se contentavam em se aproveitar de Dancer; não supunham ter descoberto o seu segredo ou poder plasmá-lo num livro: e é aí que residiria o meu erro. Ou digamos que no mesmo romance – continuo a chamar esses livros de romances com a intenção de infligir dor – digamos que no mesmo romance, que agora começa a tomar forma de fato, que eu deixasse de falar de Dancer e seguisse os meninos de Harrow no lugar; e se eu os abordasse como os meus lanterneiros nas dunas; e descrevesse os meninos com muito frio, fustigados por rajadas de chuva e horrivelmente cercados, como eles realmente estavam; e sua conversa como boba e indecente, como decerto era. Eu poderia, se tivesse o gênio de Zola, escrever com base nessas linhas uma página e pouco de uma joia da arte literária, representar a luz da lanterna com toques de mestre e afastar a indecência com a mão generosa do amor; e, tudo feito, que triunfo não seria o meu retrato da superficialidade e da monotonia! Como teria errado o alvo! Como teria apresentado os meninos sob a luz errada! Para o ouvido do estenógrafo, a conversa é meramente boba e indecente; mas pergunte aos meninos o que estavam discutindo, e eles estão discutindo (como é altamente apropriado que estivessem) as possibilidades da existência. Aos olhos do observador eles estão molhados e com frio e terrivelmente cercados; mas pergunte a eles, e eles estão no paraíso de um prazer recôndito, cuja base é a lanterna malcheirosa.

III

Porque, repito, o motivo da felicidade de uma pessoa é em geral difícil de alcançar. Pode depender, às vezes, de um mero acessório, como uma lanterna; pode residir, como no caso de Dancer, nas misteriosas entranhas da psicologia. Pode consistir de fracasso perpétuo e se exercitar na caça contínua. Tem tão pouca relação com coisas externas (como o observador rabisca em seu caderno) que pode até não tocá-las; e a verdadeira vida do homem, pela qual ele consente em viver, está toda no campo da imaginação. O clérigo, nas horas livres, pode estar vencendo batalhas, o fazendeiro navegando navios, o banqueiro triunfando nas artes: todos vivendo outra vida, exercendo um ofício diferente do que escolheram; como o construtor da casa do poeta, que no fim das contas está gravada em pedra

> Ao pé da lareira, que na imaginação impotente,
> reconstrói ao seu gosto[14].

Nesse caso a poesia corre por baixo. O observador (pobre alma, com os seus documentos!) está todo no exterior. Porque olhar para o homem não é mais que cortejar o engano. Devemos ver o tronco de onde ele tira o seu alimento; mas ele mesmo está acima e fora, na cúpula verde da folhagem, soprado pelos ventos e aninhado pelos rouxinóis. E o verdadeiro realismo é o dos poetas, é subir atrás dele como um esquilo e vislumbrar o céu pelo qual ele vive. O verdadeiro realismo, sempre e em todo lugar, é o dos poetas: descobrir onde mora a alegria e lhe dar uma voz muito para além do canto.

Porque perder a alegria é perder tudo. É na alegria dos atores que está o sentido de qualquer ação. Essa é a explicação, essa é a desculpa. Para alguém que não partilha o segredo das lanternas, a cena nas dunas não significa nada. E daí a irrealidade assombrosa e verdadeiramente espectral dos livros realistas. Daí, quando lemos os realistas ingleses, o espanto incrédulo com que observamos a constância do herói ante a maré sufocante da monotonia, e como ele aguenta a sua amada intransigente e as platitudes de garotas idiotas e se mantém fiel à sua existência uniforme e árida, em vez de buscar alívio na bebida ou em viagens ao estrangeiro. Daí, nos franceses, naquele açougue de sensualidade da meia-idade, a surpresa enojada com que vemos o herói se desviar, quase sem ser tentado, para todo tipo de má conduta e desonra. Em cada um, sentimos falta da poesia pessoal, da atmosfera encantada, desse trabalho de arco-íris de imaginação que veste o que está nu e parece enobrecer o que é baixo; em cada um, a vida cai morta como massa, em vez de voar como um balão para as cores do pôr do sol. Cada um é verdadeiro, cada um inconcebível; pois nenhum homem vive na verdade externa, entre sais e ácidos, mas na câmara quente e fantasmagórica do cérebro, com as janelas pintadas e as paredes historiadas.

Dessa falsidade tivemos um exemplo recente de um homem que sabe melhor – *O poder das trevas* de Tolstói. Eis uma peça cheia de força e verdade, e ao mesmo tempo completamente falsa. Porque antes de Nikita ser conduzido a uma situação tão terrível, foi tentado, e as tentações são lindas pelo menos em parte; e uma obra que se debruça sobre a feiura do crime e não dá nenhum indício de amorosidade na tentação peca contra a modéstia da vida e, mesmo com um Tolstói a escrevendo, se afunda no melodrama. Os camponeses não são compreendidos; eles viam a sua vida em cores mais belas; até a garota surda estava vestida de poesia para Nikita, ou ele nunca teria se apaixonado. E assim, mais uma vez, até um melodrama do Old Bailey, sem alguma coisa do brilho da poesia e o lustre da existência, cai no inconcebível e fica no mesmo patamar dos contos de fadas.

IV

Em livros mais nobres, nos comovemos com coisas como as emoções da vida; e essa emoção é provocada de várias formas. Nos comovemos quando Liévin trabalha no campo, quando André afunda para além da emoção, quando Richard Feverel e Lucy Desborough[15] se encontram à beira do rio, quando Antônio, "tira o capacete sem covardia"[16], quando Kent sente uma pena infinita do moribundo Lear, quando, em *Humilhados e ofendidos*, de Dostoiévski, o herói resignado seca seu copo de sofrimento e virtude. Essas são notas que agradam ao grande coração do homem. Não só o amor e os campos e a face brilhante do perigo, mas o sacrifício e a morte e o sofrimento imerecido suportados com humildade nos tocam a veia poética. Adoramos pensar neles, desejamos experimentá-los, temos a esperança humilde de também poder nos provar heróis.

Ouvimos, talvez, falar demais de coisas menores. Aqui está a porta, aqui está o ar livre. *Itur in antiquam silvam*[17].

(1888)

4
Sobre a apreciação de lugares desagradáveis

Temos muito ao nosso alcance, e ainda assim é difícil tirar o máximo proveito de qualquer lugar que seja. Quando olhamos as coisas com paciência por todos os lados, geralmente um deles se revela belo. Uns meses atrás foram ditas umas palavras na *Portfolio* sobre um "regime austero na paisagem"[1]; e tal disciplina foi então recomendada como "saudável e fortificante para o gosto". Esse é o tema, por assim dizer, do presente ensaio. Essa disciplina na apreciação da paisagem, que fique claro, é mais do que um simples passeio para abrir o apetite antes do café da manhã. Pois, quando vamos parar num lugar feio, e especialmente se somos mais ou menos dependentes do que vemos, temos que caçar coisas bonitas com o ardor e a paciência de um botânico atrás de uma planta rara. Dia após dia nos aperfeiçoamos na arte de ver a natureza por um ângulo melhor. Aprendemos a viver com ela como as pessoas aprendem a viver com um cônjuge irritadiço ou violento: olhamos amorosamente para o que é bom e fechamos os olhos para o que é triste e desarmônico. Aprendemos também a ir para os lugares com o estado de ânimo adequado. O viajante, nos conta Brantôme[2] curiosamente, "*fait des discours en soi pour se soutenir en chemin*"[3]; e nesses discursos tece um pouco de tudo o que vê e sofre pelo caminho; eles emprestam o tom do caráter variado das cenas; uma subida acentuada traz pensamentos diferentes dos que traria uma estrada plana; e o seu raciocínio fica mais claro quando acha uma clareira no meio da floresta. A paisagem não influencia mais o pensamento do que os pensamentos influenciam a paisagem. Vemos os lugares através do nosso estado de espírito como através de lentes coloridas. Somos nós mesmos um termo na equação, uma nota no acorde, e produzimos dissonância ou harmonia quase que de propósito. Não tememos o resultado quando podemos nos entregar à paisagem que nos rodeia e nos acompanha, de modo que sempre tenhamos pensamentos oportunos ou contemos a nós mesmos alguma história à medida que seguimos em frente. Nós nos tornamos assim, em certo sentido, um ponto irradiador de beleza; incitamos beleza, tanto quanto um espírito gentil e sincero incita sinceridade e gentileza no outro. E, mesmo onde o espírito mais rápido e obediente não consiga incitar harmonia, ainda se pode embelezar um lugar com alguma fantasia. Podemos aprender a ir muito longe em busca de associações, e tratá-las com leveza quando as encontramos. Às vezes uma velha lembrança vem ao nosso auxílio; já vi muitos lugares se iluminarem de uma vez por causa de fantasias pitorescas ou de uma reminiscência de Callot ou Sadeler ou Paul Brill[4]. Dick Turpin[5] foi uma figura de referência para mim em muitas estradas da Inglaterra. E suponho que os Trossachs[6] mal seriam os Trossachs para os turistas se um homem de instinto romântico admirável[7] não os tivesse povoado com figuras harmoniosas, conduzindo os visitantes até lá com a mente deles devidamente preparada. Essa preparação é meio caminho andado. Por exemplo: eu raramente consegui visitar, com o ânimo certo, os lugares selvagens e inóspitos das nossas Highlands. Sou mais feliz onde é domesticado e fértil, e não me convenço facilmente quando faltam árvores. Entendo que alguns estágios de perturbação nervosa harmonizem bem com tal paisagem, e que algumas pessoas consigam, com o poder da imaginação, voltar muitos séculos na imaginação e entrar em comunhão com o estilo de vida atormentado, desprotegido e ermitão que imperava nessas colinas selvagens. Quando estou triste, quero que a natureza me tire da tristeza com os seus encantos, como Davi diante de Saul; e a ideia dessas épocas passadas não me desperta nada senão uma compaixão desagradável, de modo que nunca consigo encontrar o estado de espírito certo para tais paisagens, e perco muito do prazer por isso. Ainda assim, mesmo aqui, se eu fosse pelo menos deixado sozinho, e me dessem tempo suficiente, desfrutaria de todo tipo de prazer e levaria muitas imagens claras e belas comigo quando fosse embora. Quando não conseguimos entrar em sintonia com as características dominantes de um lugar, aprendemos a ignorá-las e a enfiar a cabeça no mato atrás de flores, ou examinar, por longos períodos, as variações na corrente de um regato. Descemos para as conversas na pedra[8] quando a paisagem nos exclui de qualquer poesia na paisagem dispersa. Começamos a examinar as plantas, adquirimos um interesse por pássaros e insetos, encontramos muitas coisas bonitas no que há de pequeno na natureza. O leitor deve se lembrar da pequena cena de verão em *O Morro dos Ventos Uivantes* – a única cena quente, talvez, em todo esse romance poderoso e triste – e da importância que a grama e as flores e a luz do sol têm nela: esse é o espírito de que estou falando. E, por último, podemos ir para dentro de casa; os interiores são às vezes tão bonitos, muitas vezes mais pitorescos do que aquilo que se vê ao ar livre, e têm uma qualidade acolhedora sobre a qual vou falar mais em breve.

Com tudo isso em mente, fiquei muitas vezes tentado a apresentar o paradoxo de que qualquer lugar é bom o bastante para passar a vida, enquanto é só nuns poucos e muito favorecidos que se pode passar algumas horas agradáveis. Porque nos sentimos em casa em qualquer lugar em que passamos tempo suficiente. Reminiscências nascem como flores em cantos desinteressantes. Esquecemos, em alguma medida, a beleza superior de outros lugares, e entramos num espírito tolerante e simpático[9] que recompensa e justifica a si mesmo. Examinando algumas lembranças minhas outro dia, fiquei surpreso ao descobrir o quanto eu devia a um desses lugares; seis semanas numa casa desagradável tinham feito mais, parecia, para estimular e educar as minhas sensibilidades, que muitos anos em lugares que correspondiam às minhas inclinações.

O lugar a que me refiro era uma planície reta e sem árvores, sobre a qual os ventos chicoteavam. Era a mesma coisa por milhas e milhas. Na verdade, um rio desaguava no mar perto da cidade em que eu morava; mas o vale do rio era raso e careca por toda a extensão que eu tive a coragem de percorrer. Havia estradas, é claro, mas estradas desprovidas de beleza ou interesse; porque, já que não havia árvores e quase nenhuma irregularidade no terreno, você via o caminho inteiro desde o começo: não sobrava nada para a imaginação, nada para esperar, nada para ver na beira do caminho salvo, aqui e ali, uma propriedade pouco hospitaleira ou um quebrador de pedras solitário com óculos de proteção; e a única companhia no percurso, enquanto eu avançava obstinadamente, eram os magros postes telegráficos e o zumbido dos fios ao forte vento marinho. Para quem conhece o compasso de lugares agradáveis e quentes do

Mediterrâneo, o contraste parecia zombar do lugar e deixá-lo ainda mais triste. Nem mesmo os terrenos baldios ao lado da estrada estavam, como Hawthorne gostava de dizer, "tomados de volta pela natureza" por qualquer cobertura decente de vegetação. Onde quer que a terra tivesse a chance, ela parecia estar em pousio. Há certa nudez no sul, planícies nuas e queimadas pelo sol, coloridas como um leão, e colinas vestidas só com o ar azul e transparente; mas essa era outra descrição – essa era a nudez do norte; a terra parecia saber que estava nua, e tinha vergonha e frio.

Parecia estar sempre ventando naquela costa. E isso tinha efetivamente passado para a fala dos habitantes, que se saudavam com "que vento", em vez do habitual "que belo dia" do sul. Esses ventos contínuos não eram como a brisa de colheita, que mantém só uma pressão uniforme contra o rosto quando caminhamos, e serve para fazer todas as árvores conversarem sobre a nossa cabeça, ou trazer o cheiro da superfície úmida do solo depois de uma chuvarada. Eles eram do tipo duro e persistente, que interfere com a visão e com a respiração e machuca os olhos. Até ventos como esses têm os seus méritos quando sopram na hora certa e no lugar certo. É agradável vê-los agitar grandes massas de sombra. E que poder eles têm sobre as cores do mundo! Como agitam os bosques densos quando passam, fazem com que estremeçam e embranqueçam como se fossem um único salgueiro! Não há nada mais vertiginoso que um vento como esse entre as árvores, com todos os seus lampejos e barulhos; e o efeito se interpõe entre algumas pinturas e a sua visão sóbria, fazendo com que, mesmo quando o restante do quadro é calmo, a folhagem seja pintada como folhagem num vendaval. Não havia nada, no entanto, desse tipo para ver num campo onde não havia árvores e praticamente nenhuma sombra, exceto pelas sombras inertes das nuvens e das casas e muros severos. Mas ainda assim o vento oferecia momentos de prazer; porque em nenhum lugar daria para saborear mais plenamente o prazer de uma calmaria repentina ou da descoberta de um abrigo oportuno. O leitor sabe o que quero dizer; ele deve lembrar como, sentado atrás de uma vala na encosta de uma colina, se deleitou em ouvir o vento assobiar em vão pelas fendas às suas costas; como o seu corpo formigou inteiro de calor e começou a se dar conta, com uma surpresa lenta, de que o campo era lindo, a urze era roxa e as colinas distantes jaspeadas de sol e sombra. Wordsworth usou essa imagem, numa belíssima passagem do "Prelúdio", para ilustrar o sentimento que se abate sobre nós nas travessas quietas de Londres, quando deixamos para trás a algazarra das grandes ruas principais; e a comparação pode ser torcida e conseguir um efeito tão bom quanto:

Enquanto isso, o rugido continua, até que finalmente,
Fugindo como que de um inimigo, nos voltamos
Abruptamente, para uns cantos isolados,
Imóveis como um abrigo quando sopram forte os ventos!

Lembro que conheci um homem uma vez, num trem, que me deu o exemplo mais perfeito desse prazer da fuga. Ele tinha subido, numa manhã ensolarada e ventosa, até o topo de uma grande catedral em algum lugar no exterior; acho que era a catedral de Colônia, aquela grande maravilha inacabada do Reno; e depois de muito tempo nas escadarias escuras, alcançou finalmente a luz do sol numa plataforma alta sobre a cidade. Naquela altitude era calmo e quente; a ventania era só nos estratos inferiores do ar, e ele tinha se esquecido dela no interior silencioso da igreja e durante a sua longa subida; então dá para imaginar a surpresa dele quando, apoiando os braços na balaustrada banhada pelo sol e olhando para a *Place* lá embaixo, viu toda aquela boa gente segurando os chapéus e se inclinando com força contra o vento ao caminhar. Para mim tem alguma coisa muito perfeita nessa pequena experiência do meu companheiro de viagem. Os hábitos dos homens nos parecem muito banais quando nos vemos sozinhos no topo de uma igreja, com o céu azul e alguns pináculos altos, e vemos, bem lá embaixo, os telhados íngremes e os contrafortes deformados, e a atividade silenciosa das ruas da cidade; mas tudo isso deve ter parecido muito mais para ele, não só por cima das questões dos outros como também por cima do seu clima, numa zona dourada como a de Apolo!

Era o tipo de prazer que eu encontrava no campo sobre o qual escrevo. O prazer era estar protegido do vento, e mantê-lo na lembrança o tempo todo, e se proteger no abrigo. E era só perto do mar que se encontravam abrigos como esse. Em meio às falésias escuras e carcomidas há pequenas enseadas e refúgios bem protegidos do vento e da agitação do mar aberto, onde a areia e as algas encaram o rosto do curioso do fundo da água tranquila, e as aves marinhas, gritando e esvoaçando nos penhascos destroçados, perturbam o silêncio e a luz do sol. Numa rocha à beira d'água velhos guerreiros nórdicos plantaram um castelo duplo; os dois se erguiam muro com muro como casas geminadas; mas a inimizade entre os donos cresceu tanto que um deles, da janela, atirou no outro quando este estava parado na própria soleira. A justaposição desses dois inimigos tem alguma coisa cheia de ironia trágica. É sinistro pensar em homens barbudos e mulheres amargas deliberando com ódio em volta das lareiras dos salões enquanto o mar batia contra as fundações e o vento selvagem do inverno corria solto sobre as ameias. E na reflexão podemos reconstruir, para nós, uma imagem pálida de como era a vida naquela época. Não tanto quando estamos lá; quando estamos lá tais pensamentos só nos ocorrem para intensificar uma impressão contrária, e a associação se volta contra si mesma. Lembro de caminhar até lá três tardes seguidas, os olhos cansados do vento, e de como, ao descer repentinamente pela beira da montanha, me vi num mundo novo de calor e aconchego. O vento, do qual eu tinha escapado "como que de um inimigo", era aparentemente muito localizado. Ele não carregava nenhuma nuvem consigo e vinha de uma direção que não permitia que perturbasse o mar à vista. Os dois castelos, negros e em ruínas como as rochas ao redor, ainda eram distinguíveis dessas por alguma coisa mais instável e fantástica no contorno, alguma coisa que a última tempestade tinha deixado iminente e que a próxima demoliria completamente. Seria difícil pôr em palavras a sensação de paz que se apoderou de mim naquelas três tardes. Isso foi propiciado, como já disse, pelo contraste. A costa estava fustigada e ferida das tempestades anteriores; eu tinha no coração a lembrança da luta insana dos pigmeus que tinham erguido esses dois castelos e vivido neles em desconfiança e inimizade mútuas, e sabia que bastava colocar a cabeça para fora desse pequeno abrigo para encontrar o vento forte soprando nos meus olhos e, ainda assim, lá estavam as duas grandes extensões de ar azul imóvel e mar pacífico olhando, despreocupados e alheios, para a agitação do momento presente e os monumentos do passado precário. Há sempre alguma coisa transitória e inquietante em sentir um vento forte bater sob um céu sem nuvens; parece não ter raiz na constituição das coisas; deve começar rapidamente a desfalecer e murchar como uma flor cortada. E naqueles dias a ideia do vento e a ideia da vida humana se aproximavam muito na minha cabeça. Nossos anos barulhentos pareciam, de fato, momentos no ser do silêncio eterno; e o vento, diante daquele grande campo de azul estacionário, era como o vento da asa de uma borboleta. A placidez do mar também era uma coisa a ser lembrada. Shelley diz do mar que ele tem "fome de calma"[10], e nesse lugar aprendi a entender a frase. Olhando para essas águas verdes a partir da borda quebrada da rocha, ou nadando vagarosamente sob a luz do sol, parecia que elas estavam desfrutando da própria tranquilidade; e no instante em que de vez em quando, eram perturbadas por uma ondulação do vento na superfície, ou pela rápida passagem negra de um peixe bem abaixo, se acalmavam de novo (pode-se imaginar) com alívio.

Em terra também, no cantinho de abrigo, tudo era tão calmo e silencioso que o mínimo detalhe me causava uma surpresa agradável. O crepitar abafado das sementes de tojo ao sol da tarde ocupava os ouvidos. O hálito quente e doce da areia, saturada de ficar o dia todo ao sol, que agora soprava no meu rosto, era como o hálito de um igual. Lembro de ser assombrado por duas linhas de um poema francês; de algum jeito idiota, eles pareciam se encaixar aos meus arredores e expressavam o meu contentamento, e eu ficava repetindo para mim mesmo –

Mon cœur est un luth suspendu,
Sitôt qu'on le touche, il résonne.[11]

Não sei dizer por que esses versos me ocorreram; e por isso os repito aqui. Talvez possam ajudar a completar a imagem na cabeça do leitor, já que eram sem dúvida parte dela para mim.

E isso aconteceu comigo no lugar onde eu menos gostava de estar. Quando penso nisso, me envergonho da minha própria ingratidão. "Do forte saiu doçura"[12]. Lá, no norte árido e tempestuoso, tive, talvez, minha sensação mais forte de paz. Vi o mar ser grande e calmo; e a terra, naquele cantinho, era viva e boa comigo. Então, onde quer que alguém esteja, encontrará alguma coisa que o agrade e pacifique: na cidade, encontrará rostos agradáveis de homens e mulheres, verá belas flores numa janela ou ouvirá o canto de um pássaro numa gaiola na esquina da rua mais sombria; no interior, não há lugar sem algum encanto – basta procurar por ele no estado de espírito adequado e certamente o encontrará.

(1874)

5 Mendigos

I

Num lugar agradável, arejado e montanhoso, tive a sorte, quando era jovem, de conhecer um certo mendigo. Digo mendigo, apesar de que, com frequência, ele deixava que o casaco e os sapatos (que eram mesmo desbeiçados) mendigassem por ele. Era a sombra de um homem atlético, alto, magro e queimado de sol; consumido pelo tempo, com aquele sorriso inquietante dos moribundos no rosto; mas ainda ativo, ainda com o porte militar ágil, a saudação militar pronta. Três caminhos atravessavam esse pedaço de terra; e, como eu escolhia cada vez um diferente, imagino que ele tenha me esperado muitas vezes em vão. Mas muitas vezes me pegava; muitas vezes me emboscava, brotava de repente numa postura regimental e, disparando imediatamente no seu papo furado, me acompanhava no trajeto. "É uma bela manhã, senhor, ainda que talvez um pouco inclinada à chuva. Espero encontrá-lo bem, senhor. Não, senhor, não me sinto tão bem quanto desejaria, mas mantenho minha rotina. Estou feliz de encontrá-lo na estrada, senhor. Asseguro que estou ansioso por uma de nossas conversinhas." Amava desmesuradamente o som da própria voz, e, embora se apressasse (de um jeito despachado demais para chamar de servilismo) em concordar com qualquer coisa que você dissesse, não te deixava terminar de dizê-la. De que jeito escorregou para o seu assunto preferido eu não lembro; mas não fazia muito tempo que estávamos andando quando ele começou, de maneira muito militar, a discorrer sobre os poetas ingleses. "Shelley era um ótimo poeta, senhor, ainda que um pouco ateu nas suas opiniões. *Queen Mab*[1] é um trabalho bastante ateísta, senhor. Scott, senhor, não é um escritor tão poético. Não estou tão familiarizado com a obra de Shakespeare, mas era um ótimo poeta. Keats – John Keats, senhor – era um poeta excelente." Com tais referências, tais críticas triviais e tal desfile amoroso do próprio conhecimento, ele fazia o tempo passar na estrada, avançando colina acima com o cajado ora encostado às costelas do peito fundo, ressonante, ora balançando no ar com a jovialidade própria do soldado raso; e o tempo todo os dedos espreitando de dentro das botas, e a camisa espreitando de dentro das mangas do casaco, e a morte espreitando de dentro do sorriso, e o corpo grande e estranho sacudido por acessos de tosse.

Fazia muitas vezes o caminho inteiro para casa comigo: muitas vezes para pegar um livro emprestado, e sempre de um poeta. E lá ia ele, continuar sua ronda mendicante com o volume metido no bolso do casaco esfarrapado; e, embora ficasse com ele às vezes por bastante tempo, acabava sempre voltando para mim, não muito pior por sua viagem à mendicância. E desse jeito, sem dúvida, o seu conhecimento crescia e as suas críticas superficiais e aleatórias se estendiam. Mas a minha biblioteca não foi a primeira a que ele recorreu: ele já estava cheio de Shelley e de *Queen Mab* ateísta e de "Keats – John Keats, senhor" no nosso primeiro encontro. E sempre me perguntei como tinha adquirido esse repertório; assim como me perguntava como se tornou mendigo. Tinha servido durante o Motim[2] – sobre o qual (como muita gente) não sabia dizer praticamente nada fora nomes de lugares e que foi "um trabalho difícil, senhor" e muito quente e que fulano era "um excelente comandante, senhor". Era um homem inteligente demais para ter permanecido soldado raso; na ordem natural das coisas, deveria ter ganhado as suas divisas. E, no entanto, aqui estava ele sem pensão. Quando eu tocava nessa questão, se limitava a me dar um conselho. "Um homem deve ter muito cuidado quando é jovem, senhor. Se me permite dizê-lo, um jovem cavalheiro espirituoso como o senhor deve ter muito cuidado. Eu próprio estive talvez um pouco inclinado a opiniões ateístas." Pois (talvez com uma sabedoria mais profunda do que estamos inclinados a admitir nos dias de hoje) ele claramente associou o agnosticismo a cerveja e *skittles*[3].

Keats – John Keats, senhor – e Shelley eram os seus bardos favoritos. Não lembro se tentei Rossetti[4] com ele; mas conheço o seu gosto profundamente, e, se alguma vez o fiz, ele deve ter adorado esse autor. O que o interessava era a riqueza do discurso; ele adorava a palavra exótica, inesperada; a cadência mutante de uma frase; um senso vago de emoção (sobre nada) nas próprias letras do alfabeto: o romance da linguagem. A sua cabeça honesta era quase vazia, o seu intelecto era o de uma criança; e, quando lia os seus autores preferidos, não devia entender quase nada do que estava lendo. No entanto, o gosto não só era genuíno como exclusivo; tentei em vão lhe oferecer romances; ele não aceitava nenhum, só ligava para a linguagem romântica que não conseguia entender. O caso deve ser mais comum do que supomos. Sei de um rapaz que foi colocado numa maca vizinha à de um amigo meu num hospital público e que, mal foi instalado, mandou comprar (talvez com os últimos tostões) um Shakespeare barato. Meu amigo espichou as orelhas; começou a conversar finalmente com o novo vizinho e estava pronto, quando o livro chegou, para fazer uma descoberta singular. O grande amante da literatura entendia uma frase em cada 12, e a sua parte preferida era a que ele entendia menos – a bazófia inimitável e sonora do fantasma de *Hamlet*. Era um dia ensolarado no hospital quando o meu amigo expôs o sentido desse querido jargão: uma tarefa para a qual estou disposto a acreditar que o meu amigo estava muito apto, embora nunca a possa considerar fácil. Conheço, de fato, um ou dois aspectos sobre os quais teria prazer em interrogar o sr. Shakespeare, esse amante de grandes palavras, se ele pudesse revisitar sob os clarões da lua[5], ou se eu próprio pudesse retroceder aos dias gloriosos de Elizabeth. Mas, no segundo caso, o mais provável é que eu não fizesse essas perguntas e, em vez disso, ocupasse o meu lugar no fosso do Blackfriars[6] para ouvir o ator no seu papel preferido, dando a deixa para o sr. Burbage e declamando – e quase parece que consigo ouvi-lo – com prazer ponderoso

Sem eucaristia, sem confissão, sem unção.[7]

Que agradável oportunidade seria ir lá em grupo! E que surpresa para o sr. Burbage, quando o fantasma for o mais celebrado da noite!

Quanto ao meu velho soldado, assim como o sr. Burbage e o sr. Shakespeare, está morto há muito tempo; e agora está enterrado, suponho, sem nome e bem esquecido em algum cemitério pobre da cidade – mas para mim, coração valente, você não foi enterrado! Para mim você ainda está de pé, sentindo o sol e o ar e caminhando em direção ao sul. Junto aos bosques de Comiston e da Ermida de Braid, junto do Hunter's Tryst, e onde os maçaricos e quero-queros cantam em volta de Fairmilehead[8], vejo e ouço você, carregando com firmeza a sua doença mortal, discorrendo alegremente sobre poetas incompreendidos.

II

A lembrança do velho soldado me remete a outro vagabundo, sua contraparte. Era um homem pequeno, franzino e impetuoso, com olhos de cachorro e cara de cigano que encontrei uma manhã acampado com a mulher e os filhos e o seu rebolo do lado do riacho de Kinnaird[9]. Naquela época, eu ia diariamente a esse querido valezinho; e todos os dias o amolador de facas e eu (enquanto a sua tenda continuasse a interromper agradavelmente a minha pequena excursão) nos sentávamos em duas pedras e fumávamos e arrancávamos grama e conversávamos ao som do regato. Os filhos dele não passavam de filhotes de cachorro que brigavam e se mordiam entre os arbustos como bichos. A mulher dele não passava de uma índia; eu a via juntando gravetos e cuidando da chaleira, mas ela nunca se atreveu a se dirigir ao seu senhor na minha presença. A cabana dele não passava de um casebre de cigano, como uma pocilga para porcos. Mas o amolador tinha a autossuficiência delicada e a polidez grave do caçador e do selvagem; ele me fez as honras do valezinho que tinha sido meu pouco tempo antes, me levou ao centro dos segredos da sua vida e me usou (me orgulho ao lembrar) como um amigo.

Como meu velho amigo soldado, vivia há muito de auxílio-pobreza. Diferente dele, tinha um gosto vulgar para literatura; dificilmente lia alguma coisa melhor que as histórias dos jornais; provavelmente não via diferença – e certamente não procurava nenhuma – entre Tannahill[10] e Burns; os seus pensamentos mais nobres, quer sobre poesia quer sobre música, estão adequadamente expressos naquela cantiga algo óbvia,

Will ye gang, lassie, gang
To the braes o' Balquhidder[11]

– que é de fato capaz de ecoar nos ouvidos das crianças escocesas e que, levando em conta a sua experiência, deve ter ressoado de um jeito especial para ele. Mas, se não sabia apreciar a poesia dos livros, sentia com alegria profunda a poesia da vida. Você devia tê-lo ouvido falar das coisas que amava; da tenda montada junto à água tagarela; das estrelas lá em cima à noite; do regresso abençoado da manhã, do espreitar do dia sobre os pântanos, dos pássaros que despertam entre as bétulas; de como detestava o longo inverno trancado na cidade; e com que prazer armava o seu acampamento ao ar livre quando era primavera de novo. Mas éramos uma dupla de vagabundos; e para você, que é sem dúvida um sedentário e um passageiro de primeira classe na vida, ele dificilmente teria se aberto tanto; para você ele se contentaria em contar a história de um fantasma – um bucaneiro armado de pistolas – que encontrou uma vez numa caverna à beira-mar perto de Buckie[12]; e isso teria sido suficiente, já que teria demonstrado a coragem do homem. Aqui estava uma experiência sólida e viva construída em palavras, aqui estava uma história construída, *teres atque rotundus*[13].

E pensar no velho soldado, aquele amante dos bardos literários! Ele tinha estado em lugares mais estranhos que qualquer caverna à beira-mar; encontrado homens mais terríveis que qualquer espírito; feito e ousado e sofrido naquela incrível e não cantada epopeia do Motim; desempenhado seu papel no destacamento de Delhi, sitiando e sendo sitiado; partilhado daquela raiva duradoura e selvagem e do desprezo pela morte e pela decência que, durante longos meses, atormentou e inspirou o exército; foi atirado de um lado para o outro no calor da batalha; esteve, talvez, onde Nicholson caiu[14]; estava lá quando a coluna de assalto, com o inferno por todo lado, encontrou o pior inimigo do soldado – bebida forte, e as vidas de dezenas de milhares tremeram na balança, e o destino da bandeira da Inglaterra estremeceu. E de tudo isso ele não tinha mais o que dizer senão "trabalho difícil, senhor", ou "o exército sofreu muito, senhor", ou "acho que o general Wilson[15], senhor, não foi muito bem-visto pelos jornais". Sua vida não era nada para ele, páginas vívidas de experiência completamente vazia: seu prazer estava nas palavras – palavras melodiosas, agitadas –, palavras impressas sobre o que nunca tinha visto e era congenitamente incapaz de entender. Temos aqui, face a face, dois temperamentos; ambos sem formação, pouco sofisticados, pegos (poderíamos dizer) na casca do ovo; ambos audaciosamente marcados: o do artista, o amante e artífice das palavras; o do fazedor, o que vê, o amante e forjador da experiência. Se um tivesse uma filha e o outro tivesse um filho, e eles se casassem, não poderia algum escritor ilustre contar a descendência do mendigo-soldado e do amolador de facas necessitado?

III

Todo mundo vive de vender alguma coisa, seja qual for o seu direito a ela. O ladrão vende, ao mesmo tempo, a sua habilidade e coragem e a minha bandeja de prata (tudo a um preço módico) ao receptador judeu. O salteador vende ao viajante um artigo de primeira necessidade: a vida daquele viajante. E quanto ao velho soldado, que representa o ponto central das minhas piruetas, ele tinha uma especialidade; porque era o único mendigo no mundo a me dar prazer em troca do meu dinheiro. Ele tinha aprendido boas maneiras na caserna e teve o bom senso de se agarrar a elas, abordando estranhos com uma liberdade regimental, agradecendo aos benfeitores com uma deferência meramente regimental, nos poupando simultaneamente da tragédia da posição dele e do embaraço da nossa. Não tinha nada nele da ênfase do mendigo, da explosão repulsiva de gratidão, da arenga e da cantilena, do "Deus te abençoe, gentil, gentil cavalheiro" que insulta a pequenez da esmola pela veemência desproporcional, que é tão obviamente falsa e que seria insuportável se fosse verdadeira. Às vezes fico tentado a supor que essa interpretação do personagem do mendigo é uma reminiscência dos tempos em que Shakespeare era entoado no palco e as carpideiras choravam junto ao leito de morte; e pensar que hoje em dia não podemos aceitar essas emoções fortes se não forem proferidas no tom certo; nem (a não ser no púlpito) suportar essas convenções grotescas. Elas nos ferem, ouso dizer, como uma zombaria; a voz aguda do lamento (que ainda perdura) atinge a face da tristeza como uma bofetada; e a arenga e a cantilena do mendigo seco nos causam um arrepio de repugnância. Mas os fatos desmentem essas opiniões amadoras. O mendigo vive do seu conhecimento do homem comum. Ele sabe o que está fazendo quando enfaixa a cabeça e aluga e droga um bebê, e envenena a vida com "Poor Mary Ann" ou "Long, Long Ago"[16]; sabe o que está fazendo quando enche o ouvido crítico e enoja a boa consciência com agradecimentos intoleráveis; eles sabem o que estão fazendo, ele e sua turma, quando inundam as favelas da cidade, paródias medonhas do sofrimento, paródias odiosas da gratidão. Esse ofício não pode ser chamado de enganação; já foi tão exposto com denúncias; ostenta a sua fraudulência tão abertamente. Damos dinheiro a eles como damos dinheiro àqueles que nos mostram, com grande exagero, os monstros na água que bebemos[17]; ou àqueles que preveem diariamente a queda da

Grã-Bretanha. Damos dinheiro a eles por causa da dor que nos infligem, damos dinheiro, e estremecemos, e apertamos o passo. E, de fato, não há nada que possa abalar tanto a nossa consciência quanto o agradecimento de um mendigo; e uma sociedade onde tais manifestações podem ser compradas com um xelim não parece ser um bom lugar para um homem honesto.

Não há, então, alguém pode perguntar, mendigos de verdade? A resposta é: nenhum. Meu velho soldado era um farsante que nem o resto; suas botas esfarrapadas eram, para usar um termo do teatro, adereços cênicos; ele ganhava botas novas o tempo todo e as aceitava de bom grado; e no dia seguinte lá estava ele na estrada, como de costume, com os dedos dos pés à mostra. Suas botas eram o seu método; eram o seu ofício; sem as botas, ele teria morrido de fome; ele não vivia de caridade, mas apelando ao gosto vulgar do público, que adora as luzes da ribalta no rosto do ator e os dedos do mendigo saindo para fora das botas. Existe uma pobreza real que ninguém vê: uma pobreza falsa e meramente mimética, que usurpa o seu lugar e o seu traje, e vive e sobretudo bebe dos frutos da usurpação. A pobreza de verdade não sai à rua; o banqueiro pode ficar sossegado, ele nunca pôs um cêntimo na mão dela. Os pobres que se prezam pedem dinheiro uns aos outros; nunca aos ricos. Viver nos círculos engravatados da vida e presenciar cenas hipócritas de gratidão a troco de dois *pence* pode fazer uma pessoa achar que dar é uma coisa fora de moda; no entanto, a coisa avança numa escala tão grande que me enche de surpresa. Nas casas da classe trabalhadora, há passos na escada o dia inteiro; o dia inteiro há batidas na porta; mendigos vêm e vão sem parar, quase sem intervalo, de manhã à noite; e enquanto isso, na mesma cidade e só a algumas ruas de distância, os castelos dos ricos permanecem imperturbados. Se ouvirmos a história de qualquer vagabundo honesto, ficaremos sabendo que foram sempre os pobres que o ajudaram; qualquer trabalhador que já teve um infortúnio vai nos dizer que foi sempre na vizinhança que foi buscar ajuda, ou só como a exceção que dizem confirmar a regra; se analisarmos o percurso do mendigo mimético, é através dos bairros pobres que ele faz a sua incursão, exibindo as bandagens em todas as janelas, penetrando até os sótãos com o seu canto anasalado. É digno de nota que, nas nossas comunidades cristãs, só se peça aos pobres que deem.

IV

Há uma história simpática de um francês inútil e falastrão que foi taxado de ingrato: "*Il faut savoir garder l'indépendance du cœur*"[18], ele gritava. Admito que o entendo. Gratidão sem intimidade, gratidão, a não ser como um elemento inominado de uma amizade, é uma coisa tão parecida com o ódio que nem me interessa fazer a distinção. Até que eu encontre um homem que tenha prazer em assumir dívidas, vou continuar questionando o tato daqueles que se apressam em distribuí-las. Que arte que é dar, mesmo para os nossos amigos mais próximos! E que prova de boas maneiras é receber! Como, dos dois lados, contrabandeamos a dívida, corando um para o outro; quão áspero e aborrecido deixamos o doador; quão apressado e falsamente animado o receptor! E ainda assim supomos que podemos fazer, com um completo estranho, o que é tão difícil e angustiante entre amigos próximos, e deixar o sujeito paralisado de gratidão. A última coisa que se pode fazer a um homem é sobrecarregá-lo com uma dívida, e mesmo assim é por onde as pessoas querem começar! Mas não nos deixemos enganar: a menos que ele seja completamente reduzido ao seu ofício, a raiva se agita dentro dele e ele range os dentes ante a nossa gratidão.

Devíamos eliminar duas palavras do nosso vocabulário: gratidão e caridade. Na vida real, a ajuda que não é prestada por amizade não é valorizada; ou é recebida da mão da amizade ou é ressentida. Somos orgulhosos demais para receber um presente nu e cru: precisamos parecer que pagamos por ele, se não de outro jeito, pelo menos com os deleites da nossa companhia. Eis, então, a situação lamentável do rico; eis o buraco da agulha em que ele entalou já na época de Cristo, e continua entalado, ainda mais apertado, se é que isso é possível, do que nunca: ele tem o dinheiro, mas não o amor que tornaria o dinheiro aceitável. Aqui e agora, assim como antigamente na Palestina, ele recebe os ricos para jantar e é com os ricos que se diverte: e quando chega a hora de ser caridoso, procura em vão por um receptor. Seus amigos não são pobres, eles não vão aceitar; os pobres não são seus amigos, eles não vão aceitar. Para quem ele dá? Onde encontrar – note esta frase – os Pobres Merecedores? A caridade é (o que eles chamam de) centralizada; escritórios são alugados; sociedades são fundadas, com secretários pagos ou não: a caça aos Pobres Merecedores avança alegremente. Acho que será preciso mais que um secretário meramente humano para desenterrar esse personagem. Que classe é essa que deve passar necessidade sem ter culpa por isso e, no entanto, estar avidamente ansiosa por receber de estranhos e ser bastante respeitável e, ao mesmo tempo, completamente desprovida de amor-próprio; e desempenhar o papel mais delicado da amizade e, no entanto, nunca ser vista; e usar a forma de homem e, no entanto, voar contra todas as leis da natureza humana – e tudo isso na esperança de fazer um Burgess[19] glutão passar pelo buraco de uma agulha! Ó, deixem-no entalado, por favor: e deixem que a sua organização tombe na poeira[20]; e deixem que o seu epitáfio e toda a sua literatura (da qual o meu próprio trabalho começa a formar uma parte nada desprezível) sejam abolidos até da história do homem! Porque para um tolo dessa monstruosidade de monotonia não pode haver salvação: e o tolo que procurava o elixir da vida é um anjo da razão em relação ao tolo que procura o Pobre Merecedor!

V

E, no entanto, há um caminho que o infeliz cavalheiro pode tomar. Ele pode se inscrever para pagar impostos. Aí está a verdadeira caridade, imparcial e impessoal, não sobrecarregando ninguém com dívidas, ajudando todos. Aí está um destino para os presentes sem amor; aí está um jeito de alcançar o bolso do pobre merecedor, e ainda poupar o tempo dos secretários! Mas, infelizmente, um percurso desses não é muito romântico; e as pessoas nunca exigem tanto o pitoresco quanto nas suas virtudes.

(1888)

6
Estradas

Nenhum amador há de negar que tira mais prazer de um único desenho, sobre o qual pode se debruçar durante toda uma tarde tranquila, e assim estudar gradualmente o estado de espírito do artista, do que poderia tirar do deslumbramento e do acúmulo de impressões incongruentes que o expulsam, cansado e estupefato, de alguma galeria famosa. Mas o que é assim admitido em relação à arte não se estende às (ditas) belezas naturais: nenhum excesso nos contornos sublimes das montanhas ou na graça das planícies cultivadas pode enfraquecer ou corromper o paladar. Não temos certeza, no entanto, que a moderação e um regime razoavelmente austero, mesmo em matéria de paisagem, não sejam saudáveis e fortificantes para o gosto; e que a melhor escola para um amante da natureza não estará nesses lugares em que não há efeito de palco – nada saliente ou repentino –, mas num espírito quieto de beleza ordeira e harmoniosa que permeia todos os detalhes, de modo que possamos prestar atenção paciente a cada um dos detalhes que despertam juntos, em nós, a nota suave da paisagem. É em cenários como esse que nos encontramos no clima certo para procurar pequenas maravilhas escondidas. A recorrência constante de combinações semelhantes de cor e contorno nos dá, gradualmente, uma noção de como a harmonia foi construída, e nos familiarizamos com algo do maneirismo da natureza. Esse é o verdadeiro prazer do nosso "sensualista rural" – não ficar boquiaberto diante de um monte Chimborazo[1]; nem ensurdecido pelo tímpano da orquestra, mas ensinar a si mesmo, dia após dia, alguma nova beleza –, ter a experiência de uma nova sensação vaga e tranquila que antes lhe tinha escapado. Não são os que "se lamentaram e tiveram fome de natureza durante muitos anos, na grande prisão da cidade", como disse Coleridge no poema que deixou Charles Lamb tão envergonhado[2]; não são esses que ficam mais íntimos dela, ou que veem as coisas antes e têm mais prazer em apreciá-las. Assim como em quase tudo, é um conhecimento minucioso e um trabalho longo e constante de apreciação que caracteriza o verdadeiro diletante. Deve-se refletir muito sobre a paisagem antes de começar a apreciá-la plenamente. Não é nenhum entusiasmo juvenil no topo de uma colina que vai conseguir agarrar a essência última da beleza. A cabeça da maioria das pessoas estará provavelmente ficando pelada antes de conseguirem ver tudo que têm a capacidade de ver numa paisagem; e, mesmo então, será só por um momento de plenitude antes de as faculdades entrarem de novo em declínio e aquela visão do outro lado da janela começar a escurecer e ficar pouco visível. Assim, o estudo da natureza deve ser levado a cabo de forma exaustiva e sistemática. Cada recompensa deve ser saboreada lentamente, e devemos estar sempre ávidos por analisar e comparar, de modo que possamos dar uma explicação plausível para as nossas apreciações. É verdade que é difícil exprimir em palavras, mesmo que de forma aproximada, os sentimentos que se manifestam assim. Existe um poderoso vício inerente a qualquer tipo de refinamento intelectual sobre sensações vagas. A análise de tais satisfações se presta com muita facilidade a afetações literárias; e todos conseguimos pensar em exemplos em que ela se mostrou capaz de exercer uma influência mórbida até sobre a escolha da linguagem e o modo de colocar as coisas. E ainda assim há várias coisas que tornam a tentativa atraente; porque qualquer expressão, por mais imperfeita que seja, quando aplicada a um sentimento querido, parece legitimar o prazer que sentimos com ele. Um sentimento comum é uma dessas bênçãos que deixam a vida palatável e sempre fresca. O conhecimento de que outra pessoa sentiu o que nós sentimos e viu coisas, mesmo que sejam coisas pequenas, não muito diferentes das que nós vimos, continuará sendo, até o fim, um dos maiores prazeres da vida.

Que o leitor se entregue, então, no espírito que recomendamos, a alguns dos tipos mais pacatos de paisagem inglesa. Nesses distritos agrícolas acolhedores e plácidos, a familiaridade fará sobressair muitas coisas dignas de atenção, e as tornará claras para ele através de uma repetição terna, como a maravilhosa velocidade revigorante das velas do moinho de vento sobre a paisagem imóvel; a ocorrência e a recorrência do mesmo campanário no fim de uma vista panorâmica depois da outra: e, escondido entre essas fontes de prazer pacato, o caráter e a variedade da estrada em si, ao longo da qual ele segue o seu caminho. Não só perto, nas curvas graciosas com que se adapta às mudanças de nível e de declive, mas também lá longe, onde vê algumas centenas de pés dela se erguendo contra uma colina, brilhando ao sol da tarde, e pensa que é uma coisa tão mutável e estimulante que pode sempre, de modo prazeroso, ocupar a mente com ela. Ele pode deixar a margem do rio ou se desviar do caminho das aldeias, mas a estrada está sempre com ele; e, no verdadeiro espírito da observação, vai encontrar nela companhia suficiente. Um interesse vivo e contínuo, que mantém a atenção alerta e alegre, nasce das suas sinuosidades sutis e das mudanças de nível. Cada ajuste sensível aos contornos do terreno, cada pequeno mergulho e desvio parece animado por uma força interior e por um senso fino de equilíbrio e beleza. A estrada desliza sobre as encostas suaves do campo, como um drácar nas cavidades do mar. As próprias margens dos terrenos baldios, quando se afastam um pouco do caminho batido, ou recuam de novo para o abrigo da sebe, têm algo da mesma delicadeza livre da linha – da mesma oscilação e voluntariedade. Você poderia pensar por um dia de verão inteiro (e não pensar que estivesse mais perto do fim ao anoitecer) que conjunto e sucessão de circunstâncias produziu o menor desses desvios; e é, talvez, exatamente aí que devemos procurar pelo segredo do seu interesse. Uma trilha que atravessa um prado – em toda a sua imprevisibilidade e estranheza, em toda a *grata protervitas*[3] da sua direção variável – vai ser sempre, para nós, mais interessante que uma estrada de ferro bem projetada que atravessa um terreno difícil*. Não nos é apresentada nenhuma sequência racional: parece que escapamos, por um momento, à regra pétrea de causa e efeito; e assim voltamos imediatamente a algumas das velhas e agradáveis heresias da personificação, sempre poeticamente ortodoxas, e atribuímos uma espécie de livre-arbítrio, uma vida ativa e espontânea, à faixa branca da estrada que se alonga, se curva e se adapta habilmente às desigualdades do terreno diante dos nossos olhos. Lembramos, quando escrevemos, algumas milhas de uma bela e larga autoestrada, traçada

---

* Compare com William Blake (1757-1827), em *O matrimônio do céu e do inferno* (1793): "O aperfeiçoamento faz estradas retas, mas as estradas tortas sem aperfeiçoamento são estradas de gênio."

com artifício estético consciente num solo acidentado e ricamente cultivado. Dizem que o engenheiro estava pensando na linha da beleza de Hogarth quando a projetou[4]. E o resultado é impressionante. Uma onda esplêndida e satisfatória passa com facilidade para outra, e não há nada que perturbe ou desloque a continuidade firme da linha principal da estrada. E mesmo assim tem alguma coisa faltando. Não há nenhuma imperfeição salvadora aqui, nenhuma daquelas curvas secundárias e pequenas trepidações de direção que conduzem ativamente, em estradas naturais, a nossa curiosidade ao longo delas. Dá para sentir imediatamente que essa estrada não cresceu como uma estrada natural, mas foi laboriosamente construída de acordo com um padrão; e que, enquanto um modelo possa ser academicamente correto no papel, será sempre inanimado e frio. O viajante também tem consciência de uma sintonia de espírito entre si e o caminho que percorre. Todos já vimos caminhos que se embrenham na areia pesada à beira-mar e se arrastam penosamente sobre as dunas como uma serpente pisoteada: e aqui também temos que avançar num ritmo monótono e laborioso; e assim a sintonia entre o nosso estado de espírito e a expressão das curvas relaxadas e pesadas da estrada é preservada. Nossa razão talvez pudesse resolver esse fenômeno com um pouquinho de esforço. Podemos pensar que a estrada atual se desenvolveu a partir de um percurso espontaneamente seguido por gerações de viajantes primitivos; e podemos ver, na sua expressão, um testemunho de que essas gerações foram afetadas pelo mesmo terreno, uma depois da outra, do mesmo jeito que somos afetados hoje. Ou podemos levar essa reflexão mais longe, e nos lembrar de que, onde o ar é revigorante e o solo é firme debaixo dos pés do viajante, seu olho está pronto para tomar partido das menores ondulações, e ele vai se desviar descuidadamente do caminho reto onde quer que haja coisas bonitas para examinar ou uma promessa de uma vista mais ampla; de modo que até um arbusto de rosas-selvagens pode enviesar e deformar permanentemente o caminho reto sobre o prado; enquanto, quando o terreno é sem graça, ele só se preocupa em pôr um pé depois do outro e avança de cabeça baixa, pesadamente e sem olhar em volta. A razão, porém, não nos levará até o fim; porque o sentimento reaparece muitas vezes em situações em que é muito difícil imaginar qualquer explicação possível; e, de fato, se percorrermos rapidamente uma estrada boa e bem-feita num veículo aberto, experimentaremos essa sintonia quase em toda a sua plenitude. Sentimos o impacto acentuado das molas numa curva estranhamente tortuosa; depois de uma subida íngreme, o ar fresco dança nos nossos rostos enquanto nos precipitamos para descer pelo outro lado, e achamos difícil deixar de atribuir algo de impetuoso, um tipo de *abandono*, à própria estrada.

A mera sinuosidade do caminho é suficiente para animar um longo dia de caminhada, mesmo num campo banal ou lúgubre. Uma coisa que vimos a milhas de distância, sobre uma elevação, está há tanto tempo escondida de nós, enquanto percorremos bosques e vales ondulados, que a nossa expectativa de voltar a vê-la se aguça num apetite violento e, à medida que nos aproximamos, apressamos impacientemente os nossos passos e fazemos cada curva com o coração acelerado. É através desses prolongamentos de expectativa, dessa sucessão de uma esperança a outra que vivemos longas temporadas de prazer em algumas horas de passeio. É seguindo essas sinuosidades caprichosas que aprendemos, aos pouquinhos e numa reticência coquete depois da outra, tal como se conhece o coração de um amigo, a beleza do campo. Essa disposição sempre preserva alguma coisa nova para ver, e nos leva, como um cicerone atencioso, a muitos pontos de vista diferentes antes de nos deixar chegar finalmente ao destino ansiado.

Na relação com o tráfego e a interação amigável com o campo, há alguma coisa muito agradável na sucessão de caminhantes e de trabalhadores apressados que povoam nossos caminhos e ajudam a construir o que Walt Whitman chama de "a voz agradável da estrada pública, o sentimento leve e feliz da estrada"[5]. Mas da grande rede de caminhos que junta toda a vida, da fazenda à cidade, há algo individual para a maioria, e, de modo geral, há quase tantas alternativas em termos de companhia quanto em termos de beleza ou facilidade de viagem. Em algumas, nunca passamos muito tempo sem o som de rodas, e as pessoas passam por nós com tanta frequência que perdemos a noção do seu número. Mas em outras, em zonas pouco frequentadas, um encontro é um acontecimento; vemos alguém vindo de longe, a sua definição aumentando, e depois a breve passagem e a saudação, e a estrada à nossa frente permanece vazia por mais um bom tempo, talvez. Tais encontros têm um interesse estranho que dificilmente pode ser entendido pelo habitante de lugares mais populosos. Lembro de estar certa vez ao lado de um homem do campo na entrada de uma travessa sossegada, numa cidade que estava mais cheia e movimentada do que de costume; ele parecia atônito e desnorteado com a passagem contínua de rostos diferentes; e depois de uma longa pausa, durante a qual pareceu buscar uma expressão apropriada, disse timidamente que parecia *haver ali uma grande quantidade de encontros*. A frase é significativa. É a expressão da vida urbana na linguagem das longas e solitárias estradas rurais. O encontro de uma pessoa com outra era com o que esse homem estava acostumado nas terras altas e pastoris de onde vinha; e a confluência das ruas era, aos seus olhos, só uma multiplicação extraordinária desses "encontros".

E agora chegamos à última e mais sutil qualidade de todas, àquele sentido de perspectiva, de olhar para fora, que é evocado de forma tão poderosa pelas estradas. Na natureza de verdade, assim como nas velhas paisagens, debaixo da luz imparcial do dia em que toda uma planície matizada é mergulhada e saturada, a linha da estrada conduz o olho para a frente com uma vaga sensação de desejo até o limite verde do horizonte. Compreendemos enfim a viagem e visitamos em espírito cada bosque e aldeota que nos tenta na distância. *Sehnsucht* – a paixão pelo que está sempre além – é expressa de forma viva naquele laço branco de viagem possível que corta o campo irregular; não é um lavrador seguindo o seu arado sulco brilhante acima, nem a fumaça azul de uma cabana num vale, mas nos atrai com um sentimento de proximidade e acessibilidade por essa linha vacilante de cruzamento. Há um parágrafo apaixonado no *Werther*[6] que bate na mesma tecla.

"Quando aqui vinha", escreve,

> e da colina contemplava aquele belo vale! Ali o bosquezinho! Oh, se um dia tu pudesses mergulhar em sua sombra! E mais além o cume de uma montanha! Oh, se pudesses contemplar dali toda essa vasta região! Essa cadeia de colinas e esses pacíficos vales! Ah, se eu pudesse me perder neles... Voava para ali! E regressava sem ter encontrado aquilo que procurava. Dá-se com a distância o mesmo que com o futuro. Um horizonte imenso, misterioso, repousa diante de nossa alma; o sentimento nele mergulha como o nosso olhar, e desejamos, ah! como desejamos, entregar todo o nosso ser para nos consubstanciarmos num só, grande e magnífico sentimento... Mas, ah!, corremos, voamos e quando lá chega-

mos, quando o longe se faz perto, nada se alterou, e nós encontramo-nos com nossas mesmas misérias, com os mesmos e estreitos limites, e de novo a nossa alma suspira pelo mesmo bálsamo que acabou de se esvair.[7]

É a esse espírito errante e inquieto de antecipação que as estradas servem. Cada pequena vista, cada pequeno vislumbre que temos do que está à nossa frente, dá rédeas à imaginação impaciente, para que ela possa ultrapassar o corpo e já mergulhar na sombra dos bosques, e avistar do cimo da colina a planície para além dela, e vagar pelos vales sinuosos que ainda estão muito à frente. A estrada já está ali – não deve faltar muito. É como se estivéssemos marchando na retaguarda de um grande exército e, de longe, ouvíssemos a aclamação do povo enquanto a vanguarda entra numa cidade amigável e jubilosa. Não se sentiria cada homem, ao longo de todas as longas milhas de marcha, como se também estivesse dentro dos portões?

(1873)

7
Caminhadas

Não se deve pensar que uma caminhada é, como algumas pessoas fariam crer, só um jeito melhor ou pior de ver o campo. Há jeitos de ver uma paisagem que são tão bons quanto; e nenhum é mais vívido, apesar do que diriam os diletantes pretensiosos, do que da janela de um trem. Mas, numa caminhada, a paisagem é um tanto acessória. Quem realmente participa dessa confraria não viaja em busca do pitoresco, mas de um certo estado de espírito alegre – da esperança e do ânimo com que se começa a marcha de manhã e a paz e a plenitude espiritual do descanso noturno. Fica difícil saber se o prazer é maior ao pôr ou tirar a mochila. A agitação da partida é o que leva à da chegada. O que quer que se faça não é uma recompensa em si; a recompensa vem na sequência; e então o prazer leva a mais prazer, numa cadeia sem fim. É isso que tão pouca gente entende; gente que vai estar sempre descansando ou sempre a cinco milhas por hora; não sabem equilibrar as coisas, se preparam o dia todo para a noite e a noite toda para o dia seguinte. E, sobretudo, é isso que o nosso caminhante exagerado não consegue entender. O coração dele se revolta com aqueles que bebem o curaçau em cálices de licor, quando ele pode entornar o dele direto do gargalo. Ele não entende que o gosto é mais delicado quando em menor dose. Não entende que andar essa distância absurda só serve para se anestesiar e se brutalizar, e para voltar para a estalagem de noite com uma espécie de geada nos cinco sentidos e uma noite escura e sem estrelas no espírito. A noite suave e luminosa do caminhante moderado não é para ele! Ele não tem nada além de uma necessidade física de ir para a cama e tomar um drinque duplo; e até o cachimbo, caso seja fumante, será insípido e sem encanto. O destino de uma pessoa assim é ter o dobro de trabalho para alcançar a felicidade, e ainda perdê-la no final; em suma, ele é o homem do provérbio, que vai mais longe e se sai pior.

Para ser devidamente aproveitada, é preciso fazer a caminhada sozinho. Se for em grupo, ou mesmo em dupla, já não é uma caminhada senão no nome; é outra coisa, e mais da natureza do piquenique. É preciso fazer a caminhada sozinho porque a liberdade é essencial; porque tem que poder parar e continuar, e seguir esse ou aquele caminho a seu bel-prazer; e porque tem que andar no próprio ritmo, e não trotar ao lado de um campeão de caminhada nem acompanhar o ritmo de uma dama. E é preciso estar aberto a todas as impressões e deixar os pensamentos se colorirem daquilo que vê. Tem que ser como um fole onde o vento pode brincar. "Não consigo ver a graça", diz Hazlitt, "em andar e falar ao mesmo tempo. Quando estou no campo quero vegetar que nem o campo." Isso é a síntese de tudo o que pode ser dito sobre o assunto. Não deve haver um cacarejar de vozes no seu ouvido atrapalhando o silêncio meditativo da manhã. E, enquanto o sujeito estiver raciocinando, ele não consegue se render à fina intoxicação que vem da movimentação ao ar livre e que começa com uma espécie de confusão e torpor no cérebro e acaba numa paz que vai além da compreensão.

Há momentos de amargor no primeiro dia de qualquer caminhada, quando o viajante olha para a sua mochila com mais do que frieza e tem vontade de atirá-la por cima da sebe e, como Christian[1] numa ocasião parecida, "dar três pulinhos e sair cantando". No entanto, as coisas ganham logo uma certa facilidade. Ficam magnéticas; o espírito da jornada penetra nelas. E, assim que ele passa as correias por cima dos ombros, as borras do sono se dissipam e ele se recompõe com um chacoalhão e se põe logo a andar. De todas as disposições possíveis, essa é a melhor para alguém pegar a estrada. É claro que, se ele ficar pensando nas suas angústias, se abrir o baú do mercador Abudah[2] e andar de braços dados com a bruxa – esteja onde estiver, andando rápido ou devagar, provavelmente não vai estar feliz. E pior para ele! Deve haver pelo menos uns trinta homens começando a caminhada na mesma hora, e eu apostaria uma grande soma que não há entre eles nenhum de cara amarrada. Seria uma maravilha seguir, metido numa capa da invisibilidade, esses caminhantes pelas primeiras milhas da estrada numa manhã de verão. Este que anda rápido e com um olhar perspicaz está completamente absorto nos próprios pensamentos; está trabalhando no seu tear, tecendo e tecendo para pôr a paisagem em palavras. Este outro vai espiando à medida que avança no mato alto; ele fica esperando as libélulas junto ao canal; se apoia na cerca e não se cansa de olhar as vacas satisfeitas. Aqui vem um outro, falando, rindo e gesticulando para si mesmo. Sua cara muda de vez em quando, conforme a indignação lampeja nos olhos ou a raiva lhe tolda o cenho. Está compondo artigos, fazendo discursos e conduzindo as mais apaixonadas entrevistas. Um pouco mais e vai começar a cantar. E melhor para ele, supondo que não seja um mestre nessa arte, se não vier a tropeçar num camponês estólido numa curva; pois, numa ocasião como essa, não sei dizer quem fica mais constrangido, se é pior sofrer o embaraço do trovador ou o susto sincero do campônio. Uma população sedentária, acostumada, além de tudo, com o estranho comportamento mecânico do vagabundo comum, não consegue entender a alegria desses passantes de jeito nenhum. Conheci um homem que foi tomado por um lunático fugitivo e preso porque, apesar de ser um adulto de barba ruiva, saltitava que nem uma criança. Vocês se surpreenderiam se eu contasse quantos sábios sérios e cultos me confessaram que, quando saíam para caminhar, cantavam – e muito mal – e ruborizaram até as orelhas quando, como descrito acima, o camponês infeliz lhes caiu nos braços ao fazerem uma curva. E, aqui, para você não achar que estou exagerando, está a confissão de Hazlitt no seu ensaio "On Going On a Journey",[3] que é tão bom que aqueles que não o leram deveriam pagar uma multa:

"Me deem um céu azul e limpo sobre a cabeça", escreve, "e relva verde sob os pés, uma estrada sinuosa à minha frente e uma marcha de três horas antes do jantar – e depois me dedico a pensar! Difícil é não começar a brincar nessas charnecas solitárias. Eu rio, eu corro, eu salto, eu canto de alegria!"

Bravo! Depois daquela aventura do meu amigo com a polícia, você não ligaria de publicar isso na primeira pessoa, não é? Mas hoje em dia não há bravura, e, mesmo nos livros, temos que fingir ser tão chatos e tolos quanto os nossos vizinhos. Não foi o caso com Hazlitt. E veja quão estudado ele é (como, aliás, no ensaio todo) na teoria das caminhadas. Ele não é o atleta de meias roxas que anda cinquenta milhas por dia; uma marcha de três horas é o seu ideal. E ele precisa de uma estrada sinuosa, o sensualista!

Mas há uma coisa nessas palavras a que me oponho, uma coisa na prática do grande mestre que não me parece muito sensata. Não aprovo aqueles saltos e corridas. As duas coisas aceleram a respiração; ambas tiram o cérebro da sua gloriosa confusão; e ambas quebram o ritmo. O andar irregular não é tão agradável para o corpo, e distrai e irrita a mente. Enquanto, quando se engata num passo uniforme, não é preciso nenhum pensamento consciente para continuar nele, ao mesmo tempo que ele impede de pensar com franqueza em qualquer outra coisa. Como o tricô, como o trabalho do copista, ele neutraliza gradualmente e põe para dormir a atividade séria da mente. Podemos pensar nisso ou naquilo, leve e risonhamente, como uma criança, ou como quando se está sonolento de manhã; podemos bolar trocadilhos ou decifrar acrósticos, e brincar de mil maneiras com palavras e rimas; mas quando se trata de trabalho de verdade, quando é preciso empreender um esforço, que se ressoe a trombeta tão alto e por quanto tempo quiser; os grandes barões da mente não vão acorrer para o estandarte, mas vão sentar, cada qual na sua casa, esquentando as mãos no fogo e pensando os próprios pensamentos!

Há muitas variações de humor no curso de um dia de caminhada. Da excitação da partida à fleuma feliz da chegada, a mudança é decerto grande. À medida que o dia avança, o viajante passa de um extremo ao outro. Ele vai se integrando mais e mais à paisagem material, e a embriaguez do ar livre cresce nele junto com as passadas largas, até que ele se posta à beira da estrada e vê tudo à sua volta como num sonho feliz. O primeiro estágio é sem dúvida mais vistoso, mas o segundo é mais pacífico. O homem não bola mais tantos artigos nem ri alto; mas os prazeres puramente animais, a sensação de bem-estar físico, o deleite de cada inspiração, de cada vez que os músculos da coxa se contraem, o consolam pela ausência de outras pessoas e o conduzem ainda contente ao seu destino.

Também não posso esquecer de dizer uma palavra sobre os bivaques. Você chega a um marco de milha numa colina ou a um lugar onde caminhos fundos se encontram debaixo de uma árvore; e tira a mochila e se senta para fumar o seu cachimbo na sombra. Você se afunda em si mesmo, e os pássaros te cercam e te espiam; e a fumaça se dissipa na tarde, debaixo da abóbada azul do céu; e o sol lambe os seus pés e o ar fresco visita o seu pescoço e abre a sua camisa. Se você não está feliz, deve ter a consciência pesada. Você pode se demorar quanto quiser à beira da estrada. É quase como se o milênio tivesse chegado, quando vamos jogar nossos relógios de parede e de bolso no telhado e não mais nos lembrar do tempo e das estações. Não contar as horas por uma vida inteira é viver para sempre. Você não faz ideia, a menos que tenha tentado, de quão infinitamente longo é um dia de verão que só se mede pela fome e só se declara terminado quando bate o sono. Conheço uma vila onde quase não há relógios, onde só se sabe dos dias da semana por causa de um sexto sentido para as festas de domingo, e onde só uma pessoa é capaz de informar o dia do mês – e ela está em geral errada; e, se as pessoas soubessem quão devagar o tempo passa naquela vila, e quantas horas livres o tempo dá para os sábios habitantes além do combinado, acredito que haveria uma debandada de Londres, Liverpool, Paris e de várias outras cidades grandes onde os relógios ficaram malucos e marcam as horas cada um mais rápido que o outro, como se tivessem feito uma aposta. E todos esses peregrinos insensatos trariam cada um a própria miséria com eles num relógio de bolso! É de notar que não havia relógios de nenhum tipo nos tão alardeados dias que antecederam o dilúvio. "Podem tirar todo o tesouro de um homem avarento", diz Milton[4], "mas ele ainda tem uma joia; não podem privá-lo da cobiça." E eu diria o mesmo de um homem de negócios moderno: é possível fazer por ele o que for, pô-lo no Éden, dar para ele o elixir da vida – ele vai continuar tendo um defeito no coração: seus hábitos comerciais. Ora, não existe ocasião em que esses hábitos comerciais sejam mais mitigados do que numa caminhada. Logo, nessas paradas você vai se sentir quase livre.

Mas a melhor hora é à noite, depois do jantar. Não há cachimbo melhor do que aquele que se fuma depois de um bom dia de marcha; o sabor do tabaco, tão seco e aromático, tão encorpado e fino, é uma coisa para se lembrar. Se você termina a noite bebendo grogue[5], vai achar que nunca houve um igual; a cada gole, uma tranquilidade alegre se espalha pelos membros e se instala sem dificuldade no coração. Se lemos um livro – só será possível aos trancos e barrancos –, acharemos a linguagem estranhamente ousada e harmoniosa; as palavras ganham novos significados; frases soltas se apossam do ouvido por um tempão; e gostamos mais do escritor a cada página, por causa da mais agradável coincidência de sentimentos. Parece um livro que teríamos escrito em sonho. Olhamos para tudo o que lemos nessas ocasiões com um carinho especial. "Foi no dia 10 de abril de 1798", escreve Hazlitt, com precisão amorosa, "que sentei com um volume da *Nouvelle Héloïse*[6] na estalagem em Llangollen[7], com uma garrafa de xerez e as sobras de um frango." Eu gostaria de citá-lo mais, pois ainda que haja rapazes talentosos, ninguém escreve como Hazlitt. E, falando nisso, um volume dos ensaios de Hazlitt seria um bom livro de bolso para uma jornada como essa; assim como um volume das canções de Heine[8]; e, quanto a *Tristram Shandy*[9], posso garantir uma boa experiência.

Se o fim de tarde estiver quente e agradável, não há nada melhor na vida do que descansar diante da porta da estalagem ao pôr do sol ou se debruçar sobre o parapeito da ponte para observar as algas e a agilidade dos peixes. É nesse momento que você experimenta, se é que isso vai acontecer algum dia, a Jovialidade em todos os sentidos dessa palavra audaciosa. Seus músculos estão tão agradavelmente relaxados, você se sente tão limpo e tão forte e tão preguiçoso que o que quer que você faça, quer você se mova ou fique parado, é feito com orgulho e com uma espécie de prazer régio. Você puxa conversa com qualquer um, sábio ou tolo, bêbado ou sóbrio. E é quase como se a caminhada vigorosa o tivesse purgado de toda estreiteza e orgulho, deixando a curiosidade desempenhar seu papel livremente, como acontece com as crianças e os homens de ciência. Você deixa todos os seus passatempos de lado para assistir aos hábitos provincianos se desenrolando na sua frente, num momento como uma comédia e, no seguinte, com a seriedade e a beleza de uma história antiga.

Ou talvez você tenha sido deixado à própria companhia de noite, preso à lareira pelo tempo ruim. Você deve lembrar como Burns, enumerando prazeres passados, se detém nas horas que passou "pensando alegremente"[10]. É uma frase que talvez deixe perplexo o pobre homem moderno, cercado por todos os lados de relógios e badaladas, e assombrado, até de noite, por mostradores flamejantes. Pois estamos todos tão ocupados, e temos tantos projetos de longo prazo para realizar, e castelos no ar para transformar em sólidas mansões habitáveis no cascalho, que não temos tempo para viagens de lazer à Terra do Pensamento e às Colinas da Vaidade. Serão realmente outros tempos quando passarmos as noites de mãos postas ao pé do fogo; e será um mundo mudado para a maioria de nós quando descobrirmos que podemos passar o tempo sem descontentamento e ser felizes pensando. Estamos com tanta pressa de fazer, de escrever, de acumular coisas, de fazer a nossa voz ser ouvida por um momento no silêncio zombeteiro da eternidade, que esquecemos aquela coisa da qual essas são apenas partes – ou seja, viver. Nos apaixonamos, bebemos demais, corremos a Terra de cima a baixo como ovelhas assustadas.

E então deveríamos nos perguntar se, com tudo feito, não teria sido melhor ter ficado em casa junto do fogo, pensando com alegria. Sentar e contemplar – lembrar sem desejo dos rostos das mulheres, ficar feliz sem ter inveja dos grandes feitos dos homens, ser solidário com tudo e com todos, e ainda assim se contentar em estar onde se está e ser o que se é – não é isso conhecer tanto a sabedoria quanto a virtude e viver com felicidade? Afinal de contas, não são os que carregam as bandeiras, mas aqueles que assistem de um camarote privativo que se divertem com a procissão. Uma vez nessa situação, nos vemos no centro da heresia social. Não é hora para evasivas nem para palavras grandes e vazias. Se nos perguntarmos o que queremos dizer com fama, riquezas ou aprendizado, a resposta é difícil de achar; e nos refugiamos nesse reino de imaginação leve que parece tão vã aos olhos daqueles filisteus que perseguem a riqueza, e tão importante para aqueles que se deixam afetar pelas desigualdades do mundo e, ante as estrelas gigantescas, não conseguem distinguir entre dois graus do infinitesimalmente pequeno, como um cachimbo ou o Império Romano, um milhão em dinheiro ou a essência de nada.

Você se debruça na janela, seu último cachimbo fumegando branco na escuridão, seu corpo cheio de dores deliciosas, a mente entronizada no sétimo círculo da satisfação; quando, de repente, o estado de espírito muda, o cata-vento gira e você se faz mais uma pergunta: se, durante esse intervalo, você foi o mais sábio dos filósofos ou o mais egrégio dos burros. A experiência humana ainda não é capaz de responder; mas pelo menos você teve um belo momento e contemplou todos os reinos da Terra. E, quer tenha sido sábio ou burro, as próximas viagens vão carregar o seu corpo e a sua mente para outra freguesia do infinito.

(1876)

8
A verdade na conversa

Entre os ditos que têm certa circulação apesar de serem totalmente falsos à primeira vista, por causa de uma meia verdade sobre outro assunto que é acidentalmente combinada com o erro, um dos mais grosseiros e amplamente circulados veicula a monstruosa afirmação de que é fácil dizer a verdade e difícil contar uma mentira. Eu gostaria de todo o coração que fosse o caso. Mas a verdade é uma só; é preciso primeiro descobri-la para então pronunciá-la de forma justa e exata. Mesmo com os instrumentos concebidos especialmente para esse fim – com uma régua, um nível ou um teodolito –, não é fácil ser exato; é mais fácil, infelizmente, ser inexato. Daqueles que marcam as divisões numa balança àqueles que medem os limites dos impérios ou a distância das estrelas no firmamento, é com método rigoroso e atenção minuciosa, incansável, que os homens se elevam à exatidão material ou ao conhecimento certo até das coisas externas e constantes. Mas é mais fácil desenhar o contorno de uma montanha do que a aparência mutável de um rosto; e a verdade nas relações humanas é dessa ordem mais intangível e dúbia: difícil de apreender e mais difícil ainda de comunicar. A veracidade dos fatos num sentido vago e coloquial – não mencionar que estive em Malabar quando na verdade nunca saí da Inglaterra, não dizer que li Cervantes no original quando não sei nem uma sílaba de espanhol – é, de fato, fácil e no mesmo grau desimportante em si mesma. Mentiras desse tipo podem ou não podem, a depender das circunstâncias, ser importantes; em certo sentido, até podem ou não ser falsas. O mentiroso contumaz pode ser um sujeito muito honesto e viver verdadeiramente com a sua mulher e com os seus amigos; enquanto um outro que nunca contou uma mentira formal na vida pode ser ele mesmo uma mentira – coração e rosto, de cima a baixo. É esse tipo de mentira que envenena a intimidade. E vice-versa, a veracidade dos sentimentos, a verdade numa relação, a verdade no próprio coração e nos amigos, nunca simular ou falsificar uma emoção – essa é a verdade que torna o amor possível e a humanidade infeliz.

L'art de bien dire não passa de uma conquista de salão se não for colocada a serviço da verdade. A dificuldade da literatura não está em escrever, mas em escrever o que queremos realmente dizer; não para afetar o leitor, mas para afetá-lo precisamente do jeito que queremos. Isso é comumente entendido no caso de livros ou discursos; até mesmo compondo um testamento ou uma carta inequívoca, alguma dificuldade é aceita pelo mundo. Mas tem uma coisa que nunca vamos conseguir fazer entrar nas cabeças filisteias; uma coisa que, ainda que esteja na superfície, se mantém tão inapreensível para a inteligência deles quanto um grande voo metafísico – a saber, que a vida é levada adiante principalmente por meio dessa difícil arte da literatura, e de acordo com a proficiência de alguém nessa arte, a liberdade e a plenitude da sua relação com os outros homens. Qualquer um, supõe-se, pode dizer o que realmente quer dizer; e, apesar da sua notória experiência no sentido contrário, as pessoas continuam a supor.

Ora, abro simplesmente o último livro que andei lendo – o cativante *Os ciganos ingleses*, do sr. Leland[1]. "Diz-se", encontro na página 7,

> que aqueles que conseguem conversar com camponeses irlandeses na sua língua nativa formam opiniões muito mais elevadas da sua apreciação do belo e dos *elementos de humor e páthos em seus próprios corações* do que aqueles que só conhecem seus pensamentos através do inglês. Eu sei, a partir das minhas próprias observações, que esse é bem o caso dos indígenas da América do Norte, e é inquestionável que é assim também com os ciganos.

Em suma, quando um homem não domina plenamente a língua, as qualidades mais importantes – porque as mais amáveis – da natureza dele têm que ficar enterradas e alqueivadas; porque o prazer da camaradagem e a parte intelectual do amor residem precisamente nesses "elementos de humor e páthos". Eis aqui um homem opulento em ambos, e que por falta de meios não pôde pôr nenhum deles à venda no mercado dos afetos! Mas o que fica assim claro para a nossa compreensão, no caso de uma língua estrangeira, é parcialmente verdadeiro mesmo quanto à língua que aprendemos na infância. De fato, todos falamos dialetos diferentes; um pode ser exuberante e exato, o outro vago e escasso; mas a fala do conversador ideal deve corresponder e encaixar na verdade do fato – não de forma desajeitada, obscurecendo os contornos do corpo, como uma capa, mas aderindo perfeitamente, como a pele de um atleta. E qual é o resultado? Que um pode se abrir mais para os amigos e desfrutar mais do que faz a vida valiosa de verdade – intimidade com aqueles que amamos.

Um orador dá um passo em falso; emprega uma frase trivial, absurda, vulgar; num volteio de frase insulta, indiretamente, aqueles que estava tentando cativar; ao falar de um sentimento, perturba, sem perceber, um outro entre parênteses; e não nos surpreendemos, porque sabemos que a tarefa dele é delicada e cheia de perigos. “Ó mente frívola dos homens, ignorância leviana!”[2] Como se mesmo quando alguém tenta explicar um mal-entendido, ou se desculpar de alguma falta aparente falando rapidamente e se dirigindo a uma mente recém-inflamada, não estivesse se preparando para uma aventura mais perigosa; como se um amigo bravo ou um amante desconfiado não fossem mais fáceis de ofender do que um grupo de políticos indiferentes! Não, e o orador percorre um caminho batido; as questões que discute já foram discutidas mil vezes; a língua já está moldada para o seu propósito; ele se expressa com um vocabulário engessado. Mas essa pessoa – pode ser que a sua defesa repouse sobre alguma sutileza de sentimento, não tanto como abordado em Shakespeare, e que para se expressar ela deva se aventurar, como um pioneiro, por zonas de pensamento ainda não mapeadas e se tornar um inovador literário? Porque até no amor há humores pouco amáveis; atos ambíguos e palavras imperdoáveis podem nascer de um sentimento terno. Podem ter certeza de que, se o injustiçado fosse capaz de ler o nosso coração, entenderia e nos perdoaria; mas, ai!, o coração não pode ser mostrado – ele tem que ser demonstrado por palavras. Vocês acham que escrever poesia é um negócio difícil? Ora, isso é escrever poesia de qualidade elevada, se não da mais elevada que há.

Eu admiraria mais “o heroico e imorredouro labor literário”[3] dos meus pares, que esclarecem pacientemente com palavras os seus amores e contendas e contam a sua autobiografia todo dia para as suas esposas, se não fosse por uma circunstância que diminui a sua dificuldade e a minha admiração em partes iguais. Porque a vida, ainda que o seja em grande parte, não é inteiramente regida pela literatura. Estamos sujeitos a paixões e contorções físicas; a voz falha e muda, e fala por meio de inflexões inconscientes e cativantes; nossos semblantes são legíveis como um livro aberto; as coisas que não podem ser ditas se mostram eloquentemente nos olhos; e a alma, que não está trancada no corpo como numa masmorra, vive sempre no umbral, com trejeitos atraentes. Gemidos e lágrimas, olhares e gestos, um enrubescer ou um empalidecimento são os porta-vozes mais claros do coração, e falam mais diretamente aos corações dos outros. A mensagem é transmitida, com esses intérpretes, no menor tempo possível, e o mal-entendido é evitado no momento do seu nascimento. Explicar com palavras exige tempo e uma escuta justa e paciente; e nos momentos críticos de uma relação próxima, paciência e justiça não são qualidades com as quais podemos contar. Mas o olhar ou o gesto explicam as coisas num segundo; eles transmitem a mensagem sem ambiguidade; ao contrário da fala, não podem tropeçar, aliás, numa reprovação ou numa alusão que blindariam o amigo contra a verdade; e então eles têm maior autoridade, porque são a expressão direta do coração, ainda não transmitida pelo cérebro infiel e sofista. Não faz muito tempo, escrevi uma carta para um amigo que quase nos fez brigar; mas nos encontramos e, em particular, repeti o pior do que tinha escrito, e acrescentei coisas piores que aquilo; e, com o comentário do corpo, nada daquilo pareceu hostil de ouvir nem de dizer. Realmente, cartas são inúteis para a intimidade; uma ausência é uma interrupção mortal na relação; ainda assim, duas pessoas que se conhecem de verdade e estão decididas a perpetuar o seu amor conseguem preservar os seus afetos de tal modo que podem se encontrar nos mesmos termos em que se separaram.

De dar pena é o cego, que não pode ler um rosto; de dar pena é o surdo, que não pode seguir as mudanças da voz. E também há outros para se ter pena; pois há alguns que têm a natureza inerte, ineloquente, a quem foram negados todos os símbolos da comunicação, que não têm nenhum conjunto vivo de expressões faciais e gestos nem uma voz sensível, nem o dom de uma fala franca e explicativa. Pessoas realmente feitas de barro, pessoas amarradas a vida toda num saco que ninguém consegue abrir. São mais pobres que os ciganos, porque os seus corações são incapazes de falar qualquer língua sob o céu. É preciso entender tais pessoas devagar, pelo teor dos seus atos ou por comunicações de sim e não; ou confiamos nelas com base num clima geral e, vez ou outra, quando vemos o espírito irromper num lampejo, corrigimos ou mudamos a nossa avaliação. Mas essas serão sempre intimidades difíceis, sem charme nem liberdade; e liberdade é o ingrediente principal da confiança. Algumas mentes, romanticamente embotadas, desprezam os dotes físicos. Isso é uma doutrina para o misantropo; para aqueles que gostam dos seus semelhantes, isso não significa nada; e, de minha parte, não consigo ver coisa mais desejável, depois da posse de qualidades tão radicais como honra e humor e páthos, do que um semblante vivo e não estagnado; ter uma aparência que corresponda a cada sentimento; ser elegante e agradável em pessoa, de modo que agrade mesmo nos intervalos do agradar ativo, e nunca desprestigiar a fala com maneiras rudes e virar inconscientemente as nossas próprias caricaturas. Mas, de todos os desafortunados, há uma criatura (pois não vou chamá-la de homem) que é notável no infortúnio. Esse é aquele que renunciou ao seu direito nato de expressão, que cultivou entonações artificiais, que ensinou truques ao seu rosto, como um macaco de estimação, e de todos os jeitos perverteu ou interrompeu seus meios de comunicação com os seus semelhantes. O corpo é uma casa de muitas janelas: ali nós nos sentamos, nos mostrando e gritando com os passantes para que venham e nos amem. Mas esse sujeito preencheu as suas janelas com vidro opaco, elegantemente tingido. Sua casa pode ser admirada pela arquitetura, a multidão pode se deter em frente aos vitrais, mas enquanto isso o pobre proprietário definha lá dentro, desconsolado, irreversivelmente só.

Manter a verdade numa conversa é uma coisa mais difícil do que se abster de mentiras descaradas. É possível evitar a falsidade e ainda assim não dizer a verdade. Não basta responder a perguntas formais. Alcançar a verdade através de uma comunicação de sim e não implica que aquele que pergunta tenha a sua cota de inspiração, como se tem, frequentemente, no amor mútuo. *Sim* e *não* não significam nada; o significado deve estar relacionado à pergunta. Às vezes muitas palavras são necessárias para expressar uma afirmação muito simples; pois, nesse tipo de exercício, nunca acertamos na mosca; o máximo que podemos esperar é que muitas flechas, mais ou menos distantes e de lados diferentes, indiquem, ao longo do tempo, em que alvo estamos mirando, e depois de uma hora de conversa, avançando e retrocedendo, transmitam o sentido de um único princípio ou de um único pensamento. E no entanto, ao passo que o orador conciso, vigoroso, não entende nada, um tagarela prolixo e palavroso acrescenta três novas ofensas no processo de se desculpar de uma. É de fato um assunto bem delicado. O mundo foi criado antes da língua inglesa, e parece que com um objetivo diferente. Suponhamos que conversássemos não através de palavras, mas de música; aqueles que têm um ouvido ruim se veriam quase que completamente excluídos do comércio e não se dariam muito melhor que forasteiros neste grande mundo. Mas não levamos em conta quantas pessoas têm "um ouvido ruim" para as palavras, nem com quanta frequência os mais eloquentes ficam sem resposta. Odeio perguntas e quem fica fazendo perguntas; há tão pouca gente com quem se pode falar sem mentir. "Você me perdoa?" Senhora e querida, até hoje não descobri o que significa perdoar. "As coisas continuam iguais entre a gente?" Como poderiam? As coisas estão em eterna mudança; e ainda assim você continua sendo um amigo do peito. "Você está me entendendo?" Deus sabe; acho bastante improvável.

As mentiras mais cruéis são, na maior parte das vezes, ditas em silêncio. Um homem pode se sentar numa sala por horas sem abrir a boca e mesmo assim sair dessa sala como um amigo infiel ou um vil caluniador. E quantos amores não morreram porque, por orgulho, ou despeito, ou insegurança, ou por causa daquela vergonha pouco viril que impede alguém de demonstrar emoção, um amante, no ponto mais crítico da relação, abaixou a cabeça e mordeu a língua? E, de novo, uma mentira pode ser dita através de uma verdade e uma verdade transmitida através de uma mentira. A verdade dos fatos nem sempre é a verdade dos sentimentos; e parte de uma verdade, como muitas vezes acontece numa resposta a uma pergunta, pode ser a calúnia mais infame. Um fato pode ser uma exceção; mas o sentimento é a lei, e é aquilo que não deve ser distorcido nem desmentido. Todo o teor de uma conversa consiste numa parte do significado de cada afirmação isolada; o começo e o fim definem e travestem a conversa intermediária. Você nunca fala com Deus; você se dirige a um semelhante, cheio de vontades próprias; e falar a verdade, de acordo com os fatos, não é expor os fatos verdadeiros, mas transmitir uma impressão verdadeira; a verdade em espírito, não a verdade à letra, é a verdadeira veracidade. Muitas vezes, para reconciliar amigos que estão afastados, é necessária uma discrição jesuítica, não tanto para ganhar uma audiência amistosa como para comunicar uma verdade sóbria. As mulheres têm má fama nessa seara, mas vivem relações verdadeiras; a mentira de uma mulher boa é o verdadeiro reflexo do seu coração.

"Não necessárias", diz Thoreau, numa das passagens mais nobres e úteis que me lembro de ter lido em qualquer autor moderno*, "duas pessoas para dizer a verdade – uma para falar e a outra para ouvir." Quem não reconhece esse fato deve ter pouquíssima experiência ou não ter grande zelo pela verdade. Um grão de raiva ou um grão de suspeita produzem efeitos acústicos estranhos e deixam os ouvidos ávidos por ofensas. É por isso que aqueles que já brigaram se mantêm distantes e estão sempre prontos a romper a trégua. Se não houver igualdade moral para dizer a verdade, não há respeito; e, por isso, a comunicação entre pai e filho pode degenerar em esgrima verbal, e os mal-entendidos se enraízam. E existe ainda outro lado, porque o pai tem uma noção imperfeita do caráter do filho, formada nos primeiros anos ou durante os ventos equinociais da juventude; e ele se agarra a ela, só registrando os fatos que se encaixam no seu preconceito; e, sempre que uma pessoa se imagina injustiçada, desiste de uma vez de falar a verdade. Com os amigos que escolhemos e, mais ainda, com nossos amantes (pois a compreensão mútua é a essência do amor), a verdade é facilmente apontada por um e compreendida pelo outro. Uma dica captada, um olhar entendido transmitem a essência de longas e delicadas explicações; e onde a vida é conhecida até *sim* e *não* se tornam luminosos. Na relação mais próxima – de um amor bem fundado e igualmente compartilhado –, a fala é meio descartada, como um processo circular, infantil, ou uma cerimônia cheia de regras de etiqueta e formalidades; e os dois se comunicam

---

* *A Week On the Concord and Merrimack Rivers*, quarta-feira, p. 283.

diretamente pelas suas presenças, e, com uns poucos olhares e menos palavras ainda, conseguem partilhar seu bem e seu mal e sustentar o coração um do outro na alegria. Porque o amor tem uma base física; é uma familiaridade forjada pela natureza que não tem nada a ver com uma escolha voluntária. O entendimento ultrapassou, de certa forma, o conhecimento, porque talvez o afeto comece ao mesmo tempo que a familiaridade; e como não é como foi com as outras relações, não é para, como elas, ser perturbado ou obscurecido. Cada um sabe mais do que pode ser dito; cada um vive cheio de fé e acredita por compulsão natural; e entre marido e mulher a linguagem do corpo se desenvolve e se torna estranhamente eloquente. O pensamento que motivou e foi expresso numa carícia só perderia se fosse colocado em palavras – pois é, ainda que o próprio Shakespeare fosse o escriba.

No entanto, é nessas intimidades tão caras, mais que nenhuma outra, que devemos nos esforçar e batalhar pela verdade. Deixe uma dúvida surgir e ai!, toda a intimidade e confiança de antes não passam de mais uma acusação contra a pessoa posta em dúvida. "Que desonestidade monstruosa é esta, se fui enganado por tanto tempo e tão completamente!" Deixe esse pensamento entrar e você está suplicando diante de um tribunal surdo. Apele para o passado; como?, esse é o seu crime! Esclareça tudo, apele para a razão; infelizmente, a especulação não passa de uma prova contra você. "Se você me maltrata agora, é provável que você tenha me maltratado desde o começo."

Por um afeto forte, tais momentos valem a pena, e eles vão acabar bem; porque o seu advogado está no coração da sua amante e fala a língua dela; não é você, mas ela mesma quem pode te defender e te inocentar da acusação. Mas e em intimidades mais ligeiras e uniões menos rigorosas? Valerá mesmo a pena? Somos todos *incompris*, só mais ou menos preocupados com o infortúnio; tentando fazer a coisa certa do jeito errado; babando aos pés uns dos outros como cachorrinhos de colo mudos e negligenciados. Às vezes conseguimos chamar a atenção – a oportunidade de uma vida – e balançamos o rabo com um sorriso triste. "Isso é tudo?" Tudo? Se ao menos você soubesse! Mas como eles poderiam saber? Eles não nos amam; mais tolos somos nós, desperdiçando a vida com os indiferentes.

Mas a moralidade da coisa, vocês vão ficar felizes de saber, é excelente; porque é só tentando entender os outros que conseguimos fazer com que o nosso próprio coração seja entendido; e, em matéria de sentimento humano, o juiz clemente é o pleiteador mais bem-sucedido.

(1879)

9
A conversa e os conversadores

> Senhor, tivemos uma boa conversa. – JOHNSON
>
> Assim como temos que responder por toda palavra ociosa, temos que responder por todo silêncio ocioso. – FRANKLIN[1]

I

Não pode haver ambição mais bela do que ser um exímio conversador; ser afável, alegre, disponível, claro e acolhedor; ter um fato, um pensamento ou um exemplo adequado para cada assunto; e não só para fazer passar o tempo entre amigos íntimos, mas tomar parte no grande congresso internacional, sempre em sessão, onde os malfeitos públicos são primeiro denunciados, primeiro corrigidos e o curso da opinião pública alterado, dia após dia, um pouco mais na direção do que é certo. Nenhuma medida chega ao Parlamento sem ter sido preparada muito antes pelo grande júri dos conversadores; nenhum livro é escrito sem que tenha sido composto, em grande parte, com sua assistência. A literatura, em muitos dos seus ramos, não é mais do que a sombra de uma boa conversa; mas a imitação é muito inferior ao original em termos de vida, liberdade e efeito. Há sempre duas pessoas numa conversa, dando e recebendo, comparando experiências e chegando a conclusões. A conversa é fluida, tentadora, sempre "buscando e progredindo"[2]; enquanto a palavra escrita se mantém fixa, vira ídolo até para o escritor, funda dogmatismos pétreos e preserva moscas de erro evidente no âmbar da verdade. Por último e mais importante, enquanto a literatura, amordaçada com *linsey-woolsey*[3], só consegue lidar com uma fração da vida do homem, a conversa é sem amarras[4], capaz de chamar uma pá de pá[5]. A conversa não padece das imunidades congelantes do púlpito. Não poderia, mesmo que quisesse, se tornar meramente estética ou clássica, como a literatura. Um gracejo intervém, a fraude solene é dissolvida pela risada e o discurso escapa da rotina de sempre para o campo aberto da natureza, alegre e feliz como estudantes fora da escola. E é só na conversa que aprendemos sobre a nossa época e sobre nós mesmos. Em suma, o primeiro dever de um homem é falar; essa é a sua ocupação principal neste mundo; e a conversa, que é a fala harmoniosa de duas ou mais pessoas, é de longe o mais acessível dos prazeres. Não custa nenhum dinheiro; é só lucro; completa a nossa educação, funda e fomenta as nossas amizades e pode ser desfrutada a qualquer idade e em quase qualquer estado de saúde.

O combate é o tempero da vida; as relações mais amigáveis não deixam de ser uma espécie de competição; e, se não quisermos renunciar a tudo o que é valioso no nosso destino, devemos sempre encarar os outros, olhos nos olhos, e lutar até cair no amor ou na inimizade. Ainda é pela força do corpo, ou pelo poder do caráter ou do intelecto que alcançamos os prazeres dignos. Homens e mulheres competem uns pelos outros nas listas de atributos como hipnotizadores rivais; os ágeis e ativos resolvem os problemas nos esportes de corpo; e os sedentários se sentam para jogar xadrez ou conversar. Todos os prazeres preguiçosos e pacíficos são solitários e egoístas no mesmo grau; e todos os laços duradouros entre seres humanos são fundados ou intensificados por algum elemento de competição. Ora, a relação que menos se enraíza nos problemas é sem dúvida a da amizade; e é por isso, suponho, que a boa conversa surge com mais frequência entre amigos. A conversa é, de fato, ao mesmo tempo o palco e o instrumento da amizade. É só na conversa que os amigos podem medir forças e desfrutar daquele contra-argumento amigável da personalidade que é a medida das relações e o esporte da vida.

Não se tem uma boa conversa a troco de nada. O clima tem primeiro que ser estabelecido numa espécie de preâmbulo ou prólogo; a hora, a companhia e as circunstâncias têm que ser adequadas; e então, no momento oportuno, o assunto, a presa de duas mentes sedentas, salta como um cervo da folhagem. Não é que o conversador tenha alguma coisa do orgulho do caçador, ainda que tenha todo o seu ardor e mais. O verdadeiro artista segue o curso da conversa como um pescador segue os meandros de um regato, sem se deter onde não consegue "matar". Ele confia completamente no risco; e é recompensado por uma variedade constante, um prazer constante e por aquelas perspectivas mutáveis da verdade que são a melhor educação. Não há nada em determinado assunto que devamos encarar como um ídolo ou seguir para além dos impulsos do desejo. Há poucos assuntos; e na medida em que são de fato conversáveis, mais da metade deles pode ser reduzida a três: que eu sou eu, que você é você e que existem outras pessoas que, como se sabe vagamente, não são bem iguais umas às outras. Onde quer que a conversa vá, continua quase sempre correndo nessas linhas eternas. Com o tema definido, cada um o interpreta como num instrumento; se impõe e se justifica; vasculha o cérebro atrás de exemplos e opiniões, e os apresenta com novos significados, para a sua própria surpresa e a admiração do adversário. Toda conversa natural é um festival de ostentação; e, pelas regras do jogo, cada um aceita e alimenta a vaidade do outro. É por isso que nos atrevemos a nos expor tanto assim; que nos atrevemos a ser tão acaloradamente eloquentes; e que crescemos tanto aos olhos uns dos outros. Porque os conversadores, uma vez que começam, transbordam os limites do seu eu de sempre, se elevam à altura das suas pretensões secretas e se apresentam como os heróis, os corajosos, os devotos, os musicais e os sábios a que aspiram ser em seus momentos mais luminosos. Então eles tecem para si com palavras, e por um tempo habitam, um palácio de delícias, ao mesmo tempo templo e teatro, onde fazem a ronda das posições do mundo e se banqueteiam com os deuses, exultando de *kudos*[6]. E quando a conversa termina cada um vai para um lado, ainda corado de vaidade e admiração, ainda arrastando nuvens de glória[7]; cada um apeia do alto da sua orgia ideal – não num instante, mas em lenta descida. Lembro que saí para o sol num *entr'acte* de um espetáculo vespertino, numa parte linda, verde e ajardinada, de uma cidade romântica; e enquanto fumava sentado, a música se movendo no meu sangue, parecia que eu me sentava ali e fumava *O navio fantasma* (porque era o que eu estava ouvindo) com uma sensação maravilhosa de vida, calor, bem-estar e orgulho; e os ruídos da cidade, as vozes, os sinos e os barulhos de passos se misturavam no meu ouvido como uma orquestra sinfônica. Do mesmo jeito, o entusiasmo de uma boa conversa fica bastante tempo na corrente sanguínea, o coração ainda quente dentro de nós, o cérebro ainda fervilhando e a terra física flutuando à nossa volta com as cores do pôr do sol.

A conversa natural, como a lavoura, deve revelar uma grande superfície de vida, em vez de cavar minas em estratos geológicos. Massas de experiências, anedotas, incidentes, descobertas, citações, exemplos históricos, todos os pormenores de duas mentes se debruçando sobre o assunto em questão por todos os lados e em todos os níveis de elevação e rebaixamento mentais – esses são os materiais com que a conversa é fortificada, a comida que sustenta os conversadores. A argumentação, como é própria ao exercício, deve ainda ser breve e cativante. A conversa deve se basear em exemplos; no pertinente e não no expositivo. Deve se manter perto dos assuntos da humanidade, perto do seio e dos negócios do homem, no lugar em que a história, a ficção e a experiência se cruzam e iluminam umas às outras. Eu sou Eu, e Você é Você, com todo o meu coração; mas imagine como essas proposições magras mudam e se iluminam quando, em vez de palavras, os verdadeiros você e eu sentamos lado a lado, o espírito alojado no corpo vivo e as próprias roupas emitindo vozes para corroborar a história no rosto. Não menos surpreendente é a mudança quando deixamos de falar de generalidades – o mau, o bom, o avarento e todos os personagens de Teofrasto[8] – e evocamos outros homens, por anedota ou exemplo, com seus tiques e feições; ou, tratando de interesses partilhados, atirar nomes famosos um para o outro, ainda brilhantes dos matizes da vida. A comunicação já não se dá por palavras, mas principalmente pelo desfile de exemplos de biografias inteiras, epopeias, sistemas filosóficos e períodos históricos. O que é entendido supera o que é dito tanto em quantidade quanto em qualidade; as ideias assim imaginadas e personificadas mudam de mãos, poderíamos dizer, como moedas; e os oradores insinuam sem esforço os pensamentos mais obscuros e intrincados. Estranhos que têm uma grande base comum de leitura vão, por esse motivo, engatar mais rápido numa conversa genuína. Se conhecem Otelo e Napoleão, Consuelo e Clarissa Harlowe, Vautrin e Steenie Steenson[9], podem deixar as generalidades de lado e começar a falar de personagens logo de uma vez.

Comportamento e arte são os dois assuntos que surgem com mais frequência e que abrangem a mais vasta gama de fatos. Certos prazeres merecem ser discutidos por eles mesmos, mas só aqueles que são mais sociais ou mais radicalmente humanos; e mesmo estes só podem ser discutidos entre os devotos. Um pormenor técnico é sempre bem-vindo para o especialista, seja em atletismo, arte ou direito; ouvi as melhores conversas sobre pormenores técnicos de pessoas singulares e felizes que tanto conhecem quanto amam o seu trabalho. Nenhum ser humano nunca falou sobre paisagens por mais de dois minutos, o que me faz suspeitar que ouvimos muito sobre isso na literatura. O clima é considerado o mais baixo e ridículo dos temas de conversa. E ainda assim o clima, o elemento dramático na paisagem, é muito mais acessível na linguagem e mais humano em termos de imagem e sugestão do que as características estáveis da paisagem. Marinheiros e pastores e, em geral, as pessoas da costa e da montanha falam bem disso; e isso é muitas vezes apresentado de forma emocionante na literatura. Mas a tendência de toda conversa viva é voltar o foco à humanidade. A conversa é uma criatura da rua e da feira, e se alimenta de fofoca; e o seu último recurso continua sendo uma discussão sobre moralidade. Essa é a forma heroica da fofoca; heroica em virtude de suas altas pretensões; mas ainda fofoca, porque gira em torno de personagens. Não se pode manter ninguém, nem mesmo os escoceses, muito tempo longe das discussões morais e teológicas. Essas são, para todos, o que o direito é para os advogados; são os pormenores técnicos de todo mundo; o meio pelo qual todos pensam na vida e o dialeto no qual expressam os seus julgamentos. Conheci três jovens que andaram juntos o tempo todo por dois meses numa floresta linda e solene num verão sem nuvens; conversavam todo dia com um entusiasmo inabalável e, no entanto, nesse tempo todo não foram além de dois assuntos – teologia e amor. E acho que nenhum tribunal de amor e nenhuma assembleia de teólogos[10] teria aceitado suas teses ou acolhido suas conclusões.

Conclusões não são, de fato, alcançadas com maior frequência em conversas do que por pensamento privado. O ganho não é esse. O ganho está no exercício e sobretudo na experiência; porque, quando pensamos bastante num assunto, passamos em revista a nossa condição e a nossa história de vida. De vez em quando, porém, e especialmente, acho, quando falamos de arte, a conversa é efetiva, conquistando como na guerra, alargando os limites do conhecimento como numa expedição. Surge uma questão; a questão adquire um ar problemático, desconcertante, mas ainda assim provável; os conversadores começam a ter pressentimentos vívidos de que uma conclusão se avizinha; com o objetivo de capturá-la, trabalham com ardor competitivo, cada um no seu caminho, e lutando pela primeira palavra; e então um deles alcança o cume da questão com um grito, e quase ao mesmo tempo o outro está ao seu lado; e eis que estão de acordo. O progresso é provavelmente ilusório, mera cama de gato enrolada e desenrolada com palavras. Mas a sensação de descoberta conjunta não é menos vertiginosa e entusiasmante. E ainda que imaginários, tais triunfos, na vida do conversador, não são poucos nem espaçados; são obtidos com rapidez e prazer, num momento de alegria[11]; e, pela natureza do processo, são sempre partilhados com dignidade.

Existe certa atitude, ao mesmo tempo combativa e respeitosa, desejosa de brigar mas ao mesmo tempo avessa a brigas, que distingue imediatamente o homem conversador. Não é eloquência nem justiça nem obstinação, mas uma mistura de tudo isso o que adoro encontrar nos meus adversários amistosos. Eles não devem ser pontífices defendendo a doutrina, mas caçadores perseguindo os elementos da verdade. Nem devem ser meninos a serem instruídos, mas colegas professores com quem se possa discutir e concordar em pé de igualdade. Devemos chegar a alguma solução, alguma sombra de consenso; porque, sem isso, a conversa ansiosa se torna uma tortura. Mas não queremos chegar à solução de qualquer jeito, ou rapidamente, ou sem a luta e o esforço em que reside o prazer.

O melhor conversador, para mim, é alguém que vou chamar de Spring-Heel'd Jack.[12] Digo isso porque nunca vi ninguém que misturasse tanto todos os ingredientes possíveis da conversa. No provérbio espanhol, o quarto homem necessário para fazer uma salada é um louco para misturá-la[13]: Jack é esse louco. Não sei o que é mais notável; a lucidez insana das suas conclusões, a eloquência humorística da sua linguagem ou o poder do seu método, trazendo a vida inteira para o foco do assunto tratado, misturando a salada conversacional como um deus bêbado. Ele se duplica como a serpente, muda e pisca como o caleidoscópio chacoalhado, transmigra corporalmente nas visões dos outros, e assim, num abrir e fechar de olhos e com um arrebatamento inebriante, vira as questões do avesso e as atira vazias para o chão, como um mágico triunfante. É o meu hábito, quando um comportamento me intriga, atacá-lo, na presença de Jack, com tal grosseria, parcialidade e iteração desgastante que ele se sinta impelido a defendê-lo. Num instante transmigra, veste o personagem necessário e justifica o ato em questão com uma filosofia lunática. Não posso imaginar nada que se compare com a *força* dessas representações, a estranha escala da linguagem, voando de Shakespeare a Kant e de Kant ao major Dyngwell[14] –

> Tão rápido quanto um músico distribui os sons
> de um instrumento –[15]

as generalizações súbitas, amplas, as particularidades absurdas e irrelevantes, a espirituosidade, sabedoria, insensatez, eloquência e "bathos"[16], cada um surpreendente em si mas todos luminosos na admirável desordem da sua combinação. Um conversador de outro calibre, ainda que da mesma escola, é Burly[17]. Burly é um homem de grande presença; comanda uma atmosfera maior, dá a impressão de ter uma massa de caráter mais densa que a maioria dos homens. Já disseram que a sua presença poderia ser sentida numa sala onde se entrasse de olhos vendados; e a mesma coisa, acho, já foi dita de outras constituições poderosas condenadas à inação física. Há algo de rude e pirata no jeito que Burly fala que combina bem com essa impressão. Ele vai te silenciar com rugidos, vai enterrar o rosto nas mãos, vai se agoniar e se revoltar; e, entretanto, sua disposição mental é bastante conciliatória e receptiva; e depois de Pistol ser desarmado,[18] e do firmamento ter retumbado por horas, você começa a notar certa subsidência nessas tempestades de primavera, surgem pontos de contato e você acaba de braços dados e num fulgor de admiração mútua com ele. A algazarra só serve para deixar a união final mais inesperada e preciosa. O tempo todo houve perfeita sinceridade, perfeita inteligência, desejo de ouvir ainda que nem sempre desejo de escutar, e uma ânsia incondicional de fazer concessões. Você não corre, com Burly, nenhum dos riscos que corre ao debater com Spring-Heel'd Jack; que pode a qualquer momento virar os seus poderes de transmigração contra você, criar para você uma opinião que você nunca teve e então te atacar furiosamente por tê-la. Esses são, pelo menos, os meus preferidos, e ambos são conversadores barulhentos, prolixos e intolerantes. Dito isso, fica parecendo que até eu estou na mesma categoria; pois, se adoramos falar, adoramos um adversário brilhante e aguerrido, que mantém a sua posição e a defende centímetro a centímetro, e, assim como nós mesmos, vende caro a sua atenção e nos dá a medida exata da poeira e do esforço da batalha. Ambos podem ser derrotados, mas são necessárias seis horas para fazê-lo; uma aventura dura e elevada que vale a pena viver. Dá para passar dias com ambos, num país encantado da mente, com pessoas, cenário e maneiras próprias; viver uma vida à parte, mais árdua, ativa e brilhante que qualquer existência real; e sair quando a conversa acaba como se sai de um teatro ou de um sonho, e encontrar o vento leste ainda soprando e as chaminés da velha cidade maltratada ainda à nossa volta. Jack tem de longe a mente mais refinada, Burly tem de longe a mais honesta; Jack nos dá a poesia animada, Burly, a prosa romântica, de temas semelhantes; um brilha alto como um meteoro e ilumina a escuridão; o outro, com muitos tons mutantes de fogo, queima ao nível do mar, como uma conflagração; mas ambos têm o mesmo temperamento e interesses artísticos, o mesmo ardor inextinguível na busca, as mesmas rajadas na fala e nas trovoadas de contradição.

Cockshot[19]* é um tipo diferente, mas muito divertido, e tem sido para mim carne e bebida[20] durante muitas noites longas. Seus modos são secos, bruscos e teimosos, e a escolha das palavras nem tanto. O que é interessante nele são a sua agilidade e o

---

* O saudoso Fleeming Jenkin.

ânimo extraordinários. Não se pode propor nada sem que ele já tenha uma teoria pronta, ou já esteja desenvolvendo uma, e então comece a dispor as tábuas e a fazer a fundação na sua frente. "Deixa eu ver", dirá. "Me dá um segundo. Eu *devo* ter alguma teoria sobre isso." É difícil imaginar um espetáculo mais alegre do que o vigor com que se dedica à tarefa. É possuído por uma energia demoníaca, fundindo os elementos como se a sua vida dependesse disso, e dobrando ideias como um atleta dobra uma ferradura, com esforço vivo e visível. Tem, na teorização, uma bússola, uma arte; o que eu chamaria de prazer sintético; uma espécie de Herbert Spencer[21], que veria graça na coisa. Você não é obrigado, e ele muito menos, a acreditar nessas novíssimas opiniões. Mas algumas delas são bastante corretas e até duráveis; e as piores servem como bode expiatório – como quando pessoas ociosas, depois de um piquenique, põem uma garrafa para flutuar no lago e se divertem um pouco antes de ela afundar. Seja no que for, opiniões sérias ou caprichos do momento, ele continua defendendo as suas aventuras com uma sagacidade e um ânimo infatigáveis, se batendo violentamente, mas encarando o castigo como um homem. Ele sabe e nunca esquece que as pessoas conversam, antes de tudo, por conversar; se porta no ringue, para usar a velha gíria, como um "glutão"[22] completo, e gosta realmente de encontrar um adversário difícil. Cockshot é uma efervescência engarrafada, o inimigo jurado do sono. Cockshot das três da manhã, diz uma vítima. Sua conversa é mais seca que o mais seco dos champanhes imagináveis. Suas qualidades são a rapidez e a astúcia inimitáveis. Athelred,[23] por outro lado, nos apresenta o espetáculo de um pensamento em voz alta sincero e algo lento. É o homem mais despreparado que já vi brilhar numa conversa. Às vezes luta com uma gracinha refratária por um minuto ou dois e no fim falha em atirá-la. E tem uma coisa singularmente cativante, muitas vezes instrutiva, na simplicidade com que expõe tanto o processo quanto o resultado, tanto as engrenagens quanto o mostrador. No entanto, tem os seus momentos de inspiração. As palavras adequadas vêm para ele como que por acaso, e, vindas lá do fundo, têm um toque mais pessoal, têm incrustada nelas uma humanidade velha e fina, rica em sedimento e humor. Há ditos dele que se entranharam no próprio grão da língua; você pensaria que ele usa as palavras junto da pele e dorme com elas. Entretanto, não é como falador de frases particularmente boas que Athelred deve ser encarado, mas como o robusto lenhador do pensamento. Muitas vezes me acendeu uma luz enquanto ele brandia o machado de carpinteiro; e entre nós, nessa divisão desigual, muitas falácias vistosas caíram por terra. Já o vi se bater com a mesma questão noite após noite por anos, mantendo-a no domínio da conversa, a aplicando e reaplicando constantemente à vida com intenção humorística ou séria, e sempre sem se apressar nem se deixar levar, nem tirar uma vantagem injusta dos fatos. Jack, em dado momento, quando se levanta, por assim dizer, do trípode, pode ser mais radiantemente justo com aqueles de quem diverge; mas então o teor de seus pensamentos é calunioso por igual; enquanto Athelred, mais lento para forjar justificativas, é ainda mais lento para condenar, e se senta sobre a confusão do mundo, vacilante mas ainda judicioso, e ainda lutando fielmente contra as suas dúvidas.

Os dois últimos oradores tratam muito de pontos de comportamento e religião estudados à "luz direta"[24] da prosa. Indiretamente e como que contra a sua vontade, os mesmos elementos aparecem vez ou outra no discurso conturbado e poético de Opalstein[25]. O conhecimento variado e exótico, as simpatias sólidas ainda que despreparadas e o fluxo de linguagem sofisticada, completa e criteriosa fazem dele o melhor conversador; então talvez ele seja com alguns, não *exatamente* comigo – *proxime accessit*[26], eu diria. Canta os louvores da terra e das artes, das flores e das joias, do vinho e da música, como numa serenata ao luar, como que acompanhado de um violão suave; até a sabedoria rola da língua dele como um canto; ninguém é, realmente, mais afinado nas notas altas. Mas, mesmo quando canta a canção das sereias, continua a ouvir o latido da esfinge. Notas byrônicas ásperas interrompem o fluxo dos seus humores horacianos. Sua alegria tem algo da tragédia do mundo como pano de fundo perpétuo; e se regala como Don Giovanni diante de uma orquestra dupla, uma tocando suavemente para acompanhar a dança e a outra tocando Beethoven ao longe. Não está realmente reconciliado nem com a vida nem com ele mesmo; e essa guerra instantânea nos seus membros divide, às vezes, a atenção dele. Nem sempre, talvez nem com frequência, se entrega a uma conversa com franqueza. Traz para a conversa outros pensamentos além dos que expressa; você sabe que está de olho em outra coisa, que não se afasta do mundo nem se esquece de si mesmo. Daí as decepções ocasionais; mesmo uma injustiça ocasional para com os companheiros, que se veem um dia dando muito, e, no outro, quando estão inoportunamente desconfiados, dando talvez muito pouco. Purcel[27] está num patamar diferente dos que já mencionei. Não é um debatedor, mas aparece numa conversa, quando tem a chance, interpretando dois personagens distintos, um que admiro e temo e outro que amo. Com o primeiro, é radiantemente educado e bastante silencioso, se senta no topo de uma colina alta e cortês e, desse lugar privilegiado, deixa cair seus comentários como favores. Parece não participar das nossas contendas sublunares; não demonstra nenhum sinal de interesse;

quando, de repente, cai um cristal de sagacidade, tão polido que os estúpidos não o percebem, mas tão correto que os sensíveis se calam. Uma conversa de verdade devia ter mais corpo e sangue, devia ser mais barulhenta, mais vaidosa e declaratória; o conversador de verdade não devia manter uma vantagem tão estável sobre aqueles com quem fala; e esta é uma razão entre muitas porque prefiro meu Purcel em seu segundo personagem, quando se desdobra numa série de fofocas graciosas, cantando como a chaleira no fogo. Quando está nesse estado de espírito, tem uma simplicidade elegante que lembra a verdadeira rainha Anne. Conheço outra pessoa[28] que atinge, nos seus momentos, a insolência de uma comédia de costumes, falando, declaro, como Congreve[29] escreveu; mas isso é uma aberração, e dificilmente se enquadra na categoria, porque infelizmente não há ninguém para lhe responder.

Me ocorre uma última observação: a marca da conversa de verdade é que é praticamente impossível citar o que foi dito com todo o efeito senão para o círculo de amigos em comum. Para terem o peso certo devem aparecer numa biografia, e com o retrato do orador. Uma conversa boa é dramática; é como uma peça de teatro improvisada, na qual cada um representa a si mesmo do melhor jeito possível; e esse é o melhor tipo de conversa, em que cada orador é mais completa e francamente ele mesmo, e em que, se déssemos o discurso de um para outro haveria uma enorme perda de significado e perspicácia. É por isso que a conversa depende tanto da companhia. Gostaríamos de apresentar Falstaff a Mercúcio, ou Falstaff a sir Toby; mas uma conversa de Falstaff com Cordélia parece quase dolorosa. A maioria de nós, pela qualidade proteana do homem, consegue falar, até certo ponto, com todo mundo; mas a conversa verdadeira, que desperta o melhor adormecido em nós, só acontece com os irmãos singulares do nosso espírito, se assenta tão fundo quanto o amor na constituição do nosso ser e é uma coisa para saborear com toda a nossa energia, enquanto a tivermos, e para ser gratos para sempre.

II[30]*

Talvez houvesse coisa demais sobre o mero debate no último artigo; e nada foi dito sobre aquele tipo de conversa que é só luminosa e tranquila, um poder superior de silêncio, a quietude da noite dividida com amigos ruminando. Há alguma coisa, além de preferência pessoal, a ser dita em favor dessa omissão. Aqueles que não vivem de pantufas na frente da lareira, e que se regozijam com a tempestade social, têm uma base racional para essa sua escolha. Descansam pouco, de fato; mas descanso é coisa de gado; as virtudes são todas ativas, a vida é alerta e é em repouso que os homens se preparam para o mal. Por outro lado, adquiriram a duras penas um conhecimento de si e dos outros; têm em alto grau o prazer do esgrimista na destreza exibida e provada; o que eles obtêm, obtêm nos termos da vida, pagando a prestação; e, uma vez que a conversa começa, têm certeza de estarem lidando honestamente com um adversário tão entusiasmado quanto eles. O aborígene dentro de nós, o homem das cavernas, tão sedento como quando lutava com unhas e dentes por raízes e frutas silvestres, fareja esse tipo de batalha justa; é como os seus velhos dias primitivos nos penhascos, uma volta das ficções confortáveis dos civilizados à sinceridade da vida selvagem. E se é encantador para o homem velho, não é menos

---

* Essa sequência foi suscitada por um artigo excelente na *The Spectator*.

proveitoso para o seu irmão mais novo, o cavalheiro consciencioso. Nunca confio muito nos seus círculos urbanos e sorridentes; receio que satisfaçam secretamente as indulgências do homem, que o façam usurpar, que o encorajem a ser um idiota e o mandem de novo embora, não só momentaneamente desprezado, mas radicalmente mais suscetível do que quando entrou. Porém se eu tiver como oponente um sujeito corado e insolente, empenhado em defender certo ponto de vista, minha vaidade terá, pelo menos uma vez, o ego afagado no curso do debate. Ele não vai me poupar quando divergirmos; não vai hesitar em me jogar na cara a minha estupidez.

Há muitos temperamentos que não se encantam com a sociedade pacata e fechada, com o círculo de semblantes suaves, com o silêncio digestivo, o comentário elogioso, a palpitação de aprovação afetuosa. Eles exigem mais atmosfera e exercício; "um vendaval sobre os seus espíritos"[31], como diriam os nossos pios ancestrais; para ter a inteligência bem arejada numa Valhalla ruidosa. E suspeito que a escolha, dado o seu caráter e as suas falhas, merece defesa. Os puramente sábios são silenciados pelos fatos; falam numa atmosfera clara, com os problemas em volta como um panorama na natureza; se alguém apontar um mínimo erro, eles digerem a repreensão como uma surra, e isso faz circular melhor o sangue[32] intelectual. São corrigidos por um sussurro; uma palavra ou um olhar os lembra da grande lei eterna. Mas não é bem assim com todo mundo. Outros buscam, na conversa, contato com os seus iguais em vez de conhecimento ou clareza de pensamento. É o drama da vida, e não a filosofia, a esfera da sua atividade intelectual. Mesmo quando perseguem a verdade, desejam tanto quanto possível, ao longo da estrada que seguem, o que podemos chamar de paisagem humana. Habitam o coração da vida; o sangue pulsando nos ouvidos, os olhos agarrando o que os deleita com uma avidez brutal que os deixa cegos para todo o resto, seu interesse fixo nas pessoas que vivem, amam, conversam, são tangíveis. Para um homem desse tipo, a esfera da argumentação parece muito pálida e espectral. Por uma expressão forte, um semblante perturbado, um toró de lágrimas, um insulto que a sua consciência o obriga a engolir, alcança o conhecimento que nenhum silogismo teria transmitido. Sua própria experiência é tão vívida, ele é tão superlativamente consciente de si mesmo que, se dia após dia lhe for permitido agir como um fanfarrão e não ouvir nada além de ecos de aprovação, vai perder o pé da sobriedade das coisas e começar a se considerar um deus. A conversa pode ser o próprio caminho da ruína moral para uma pessoa assim; a escola onde pode aprender a ser ao mesmo tempo insuportável e ridículo.

Esse personagem é talvez mais comum do que supõem os filósofos. E, para que pessoas desse tipo aprendam muito através de conversas, devem falar com os seus superiores, não intelectuais – porque essa é uma superioridade que deve ser provada –, mas hierárquicos. Se não conseguem achar um amigo que os intimide para o seu próprio bem, devem achar um velho ou uma mulher, ou alguém tão abaixo deles na ordem artificial da sociedade que a cortesia possa ser especialmente exercida.

Os melhores professores são os idosos. Para os velhos, nossa boca está sempre parcialmente fechada; temos que engolir nossas réplicas óbvias e ouvir. Sentam-se acima de nós nos estrados elevados da vida, e apelam ao mesmo tempo ao nosso respeito e à nossa compaixão. Um tempero de velha guarda, um toque de alguma coisa diferente no seu jeito – que é mais livre e direto se vêm do que se chama de boa família, e em geral mais tímido e preciso se são de classe média – servem, hoje em dia, para acentuar a diferença de idade e fazer uma distinção entre cabelos brancos. Mas a sua superioridade é mais profunda do que marcas e gestos externos. Estão na nossa frente na marcha do homem; resolveram mais ou menos o problema irritante; batalharam durante o equinócio da vida; mantiveram o curso durante o bom e o ruim; e agora, sem vitupério, se aproximam da recompensa e do abrigo. É possível que tenhamos sido atingidos por um dos dardos da fortuna; não podemos ser civilizados, tão cruelmente o nosso espírito foi abalado. Mas, muito antes de termos sido mesmo concebidos em pensamento, a calamidade se abateu sobre o velho ou a mulher que agora, de bom grado, nos repreende por nossa desatenção, sentados serenos na noite santa da vida do homem, no brilho claro depois da chuva. Nos envergonhamos das nossas aflições, novas e quentes e grosseiras, como uma vil aguardente de beira de estrada; vemos a vida de uma perspectiva aérea, debaixo dos céus da fé; e diante do pior, na simples presença dos anciãos contentes, olhamos para a frente e temos paciência. O medo se encolhe diante deles "como uma coisa censurada"[33], não o medo fugidio e ineficaz da morte, mas o terror instantâneo e constante das responsabilidades e retaliações da vida. Seu discurso é de fato acanhado; denunciam leões no caminho; aconselham um andar cuidadoso; mas seus rostos serenos, manchados, são mais eloquentes e contam outra história. Onde já estiveram, iremos também, sem grande receio; o que suportaram sem ceder, nós também, com a ajuda de Deus, faremos um esforço para suportar.

Não só a presença dos idosos é em si um remédio, mas a cabeça deles está cheia de antídotos, remédios de sabedoria, considerações simples ignoradas pela juventude. Eles têm o que comunicar, não importa quão estúpidos sejam. Sua conversa não é só literatura, é grande literatura; clássica em virtude do distanciamento do orador, repleta, como um livro de viagens, de coisas que não ficaríamos sabendo de outro jeito. Em virtude, como disse, do distanciamento do orador – e é por isso que, de dois velhos, o que não é o seu pai fala com você com uma autoridade mais sensata; porque, na relação de pai e filho, o mais velho tem interesses vivos e permanece jovem. Assim, conheci dois jovens que eram grandes amigos; cada um jurava pelo pai do outro; o pai de cada um jurava pelo outro rapaz; e, no entanto, cada par de pai e filho estava perpetuamente em desacordo. É típico: parece o embrião de uma comédia natural.

Numa conversa, os velhos se apresentam com dois personagens diferentes: o criticamente silencioso e o loquazmente anedótico. O último é talvez o que estamos procurando; talvez seja o mais instrutivo. Um velho cavalheiro, bem ido em anos, se senta com elegância e naturalidade na sacada da idade, examinando a experiência com um olho retrospectivo; e, chilreando e sorrindo, comunica os acidentes e lê a lição de sua longa carreira. As opiniões são de fato reforçadas, mas também são climinadas com o passar dos anos. O que permanece firmemente presente aos olhos do veterano aposentado no seu eremitério, o que ainda lhe dá satisfação, o que ainda anima o seu coração velho e honesto, são "as coisas reais e duradouras" que Whitman nos diz para preferir[34]. É no ponto em que a juventude concorda com a velhice, e não no que discorda, que está a sabedoria; e é quando o jovem discípulo percebe que o seu coração bate em sintonia com o do professor de barba branca que uma lição pode ser aprendida. Conheci um velho cavalheiro, que posso nomear, visto que já foi congregado ao seu povo – Robert Hunter, xerife de Dumbarton[35] e autor de um excelente livro de direito reeditado e republicado. Se ele era originalmente grande ou pequeno é mais do que consigo adivinhar. Quando o conheci, estava todo caído e descaído; torto e encolhido; apertado num colete para suporte; atormentado por doenças que o mantinham coxeando para dentro e para fora do quarto; um pé gotoso; uma peruca – não para a dissimulação, mas para a decência – na cabeça; bem barbeado, salvo debaixo do queixo – e nunca deixou de se desculpar por isso, porque ia contra as suas convicções. Vocês podem imaginar como se sairia num livro de Miss Mathers[36]; no entanto, esse farrapo de veterano do Chelsea[37] viveu até o fim na plenitude de tudo o que é melhor no homem, cheio de bondade humana e firme como um soldado romano com as suas muitas enfermidades. Não se pode dizer que tenha perdido a memória, já que citava Shakespeare e Webster e Jeremy Taylor e Burke[38] de cabeça; mas o pergaminho estava cheio, não havia mais espaço para novas inscrições, e era capaz de repetir a mesma anedota em todas as visitas. Sua voz sobreviveu em pleno vigor, e tinha orgulho de usá-la. Na última viagem como comissário de faróis, saudou um navio no mar e se fez ouvir com clareza sem um megafone, se pavoneando com uma vaidade adequada ao feito. Tinha o costume de embalar as palavras com "hums" interrogativos, o que era intrigante e um pouco cansativo, não combinava nada com a sua aparência e parecia uma herança de alguma fase anterior de corpulência. Talvez antigamente, quando era um grande caminhante e apreciador de um bom vinho, tenha apontado as suas alocuções com essas armas minuciosas para o tribunal. O seu humor era perfeitamente equilibrado, fora do alcance do destino; gota, reumatismo, pedra e cascalho podiam juntar forças contra aquele frágil tabernáculo, mas, quando eu chegava no domingo de manhã, ele punha de lado *A vida de Cristo*, de Jeremy Taylor, e me cumprimentava com um sorriso aberto e a formalidade afável de sempre. Suas opiniões e preferências tinham quase uma década. Cresceu, sob a influência da mãe, como um admirador de Junius[39], mas, mais maduro, transferiu a admiração para Burke. Ele me advertiu, com toda a gravidade, que fosse meticuloso na escrita em inglês; que nunca esquecesse que era escocês, que o inglês era uma língua estrangeira e que, se tentasse ser coloquial, certamente me humilharia: a observação era pertinente, suponho, na época de David Hume[40]. Scott era novo demais para ele; tinha conhecido o autor – conhecido, também, como um membro do partido conservador; e, para um clássico genuíno, um contemporâneo é sempre meio problemático. Ele tinha aquele amor antigo, sério, pelo teatro; e tinha mesmo, como se orgulhava em dizer, desempenhado certo papel na história do renascimento shakespeariano, pois tinha convencido Murray, do velho Teatro de Edimburgo[41], a produzir os contos de fadas de Shakespeare com uma cenografia espetacular. Moderado em matéria de religião, tinha ficado muito impressionado, nos últimos anos de vida, com uma conversa com dois jovens rapazes, revivalistas. "Hum", dizia, "isto é novo para mim. Eu nunca tive – hum – uma experiência assim." Ficou impressionado, não dolorosamente, mas com um interesse filosófico solene, com o fato de que ele, um cristão como achava que tinha que ser, e um cristão tão antigo, ouvisse esses jovens rapazes falando do seu próprio assunto, as próprias armas com que tinha lutado na batalha da vida – "e – hum – não entendo". Era com essa atitude sábia e graciosa que fazia justiça a si mesmo e aos outros, se mantinha inabalável nas velhas convicções e reconhecia os seus limites sem raiva ou inquietação. Seu último comentário registrado, na última noite da sua vida, foi depois de ter estado argumentando contra o calvinismo com o seu pastor e ter sido interrompido por uma dor insuportável. "No fim das contas", disse, "de todos os ismos, não conheço nenhum pior do que o reumatismo." A última vez que eu mesmo o vi foi algum tempo antes, quando jantamos juntos numa estalagem; tinha estado de patrulha, já que se atinha às obrigações como parte principal de sua existência; e lembro de ser a única ocasião em que conspurcou os lábios com gíria – coisa que abominava. Éramos ambos Robert; e no que tomamos nossos lugares na mesa, se dirigiu a mim com uma piscadela: "Somos exatamente o que se poderia chamar de dois *bob*[42]." Lembro que me ofereceu vinho do Porto como o leite absoluto da juventude; falou de "notas de vinte xelins", e passou a refeição cheio de gracejos e rapapés do Velho Mundo, como um menino antigo de férias. Porém do que mais me lembro é da sua confissão de não ter lido *Otelo* até o final. Shakespeare era seu objeto de estudo permanente. Nada agradava mais a ele do que exibir o seu conhecimento e memória, dando exemplos de passagens paralelas de Shakespeare, passagens nas quais era empregada a mesma palavra, ou a mesma ideia era tratada de forma diferente. Mas *Otelo* o tinha vencido. "Aquele nobre cavalheiro e aquela nobre senhora – hum – doloroso demais para mim." Naquela mesma noite, os painéis publicitários estavam cobertos de pôsteres, "Versão burlesca de *Otelo*", e o contraste brilhou na minha mente como uma fogueira. Isso me deu um vislumbre inesquecível da alma daquele homem bondoso. Seu conhecimento vinha mesmo de uma educação liberal e devota. Todas as humanidades eram ensinadas naquela sala de jantar nua, junto do banquinho para os pés gotosos. Era um bom conselho; era ele mesmo o exemplo que ilustrava e adornava o seu discurso variado. Nem poderia um jovem ter encontrado lugar tão apartado da inveja, do medo, do descontentamento ou de qualquer tipo de paixão que degrada; uma vida tão honesta e íntegra; uma alma que era como um violino antigo, subjugada à harmonia, sensível a um simples toque da música – como naquela sala de jantar com o sr. Hunter, conversando na undécima hora, sob a sombra da eternidade, destemida e gentil.

O primeiro tipo de gente velha não é anedótico; são mais ouvintes que falantes, e ouvem os jovens com uma atenção divertida e crítica. Para ter essa interação no nível mais perfeito, devemos recorrer às senhoras. Para começar, as mulheres são melhores ouvintes que os homens; elas aprendem, receio que com angústia, a aturar a vaidade tediosa e infantil do sexo oposto; e podemos tirar mais de uma mulher do que do mais velho dos homens no que diz respeito a comentários mordazes. O comentário mordaz é a parte mais importante desse negócio, seja por ganho ou divertimento. A senhora que tenho em mente é uma oradora muito cáustica; sua língua, depois de anos de prática, está sob seu comando absoluto, seja para o silêncio, seja para o ataque. Se por acaso ela não gostar de você, você vai amaldiçoar a malignidade da idade. Mas se agradar, ainda que só um pouquinho, vai ser ouvido com uma delicadeza risonha de simpatia e, de vez em quando, repreendido, como se num jogo, com uma sombrinha pesada como um machado de batalha. É necessária uma arte muito particular, assim como a vantagem da idade, para aplicar essas correções atordoantes à cachola dos jovens. A pílula é dourada em papel de espirituosidade; é administrada como um elogio – se você não tivesse agradado, não teria sido censurado; é uma questão pessoal –, um hífen, um *trait d'union* entre você e a sua censora; o flerte da idade, para o prazer dela e para o seu bem. Incontestavelmente, o jovem se sente muito bobo; mas deve ser um perfeito Malvólio[43], doente de amor-próprio, se não consegue levar uma bofetada e continuar sorrindo. O castigo do silêncio é o que mata; quando você sabe que transgrediu e o amigo não fala nada e evita o seu olhar. Se o homem fosse feito de guta-percha, seu coração fraquejaria numa situação como essa. Mas, quando a palavra é dita, o pior já passou; e um sujeito com um pouco de senso de humor pode aguentar uma autêntica saraivada de críticas espirituosas, cada pedaço nu da sua alma atingido em cheio por um golpe sagaz, e reaparecer, como depois de um mergulho, formigando com uma reação moral nobre, e pronto, com uma prontidão retraída, um terço dela aversão, para ser disciplinado de novo.

Há poucas mulheres – que não estejam queimadas de sol e maduras, e talvez endurecidas – que conseguem se afastar de um homem e dizer a verdade com uma crueldade simpática. Mas há algumas – e duvido que haja algum homem que possa retribuir o elogio. O tipo de homem representado por Vernon Whitford em *O egoísta*[44] diz, realmente, a verdade, mas a diz de um jeito estúpido. Vernon é um sujeito nobre e faz, aliás, um contraste nobre e instrutivo com Daniel Deronda[45]; sua conduta é a conduta de um homem honrado; mas concordamos com ele, contrariando a nossa consciência, quando pondera com remorso sobre "sua espantosa secura". Ele é o melhor dos homens, mas a melhor das mulheres consegue combinar tudo isso e alguma coisa a mais. As suas próprias falhas as ajudam; são auxiliadas até pela falsidade da sua posição na vida. Podem se recolher ao campo fortificado dos bons costumes. Podem tocar num assunto e abafá-lo. As mais hábeis empregam uma reserva algo elaborada como um meio de ser francas, assim como usam luvas para cumprimentar as pessoas. Mas os homens têm toda a responsabilidade pela sua liberdade, não podem fugir a uma pergunta nem ficar em silêncio sem ser rudes, devem responder pelas próprias palavras, e não raro são deixados cara a cara com uma escolha condenatória, entre o contorcionismo mais ou menos desonroso de Deronda e a insanidade descarada de Vernon Whitford.

Mas a superioridade das mulheres está sempre ameaçada; elas não se sentam num trono de enfermidades como os velhos; são tão pretendentes quanto soberanas; a sua vaidade está empenhada, os seus afetos são propensos demais a obedecer; e, por isso, grande parte da conversa entre os sexos descamba para algo indigno desse nome. O desejo de agradar, de brilhar com certa suavidade de lustre e desenhar uma imagem fascinante de si mesmo bane da conversa tudo o que é valioso e quase tudo o que é engraçado. Tão logo uma forte corrente de admiração mútua começa a fluir, o interesse humano triunfa completamente sobre o interesse intelectual, e o comércio das palavras, conscientemente ou não, fica em segundo plano em relação ao comércio dos olhos. Mas, mesmo quando esse perigo ridículo é evitado, e um homem e uma mulher conversam de igual para igual e com honestidade, alguma coisa na natureza e na educação deles falseia a tensão. Um instinto os impele a concordar; e, quando isso é impossível, a concordar em discordar. Se ignorarem o aviso, ao primeiro sinal de uma discussão já se encontram em hemisférios diferentes. Sobre qualquer questão de negócios ou comportamento, qualquer assunto real que exija uma resolução, a mulher vai falar e ouvir, escutar e responder aos argumentos, não só com a sua sabedoria natural, mas com candura e honestidade lógica. Contudo se o assunto do debate for alguma coisa no ar, uma abstração, uma desculpa para conversar, uma tia Sally lógica[46], o debatedor masculino pode ir abandonando as esperanças; pode recorrer à razão, apresentar fatos, ser flexível, sorrir, ficar bravo, mas tudo isso de nada lhe servirá; o que a mulher falou primeiro, ela (a menos que tenha esquecido) vai repetir no final. Assim, nos momentos em que a conversa entre homens fica mais brilhante e mais rápida e promete dar frutos, a conversa entre os sexos está ameaçada de dissolução. O ponto de divergência, o ponto de interesse, é evitado pela mulher brilhante, sob uma chuva de foguetes conversacionais irrelevantes; é contornado pela mulher discreta com um farfalhar de seda, enquanto ela avança suavemente para o porto seguro mais próximo. E esse tipo de prestidigitação, fazer malabarismo com o tópico perigoso fora da vista até que possa ser reintroduzido com segurança num formato diferente, é uma tática das verdadeiras rainhas da sala de estar.

A sala de estar é, efetivamente, um lugar artificial; é assim por nossa escolha e pecados. A sujeição das mulheres; o ideal imposto a elas desde o berço, e usado, como um cilício, com tanta constância; sua ternura maternal, superior, para com as vaidades e a autoimportância dos homens; suas artes de lidar – as artes de um escravo civilizado entre bárbaros de boa índole – são ingredientes dolorosos e ajudam a falsear as relações. É só quando nos livramos desse curioso cenário artificial que as relações verdadeiras se estabelecem e as ideias são confrontadas com honestidade. No jardim, na estrada ou na beira de uma colina, ou num tête-à-tête e longe de interrupções, é aí que se apresentam ocasiões em que podemos aprender muito sobre uma mulher; e em nenhum outro lugar com mais frequência que na vida conjugal. O casamento é uma longa conversa coalhada de desentendimentos. Os desentendimentos não têm valor; só incutem a diferença; o coração heroico da mulher a leva imediatamente a marcar posição. Mas nos intervalos, quase inconscientemente e sem desejo de brilhar, o material da vida é virado e revirado, as ideias são colocadas em prática e compartilhadas, os dois adaptam mais e mais suas opiniões uma à outra, e, com o tempo, sem alarde, conduzem um ao outro a novos mundos de pensamento.

(1882)

10 Carta a um jovem cavalheiro que pretende abraçar a carreira artística

Você me interpela, com a franqueza própria da juventude, sobre um assunto de alguma importância prática para você e (é até factível) de alguma seriedade para o mundo: você deveria se tornar artista ou não? É uma coisa que você deve decidir sozinho; só me cabe apresentar alguns componentes dessa decisão; e vou começar, como também vou provavelmente terminar, te assegurando que tudo depende de vocação.

Saber do que se gosta é o começo da sabedoria e da velhice. A juventude é completamente experimental. A essência e o encanto dessa época inquieta e deliciosa é tanto a ignorância de si mesmo quanto a ignorância da vida. O jovem junta essas duas incógnitas de novo e de novo, ora com um toque mais leve, ora com um abraço amargo; ora com um prazer requintado, ora com uma dor dilacerante; mas nunca com indiferença, coisa que ele desconhece, e nunca com o parente próximo da indiferença, o contentamento. Se for um jovem de sensibilidade delicada e cérebro facilmente excitável, o interesse dessa série de experimentos cresce nele a despeito da quantidade de prazer que causam. Ele não ama a beleza nem busca o prazer, ainda que ache que sim; seu objetivo e recompensa é constatar a própria existência e provar da variedade do destino humano. Para ele, antes que o fio da navalha da curiosidade fique cego, tudo o que não é a vida real e a busca frenética pela experiência parece ser de uma secura repugnante e pouco memorável; ou se houver qualquer exceção – e aqui entra o destino –, é nesses momentos em que, cansado ou empapuçado das atividades primárias dos sentidos, chama à memória a imagem de dores e prazeres levados a cabo. É por isso que uma pessoa assim se afasta de todas as profissões convencionais e se inclina sem perceber para a carreira artística que consiste só na degustação e no registro da experiência.

Essa, que não é tanto uma vocação para a arte como uma impaciência com todos os outros ofícios honestos, existe muitas vezes sozinha; e, existindo assim, vai desaparecer suavemente com o passar dos anos. Não é para ser levada realmente em conta; não é uma vocação, mas uma tentação; e outro dia, quando o seu pai desencorajou tão violentamente e (na minha opinião) tão corretamente a sua ambição, ele estava provavelmente recordando alguma passagem parecida da própria experiência. Pois a tentação é talvez tão comum quanto a vocação é rara. Mas também temos vocações imperfeitas; homens cuja mente está ligada não tanto a uma arte, mas ao *ars artium* geral e à base comum de todo trabalho criativo; que vão ora mergulhar na pintura, ora estudar contraponto, e logo estarão compondo sonetos: tudo isso com o mesmo interesse, muitas vezes com conhecimento genuíno. E desse temperamento, quando isolado, acho difícil de falar; mas aconselharia uma pessoa assim a se voltar para as letras, porque toda a informação que ela reuniu pode vir a ser útil um dia na literatura (que arrasta consigo uma rede tão ampla), e se continuar como começou, e se tornar finalmente um crítico, vai ter aprendido a usar as ferramentas necessárias. Por último, nos debruçamos sobre aquelas vocações que são ao mesmo tempo decisivas e precisas; aos homens que nascem com o amor pelos pigmentos, a paixão pelo desenho, o dom da música ou o impulso de criar com as palavras, assim como outras, ou talvez as mesmas pessoas, nascem com amor pela caça, ou pelo mar, ou por cavalos, ou pelo torno mecânico. Essas são predestinadas; se uma pessoa ama o trabalho de qualquer ofício, sem levar em conta sucesso ou fama, ela recebeu um chamado dos deuses. Ela também pode ter a vocação geral: pode ter gosto por todas as artes, e acho que é o que muitas vezes acontece; mas a marca da sua vocação é a parcialidade laboriosa por uma delas, esse entusiasmo inextinguível pelos seus sucessos técnicos, e (talvez antes de tudo) certa franqueza de espírito para encarar o seu empreendimento trivialíssimo com uma seriedade que seria própria dos cuidados com o império, e encarar a mínima melhoria como digna de ser realizada a qualquer custo de tempo e esforço. O livro, a estátua, a sonata têm que ser feitos com a boa-fé irracional e o espírito inabalável das crianças nas suas brincadeiras. *Vale a pena fazer?* – quando essa pergunta ocorre a um artista, ela já está implicitamente respondida: não. Não ocorre a uma criança, quando está brincando de pirata no sofá da sala de jantar, nem ao caçador quando persegue a sua presa; e a franqueza de um e o ardor do outro devem estar unidos no seio do artista.

Se você reconhece em si mesmo algum desses gostos decisivos, não há espaço para hesitação: siga a sua inclinação. E observe (para que eu não o desencoraje demais) que a vontade geralmente não arde tão forte no começo, ou pelo menos não com tanta constância. O hábito e a prática afiam o dom; a necessidade de trabalhar se torna menos repulsiva, se torna até bem-vinda com o passar do tempo; um pequeno gosto (se for genuíno) se transforma com indulgência numa paixão exclusiva. É o bastante, por enquanto, se puder olhar bem para trás e ver que a arte que escolheu tem um pouco mais de espaço entre os interesses entronizados da juventude. O tempo vai cuidar do resto, se a devoção ajudar; e logo todos os seus pensamentos estarão tomados pela ocupação amada.

Mas mesmo com devoção, você vai me dizer, mesmo com uma dedicação inabalável e apaixonada, muitos milhares de artistas passam a vida, se considerarmos o resultado, trabalhando em vão: mil artistas, e nunca uma obra de arte. Mas a grande massa da humanidade é incapaz de fazer qualquer coisa razoavelmente bem, inclusive arte. O artista imprestável teria sido, provavelmente, um padeiro bem incompetente. E o artista, mesmo que não encante o público, se encanta a si mesmo; assim sempre haverá alguém mais feliz nas noites insones. Esse é o lado prático da arte: a sua fortaleza inexpugnável para o verdadeiro praticante. Os retornos diretos – os salários do ofício – são pequenos, mas os indiretos – os salários da vida – são incalculavelmente grandes. Nenhum outro negócio oferece o pão de cada dia em termos tão alegres. O soldado e o explorador têm momentos de emoção mais digna, mas são assolados por dificuldades cruéis e períodos de tédio que desafiam a linguagem. Na vida do artista, não há momento sem prazer. Tomo o exemplo do escritor, com cuja carreira estou mais familiarizado; e é verdade que ele trabalha com um material rebelde, e que o ato de escrever é difícil e desafiador tanto para os olhos quanto para os nervos; mas veja como ele trabalha no seu escritório quando o assunto se precipita sobre ele e as palavras não faltam – em que série contínua de pequenos sucessos o tempo voa; com que sensação de poder ele mobiliza os seus pequenos personagens, como quem move montanhas; com que prazeres, tanto do ouvido quanto do olho, ele vê a estrutura arejada crescer na página; e como trabalha num ofício de que todo o material da sua vida é tributário, e que abre uma porta a todos os seus gostos, amores, ódios e convicções, de modo que o que escreve é só o que queria dizer. Ele pode ter desfrutado de muitas coisas neste grande e trágico parquinho do mundo; mas do que é que ele terá desfrutado mais plenamente do que de uma manhã de trabalho bem-sucedido? Suponhamos que seja mal pago: a surpresa é que seja pago. As pessoas pagam, e pagam bem, por prazeres menos atraentes.

A prática artística não vai te proporcionar só prazer; vai te proporcionar um treinamento e tanto também. Porque o artista trabalha exclusivamente com a honra. O público sabe pouco ou nada da excelência que você está condenado a gastar a maior parte dos seus esforços perseguindo. Os méritos da intenção, os méritos de conseguir de primeira, os méritos de uma certa realização barata que um homem de temperamento artístico atinge com facilidade – esses eles conseguem reconhecer, e esses eles valorizam. Mas aquelas minúcias mais requintadas de proficiência e acabamento que o artista deseja tão ardentemente e sente tão intensamente, pelos quais (nas palavras vigorosas de Balzac) deve trabalhar "como um mineiro soterrado por um deslizamento de terra", dia após dia, refazendo e revisando e rejeitando – o grande público nunca vai enxergar. A essas dores perdidas, supondo que você atinja o mais alto grau de excelência, a posteridade talvez possa fazer justiça; supondo, como é mais provável, que você fracasse, você falhe por um triz em alcançar esse grau mais alto, esteja certo de que elas nunca serão respeitadas. Sob a sombra deste pensamento gélido, sozinho no ateliê, o artista deve preservar todo dia a sua constância na busca pelo ideal. É isso que faz da sua vida uma vida nobre: é por isso que a prática do seu ofício fortalece e amadurece o seu caráter; é por isso mesmo que o semblante sério do grande imperador se voltou com aprovação (ainda que só por um momento) para os seguidores de Apolo, e aquela voz severamente gentil ordenou ao artista que cuidasse da sua arte.

E aqui cabem duas advertências. Primeiro, se quer continuar a ser uma autoridade para si próprio, deve ter cuidado com os primeiros sinais de preguiça. Esse ideal de honestidade só pode ser sustentado por um esforço perpétuo; o nível é facilmente rebaixado, o artista que diz "*está bom assim*" está a caminho do declínio; três ou quatro obras comerciais são às vezes suficientes (sobretudo nas horas erradas) para forjar um talento, e corre-se o risco, pela prática de uma escrita da moda, de se acostumar com um acabamento malfeito. Por um lado, esse é o perigo; não há um perigo menor do outro. A noção de quanto o artista é (e deve ser) a autoridade para si mesmo faz troça das cabeças obtusas. Percebendo méritos recônditos difíceis de alcançar, fabricando ou engolindo fórmulas artísticas ou talvez se apaixonando por alguma proficiência particular deles mesmos, muitos artistas se esquecem da finalidade de toda arte: agradar. Levantar a voz contra o burguês ignorante é sem dúvida tentador; mas não devemos esquecer que quem nos paga é ele, e (certamente à primeira vista) por serviços que quer que sejam prestados. Também aqui, se bem analisada, há uma questão de honestidade transcendental. Dar ao público o que ele não quer e ainda assim esperar apoio: temos aí uma estranha pretensão, ainda que não incomum, sobretudo entre os pintores. O primeiro dever de um homem neste mundo é pagar as próprias contas; quando isso está resolvido, ele pode mergulhar nas excentricidades que bem entender; mas não até lá. Até lá, ele deve cortejar assiduamente a burguesia que tem a chave do cofre. E se, no curso dessas capitulações, ele negar o seu talento, é porque este não devia ser especialmente sólido, e ele terá preservado uma coisa melhor que talento – caráter. Ou se ele for de natureza tão independente que não consiga se rebaixar a essa necessidade, há ainda uma via aberta: ele pode desistir da arte e seguir um modo de vida mais viril.

Falo de um modo de vida mais viril, e é um assunto sobre o qual tenho que ser franco. Viver de um prazer não é uma vocação elevada; envolve patronagem, por mais velada que seja; coloca o artista, por mais ambicioso que seja, no mesmo nível das dançarinas e dos marcadores de bilhar. Os franceses nutrem uma aversão romântica a esse trabalho, e chamam as suas praticantes de Filhas da Alegria. O artista é da mesma família, ele é um Filho da Alegria, escolheu o seu ofício para agradar a si próprio, ganha a vida agradando aos outros e abandonou algo da dignidade mais severa do homem. Não faz muito tempo, os jornais se pronunciaram contra o título de nobreza de Tennyson[1]; e esse Filho da Alegria foi acusado de condescendência por seguir o exemplo de Lord Lawrence e Lord Cairns e Lord Clyde[2]. O poeta teve uma inspiração mais feliz; aceitou a honra com modéstia; e os jornalistas anônimos ainda não se recuperaram (se é que devo acreditar neles) dessa vergonha que se estende a toda a sua profissão. Quando chegar a vez deles, esses cavalheiros poderão fazer justiça; e fico feliz pensando nisso; pois, para o meu olho bárbaro, até Lord Tennyson parece meio fora de lugar naquela assembleia. Não deveria haver honrarias para o artista; ele já tem, na prática da sua arte, mais do que a sua cota de recompensas na vida; as honrarias estão reservadas para outros ofícios, menos agradáveis e talvez mais úteis.

Mas o diabo, nesses ofícios de agradar, é não agradar. Em ocupações ordinárias, um homem se oferece para fazer certa coisa ou produzir certo artigo como uma realização meramente convencional, um projeto em que (poderíamos dizer) é difícil fracassar. Mas o artista surge do meio da multidão e se propõe a deliciar: um projeto insolente no qual é impossível fracassar sem consequências odiosas. A pobre Filha da Alegria que não consegue atrair a atenção, cheia de sorrisos e enfeites, no meio da multidão, é uma visão digna de pena. Ela é um tipo de artista malsucedido. A atriz, a dançarina e a cantora devem aparecer como elas mesmas em público e esvaziar publicamente a taça do fracasso. Mas, embora o resto de nós escape a esse coroamento amargo no pelourinho, todos cortejamos, em essência, a mesma humilhação. Todos professamos ser capazes de encantar. E quão poucos de nós o são! Todos juramos ser capazes de continuar a encantar. E chegará para cada um o dia, até para o mais admirado, em que o ardor terá diminuído e a astúcia se terá perdido, ele se sentará humilhado junto à sua barraca abandonada. Aí ele se verá condenado a trabalhar com coisas pelas quais se envergonha de receber. Então (como se sua perda não tivesse sido suficientemente cruel) deve ficar exposto ao escárnio dos abutres da imprensa, que ganham um pouco de pão amargo condenando o lixo que não leram e louvando a excelência que não conseguem entender.

E veja que esse parece ser quase o fim obrigatório, pelo menos para os escritores. *Les Blancs et les Bleus* (por exemplo) é de uma ordem de grandeza bem diferente de *O visconde de Bragelonne*[3]; e qualquer um que tolere espiar a nudez de *Castle Dangerous* deve se chamar Cam[4]: que nos baste ler isso (não sem lágrimas) nas páginas de Lockhart[5]. Assim, na velhice, quando a ocupação e o conforto são mais necessários, o escritor tem que abandonar imediatamente o seu passatempo e o seu ganha-pão.

Já o pintor, se conseguir atrair a atenção do público, ganha grandes somas e pode ficar no seu cavalete até uma idade avançada sem um fracasso desonroso. O escritor tem a dupla infelicidade de ser mal pago enquanto pode trabalhar e de não ser capaz de trabalhar quando está velho. É, portanto, um modo de vida que conduz diretamente a uma posição falsa.

Porque o escritor (apesar dos notórios exemplos contrários) deve procurar ser mal pago. Tennyson e Montépin[6] ganham bastante bem; mas não podemos todos querer ser Tennyson, e talvez nem todos queiramos ser Montépin. Se você adotar uma arte como ofício, tire logo de cara todo o desejo por dinheiro da cabeça. O que você pode esperar, se tiver algum talento e muito empenho, é ganhar o que um escriturário ganha com um décimo ou talvez um vigésimo da sua produção frenética. Você nem tem o direito de querer mais; é nos rendimentos da vida, e não nos do ofício, que está a sua recompensa; aqui, o salário é o trabalho. Como se vê, tenho pouca simpatia pelas lamúrias comuns da classe artística. Talvez nunca tenham espiado a aposentadoria de um oficial de campo; ou supõem que as suas contribuições à arte de agradar são mais importantes que os serviços de um coronel? Talvez tenham esquecido com quão pouco Millet[7] se contentava em viver; ou acham que, porque têm menos gênio, estão liberados de demonstrar a mesma virtude? Mas não deve haver ambiguidade quanto a um ponto: se um homem não for frugal, não tem nada que se meter com as artes. Se ele não for frugal, ele cai logo na última cena trágica de "Le vieux saltimbanque"[8]; se ele não for frugal, vai achar difícil continuar sendo honesto. Um dia, quando o açougueiro estiver batendo no portão, talvez fique tentado, talvez seja obrigado, a vender um trabalhinho desleixado. Se a obrigação não tiver surgido por extravagância, é até louvável; porque não há palavras para descrever como é muito mais necessário que um homem sustente a sua família do que alcance – ou preserve – a proeminência nas artes. Mas, se a pressão for causada por sua própria culpa, ele roubou, e roubou traindo a confiança, e roubou (o que é o pior de tudo) de tal modo que nenhuma lei o pode atingir.

E agora você talvez me pergunte: se o artista iniciante não deve pensar em dinheiro, e se (como está implícito) não deve esperar honrarias de Estado, não pode pelo menos contar com as delícias da popularidade? O reconhecimento, você vai me dizer, é um prato saboroso. E, se estivesse se referindo à aprovação de outros artistas, estaria tocando num dos prazeres mais essenciais e duradouros da carreira artística. Mas, se está pensando nos elogios do público ou na atenção dos jornais, não tenha dúvidas de que estaria perseguindo um sonho. É verdade que, em certas revistas esotéricas, o autor (por exemplo) é devidamente criticado, e é muitas vezes mais aclamado do que merece, às vezes por qualidades que se orgulhava de evitar, às vezes por senhoras e senhores que se negaram o privilégio de ler o seu trabalho. Mas, se ele for suscetível a esses elogios desmedidos, devemos supor que é igualmente sensível àquele que em geral os acompanha e sempre se segue a eles – o ridículo desmedido. Um homem pode ter se dado bem por anos, e então pode fracassar; ele vai ouvir muito sobre o seu fracasso. Ou pode ter se dado bem por anos, e ainda se dar bem, mas os críticos podem ter se cansado de elogiá-lo, ou pode ter aparecido algum novo ídolo do momento, alguma "poeira sob fina capa de ouro"[9] a quem eles agora preferem oferecer sacrifícios. Eis a frente e o verso e o reverso dessa coisa vazia e feia chamada popularidade. Será que alguém acha que vale a pena conquistá-la?

(1888)

11
A moralidade da profissão das letras

Ultimamente, a profissão de letras tem sido debatida nos jornais; e tem sido debatida, para não dizer outra coisa, com a intenção de espantar os homens de mente elevada e causar um desprezo geral pelos livros e pela leitura. Há algum tempo, mais especificamente, um escritor popular[1] vibrante e agradável dedicou um ensaio, vibrante e agradável como ele próprio, a uma visão muito encorajadora da profissão. Podemos nos alegrar pela experiência dele ser tão animadora e esperar que todos os outros, os que o merecem, sejam tão bem recompensados quanto ele; mas não acho que devemos ficar satisfeitos em debater essa questão tão importante, tanto para o público geral como para nós mesmos, só com base no dinheiro. O salário, em qualquer negócio sob o sol, não é a única nem mesmo a primeira questão. Continuar a existir é um assunto só seu; mas que o seu negócio deva ser primeiro honesto e depois útil são pontos que dizem respeito à honra e à moral. Se o escritor a quem me refiro persuadir um certo número de jovens a adotar esse estilo de vida só de olho na subsistência, é de esperar que seus trabalhos sigam só o lucro, e é de esperar, em consequência, se ele me perdoar os epítetos, uma literatura desleixada, baixa, falsa e vazia. Não estou falando daquele autor; ele é diligente, limpo e agradável; todos devemos a ele momentos de entretenimento, e ele alcançou uma popularidade amigável bem-merecida. Mas a verdade é que ele não encara, ou não encarava, quando a abraçou, a sua profissão por esse lado puramente mercenário. Ele começou, me atrevo a dizer, se não com algum propósito nobre, pelo menos com o ardor de um primeiro amor; e gostava de praticá-la muito antes de parar para calcular os ganhos. Outro dia, um autor foi elogiado por uma obra, boa em si mesma e excepcionalmente boa para ele, e respondeu, com palavras indignas de um representante comercial, que, como o livro não estava vendendo rápido o suficiente, ele não estava nem aí para os seus méritos. Não se deve supor que a pessoa que recebeu essa resposta a tenha tomado como uma profissão de fé; ela sabia, por sua vez, que era só um sopro de irritação; assim como sabemos, quando um escritor respeitável fala da literatura como um modo de vida, como um sapateiro mas não tão útil, que ele só está discutindo um aspecto da questão, e está plenamente consciente de uma dúzia de outros mais importantes neles mesmos e mais centrais para o assunto em pauta. Mas, ao passo que aqueles que tratam a literatura nesse espírito prudente-com-as-pequenas-somas-e-perdulário-com-as-grandes-virtudes projetam uma imagem melhor, não procede que o tratamento seja decente ou melhor, quer para eles, quer para os outros. Tratar todos os temas com o espírito mais elevado, mais honrado e corajoso, condizente com os fatos, é o primeiro dever de um escritor. Se ele for bem pago, como fico contente de saber que o é, esse dever se torna ainda mais urgente e sua negligência ainda mais vergonhosa. E talvez não haja tema sobre o qual se deva falar com tanta seriedade como sobre a atividade, seja ela qual for, que é a ocupação ou a alegria de sua vida; que é a sua ferramenta para ganhar ou servir; e que, se for indigna, se impõe como mero íncubo de entranhas burras e gananciosas sobre os ombros da humanidade trabalhadora. O exagero, nesse caso, pende para o lado da virtude. É de esperar que uma geração de escritores numerosa e aguerrida supere a atual; mas seria melhor que a corrente estancasse e o rol dos nossos velhos e honestos livros ingleses se fechasse do que editores gananciosos continuem a degradar uma nobre tradição e a rebaixar uma raça famosa a seus próprios olhos. Melhor que os nossos templos serenos fiquem desertos do que cheios de sacerdotes falsários e enganadores.

Só há duas razões justas para a escolha de um modo de vida; a primeira é o gosto inato de quem escolhe; a segunda, que o ofício escolhido seja especialmente útil. A literatura, como qualquer outra arte, é singularmente interessante para o artista; e, num grau singular entre as artes, é útil para a humanidade. Essas são justificativas boas o bastante para qualquer jovem homem ou mulher que a adota como ofício. Não vou me alongar sobre o salário. Um escritor pode viver da sua escrita. Se não tão luxuosamente quanto de outras ocupações, então menos luxuosamente. A natureza do trabalho que ele faz o dia todo vai contribuir mais para a sua felicidade do que a qualidade do jantar à noite. Seja qual for a nossa vocação, e por mais que isso renda no ano, sabemos que ainda podemos ganhar mais trapaceando. Todos sofremos com uma preocupação grande demais com um pouco de pobreza; mas tais considerações devem passar ao largo da escolha daquilo que vai ser o ofício e a justificativa de uma porção tão grande das nossas vidas; e como o missionário, o patriota e o filósofo, devíamos todos escolher aquela carreira pobre e corajosa na qual podemos fazer mais e melhor pela humanidade. Ora, a Natureza, seguida à risca, se prova uma mãe zelosa. Um rapaz, por causa de um gosto pela música das palavras, escolhe a carreira das letras para a vida; aos poucos, ao que ele vai adquirindo seriedade, descobre que escolheu melhor do que poderia imaginar; que, se ele está ganhando pouco, está ganhando bem; que, se ele ganhar um pequeno pagamento, está na posição de fazer serviços consideráveis; que tem o poder, em alguma medida, de proteger os oprimidos e de defender a verdade. O mundo está organizado de um jeito tão natural que um pouco de autoconfiança pode gerar grandes lucros, e esta, em particular, é a sorte desse ofício da escrita, que combina prazer e lucro para ambas as partes, e é ao mesmo tempo agradável como tocar violino e útil como um bom sermão.

Isso para falar de literatura em sua forma mais elevada; e com os quatro grandes anciãos que ainda têm o nosso respeito e admiração; com Carlyle, Ruskin, Browning e Tennyson diante de nós, seria covardia pensá-la, a princípio, sob qualquer aspecto menor. Mas ao passo que não temos como acompanhar esses atletas, já que talvez nenhum de nós seja muito vigoroso, muito original ou muito sábio, ainda mantenho que, no tipo mais humilde de trabalho literário, temos o poder de fazer um grande estrago ou um grande bem. Podemos só tentar agradar; podemos tentar, não tendo maiores talentos, satisfazer o interesse bissexto dos nossos contemporâneos; ou podemos tentar, ainda que debilmente, instruir. Em cada um desses casos, temos que lidar com essa extraordinária arte das palavras que, por ser o dialeto da vida, vem de modo tão fácil e poderoso à mente dos homens; e, sendo assim, contribuímos, em cada uma dessas ramificações, para construir a soma de sentimentos e avaliações que atende pelo nome de Opinião Pública ou Sentimento Geral. Nestes dias de jornais diários, a soma da leitura de uma nação modifica grandemente a soma do discurso da nação; e, juntos, discurso e leitura constituem uma forma eficiente de educar os jovens. Um bom homem ou uma boa mulher podem manter um jovem num ar mais puro por algum tempo; mas a atmosfera contemporânea é todo-poderosa, no fim, na média dos personagens medíocres. A exuberante mediocridade elegante do repórter americano ou do *chroniqueur* parisiense, ambos tão fáceis de ler, deve exercer uma influência incalculável para o mal; eles falam de todos os assuntos, e de todos com o mesmo toque pouco generoso; eles instilam, nas mentes jovens e despreparadas, uma disposição indigna; no todo, fornecem alguma picância para os chatos citarem. O simples conjunto dessa matéria indigesta abafa as raras palavras dos homens bons; a chacota, o egoísmo e a covardia estão espalhados em folhas largas em todas as mesas, enquanto o antídoto, em volumes pequenos, fica na estante por ler. Não falei dos americanos e dos franceses por serem muito mais vulgares ao mesmo tempo que muito mais legíveis que os ingleses; falei deles porque o mal é perpetrado com mais eficácia na América para as massas e na França para os poucos que se dão o trabalho de ler; mas tanto conosco quanto com eles, os deveres da literatura são negligenciados dia após dia, a verdade pervertida e suprimida dia após dia e assuntos sérios tratados de forma degradante dia após dia. O jornalista não é reconhecido como um oficial importante; ainda assim, imagine o bem que ele poderia fazer, e o mal que ele faz; imagine com um único exemplo: que, quando encontramos dois jornalistas de espectros políticos diferentes, no mesmo dia, falsificando abertamente uma notícia para o benefício do seu partido, sorrimos ante a novidade (nenhuma novidade!) como diante de uma boa piada e um estratagema perdoável. Mentir tão abertamente nem pode ser chamado de mentir, é verdade; mas uma das coisas que professamos ensinar aos nossos jovens é o respeito à verdade; e não creio que essa educação possa ser coroada com nenhum grande sucesso enquanto alguns praticarem e o restante aprovar abertamente a falsidade pública.

Há dois deveres que recaem sobre qualquer um que se meta na atividade de escrever: compromisso com os fatos e uma boa atitude no tratamento. Em todos os departamentos da literatura, ainda que tão baixos que dificilmente mereçam o nome, o compromisso com os fatos é importante para a educação e o bem-estar da humanidade, e tão difícil de preservar que a tentativa verdadeira de o fazer conferirá alguma dignidade ao homem que tentar. Nossos julgamentos se baseiam em duas coisas: primeiro, nas preferências originais da nossa alma; mas, em segundo, no conjunto dos testemunhos da natureza de Deus, do homem e do universo que nos alcança, de muitas maneiras, de fora. Porque, na maioria das vezes, essas muitas maneiras são redutíveis a uma só, tudo o que aprendemos sobre o tempo passado e muito do que aprendemos do nosso tempo chega a nós por meio de livros ou artigos, e até quem não sabe ler aprende da mesma fonte por tabela e pelo relato de quem sabe. Assim, a soma do conhecimento contemporâneo ou da ignorância do bem e do mal é, em grande medida, obra daqueles que escrevem. Aqueles que escrevem têm que assegurar que o conhecimento de cada um seja, tanto quanto possível, compatível com os fatos da vida; que ele não se ache um anjo ou um monstro; nem tome este mundo pelo inferno; nem ache que todos os direitos estão concentrados na sua casta ou país, nem todas as verdades na sua crença paroquial. Todo homem deve aprender o que tem dentro de si para que possa se esforçar para consertar; deve ser ensinado sobre o que tem fora de si para que possa ser gentil com os outros. Não pode ser errado contar a verdade para ele; porque, em seu estado contestável, tecendo a sua teoria da vida à medida que avança, guiando a si mesmo, aplaudindo ou repreendendo os outros, todos os fatos são da maior importância para a sua conduta; e mesmo que um fato o desencoraje ou o corrompa, ainda assim é melhor que ele tenha conhecimento dele; pois é neste mundo tal como ele é, e não num mundo facilitado pelas supressões educacionais, que ele deve galgar o seu caminho para a vergonha ou para a glória. Numa palavra, é sempre um crime dizer falsidades; e não é nunca seguro suprimir a verdade. O próprio fato que omitimos pode ser o fato que alguém estava procurando, porque a carne de um é o veneno do outro, e já conheci uma pessoa que ficou alegre com a leitura de *Cândido*[2]. Cada fato é uma parte desse grande quebra-cabeça que temos que montar; e nenhum que apareça diretamente no caminho do escritor, mas se relacione de algum jeito, imperceptível para ele, com a totalidade e a relevância do assunto em questão. Porém ainda assim há algumas classes de fatos eternamente mais necessárias que outras, e a essas a literatura deve se dedicar primeiro. Não são difíceis de distinguir – a natureza mais uma vez se encarrega de trazê-las para nós; pois os fatos necessários, porque eficazes, são aqueles mais interessantes para a mente natural do homem. Aqueles que são coloridos, pitorescos, humanos e enraizados na moralidade, e aqueles, por outro lado, que são claros, indiscutíveis e parte da ciência, são os únicos vitais em importância, que prendem pelo interesse ou são úteis para a comunicação. Na medida em que o escritor só narra, ele deve falar principalmente desses. Ele deve falar dos elementos gentis e saudáveis e belos da nossa vida; ele deve falar sem rodeios do mal e da tristeza do presente, e nos emocionar com exemplos; ele deve falar de pessoas boas e sábias do passado, para nos inspirar com os seus exemplos; e desses ele deve falar sóbria e verdadeiramente, sem maquiar as falhas, para que não fiquemos desanimados conosco nem exigentes demais com o próximo. Então o corpo da literatura contemporânea, efêmero e fraco nele mesmo, planta na mente dos homens a fonte de pensamento e bondade, e os apoia (porque é fácil apoiar aqueles que empreendem a viagem) no caminho do que é verdadeiro e correto. E se de algum jeito ela pode fazê-lo agora, quão mais poderia fazer se os escritores o quisessem! Não há uma vida em todos os anais do passado que, se estudada direito, não dê uma pista e ajude algum contemporâneo. Não há uma encruzilhada nas questões de hoje sobre a qual não se possa dizer uma palavra útil. Até o jornalista cumpre uma função, e com os olhos bem abertos e uma linguagem honesta, pode descortinar injustiças e apontar o caminho do progresso. E para finalizar: há, em todas as narrativas, um único caminho para ser inteligente: ser preciso. A vivacidade é uma qualidade secundária que pressupõe a primeira; porque produzir uma impressão errada com vivacidade é só tornar o fracasso evidente.

Mas um fato pode ser visto de muitos lados; pode ser relatado com raiva, lágrimas, indiferença ou admiração, e por todos esses a história vai ser transformada em outra coisa. Os jornais que noticiaram a volta dos nossos representantes de Berlim[3], mesmo que não tivessem diferido quanto aos fatos, teriam diferido grandemente no seu espírito; assim, uma descrição seria uma segunda ovação e a outra um insulto prolongado. O assunto é uma parte insignificante de qualquer obra literária, e a visão do escritor é um fato mais importante em si mesmo porque é menos contestável que os outros. Ora, o espírito com que se encara um assunto, importante em todo tipo de obra literária, se torna crucial em obras de ficção, meditação ou rapsódia; porque ele não só colore como escolhe os fatos; não só modifica como molda a obra. E assim, na maior parte do campo da literatura, a saúde ou a doença da mente do escritor ou o seu humor momentâneo formam não só a característica principal da sua obra, mas são, no fundo, a única coisa que ele pode comunicar aos outros. Em todas as obras de arte, falando de modo geral, é antes de tudo a atitude do autor que é narrada, ainda que na atitude esteja implicada toda uma experiência e uma visão de mundo. Um autor que toma as coisas como dadas e se apoia numa fé estreita não pode, se quiser, expressar o todo ou mesmo muitos dos lados da sua existência variada; porque sendo a sua própria vida mutilada, alguns desses lados não são admitidos na sua teoria, e só foram reconhecidos tênue e involuntariamente na sua experiência. Daí a pequenez, a falta de originalidade e de humanidade em obras de religião meramente sectárias; e daí encontramos limitação equivalente, ainda que não semelhante, em obras inspiradas pelo espírito da carne ou pelo gosto desprezível pela alta sociedade. Assim, o primeiro dever de qualquer homem que escreve é intelectual. Por escolha ou não, ele se colocou como líder da mente dos homens; e deve se assegurar de que a sua própria mente seja mantida flexível, caridosa e brilhante. Tudo menos o preconceito deve achar uma voz através dele; ele deve ver o bem em todas as coisas; onde tiver uma sombra de medo de não entender direito alguma coisa, deve ficar completamente em silêncio; e deve reconhecer desde o começo que só tem uma ferramenta na sua oficina, e que essa ferramenta é a simpatia*.

---

* O admirável exemplo dado a todos os jovens escritores na amplitude da simpatia literária demonstrada pelo sr. Swinburne merece pelo menos uma nota de rodapé. Ele se dispõe a acolher o mérito, seja em Dickens ou Trollope, seja em Villon, Milton ou Pope. Essa é, na crítica, a atitude que todos deveríamos procurar preservar; não apenas neste, mas em todos os ramos do trabalho literário.

O segundo dever, bem mais difícil de definir, é moral. Há mil humores diferentes na mente, e em cada um deles, quando no topo, se sedimenta alguma forma de literatura. Isso deve ser permitido? Certamente que não em todos os casos, mas talvez mais do que os puristas gostariam. Seria desejável que toda obra literária, e principalmente as obras de arte, emanassem de impulsos sólidos, humanos, saudáveis e potentes, sejam eles graves ou risonhos, humorísticos, românticos ou religiosos.

Ainda assim, não se pode negar que alguns livros valiosos são parcialmente insanos; alguns, na maioria os religiosos, parcialmente inumanos; e muitos contaminados de morbidez e impotência. Não desprezamos uma obra-prima ainda que nos protejamos de seus defeitos. Não devemos, sobretudo, procurar falhas, mas méritos. Não existe livro perfeito, nem mesmo na concepção; mas há muitos que vão deliciar, melhorar ou encorajar o leitor. Por um lado, os salmos hebraicos são a única poesia religiosa do mundo; no entanto, eles contêm tiradas que cheiram a homem de sangue. Por outro lado, Alfred de Musset[4] tinha uma natureza envenenada e retorcida; sou o único a citar aquele gigante generoso e frívolo, o velho Dumas, enquanto o acuso de ter um mau coração; mas, quando o impulso que o fazia escrever era puramente criativo, ele era capaz de nos dar obras como *Carmosine* ou *Fantasio*[5], nas quais a última nota da comédia romântica parece ter sido encontrada de novo para nos tocar e agradar. Quando Flaubert escreveu *Madame Bovary*, acredito que ele pensou principalmente numa espécie de realismo mórbido; e veja só! o livro se transformou, nas suas mãos, numa obra-prima de moralidade aterradora. Mas a verdade é que, quando livros são concebidos sob grande estresse, com uma alma nove vezes mais poderosa, nove vezes aquecida e eletrificada pelo esforço, as condições do nosso ser são apreendidas com tal amplitude que mesmo que o projeto principal seja trivial ou mesquinho, alguma verdade e beleza serão expressas. Do forte nasce a doçura; mas uma coisa má malfeita é uma coisa má de cabo a rabo. Então isso não pode ser encorajamento para os escribas de joelho valgo e punho fino, que deveriam fazer o seu trabalho com consciência ou se envergonhar de fazê-lo.

O homem é imperfeito; mas, na sua literatura, ele deve se expressar e expressar as suas opiniões e preferências; porque fazer qualquer outra coisa é fazer uma coisa muito mais perigosa do que arriscar ser imoral: é ter a certeza de não ser verdadeiro. Macaquear um sentimento, mesmo um bom, é parodiá-lo; isso não vai ajudar. Esconder um sentimento, se temos certeza de o possuir, é tomar liberdades com a verdade. Provavelmente não há, para um homem são, um ponto de vista possível que não contenha alguma verdade e que, no contexto verdadeiro, não seja proveitoso para a espécie. Não tenho medo da verdade, se há alguém capaz de contá-la para mim, mas tenho medo de partes dela proferidas com impertinência. Há hora para dançar e hora para lamentar; para ser duro e para ser sentimental; para ser ascético e para glorificar os apetites; e, se um homem fosse combinar todos esses extremos na sua obra, cada qual no seu lugar e na sua proporção, essa obra seria a obra-prima mundial tanto da moralidade quanto da arte. Parcialidade é imoralidade; porque qualquer livro que ofereça um retrato enganoso do mundo e da vida está errado. O problema é que o fraco deve ser parcial; o trabalho de um se revelando sombrio e deprimente; o de outro, barato e vulgar; o de um terceiro, epileticamente sensual; o de um quarto, acidamente ascético. Na literatura como na conduta, não podemos nunca esperar fazer as coisas exatamente do jeito certo. Tudo o que podemos fazer é tentar ao máximo; e para isso só há uma regra. Nada que possa ser feito com calma deve ser feito com pressa. Não adianta nada escrever um livro e adiá-lo por nove ou mesmo noventa anos; porque, durante a escrita, vamos ter nos convencido em parte; a demora deve anteceder qualquer começo; e, se meditamos sobre uma obra de arte, devemos primeiro enrolar o assunto debaixo da língua para ver se gostamos do gosto antes de cozinhar um volume que tenha esse gosto do começo ao fim; ou, se nos propomos a entrar no campo da controvérsia, devemos primeiro abordar a questão por todos os lados, na saúde e na doença, na alegria e na tristeza. Esse exame próximo é necessário para qualquer escrita verdadeira e natural que faz da prática dessa arte uma educação prolongada e nobre para o escritor.

Há muito o que fazer, muito o que dizer, ou repetir, no meio-tempo. Qualquer obra literária que transmita fatos fiéis ou impressões agradáveis é útil para o público. É até mesmo um serviço para se orgulhar de ter prestado. Os menores romances são uma bênção para aqueles que sofrem, melhor até do que o clorofórmio. A vida do nosso velho lobo do mar foi justificada quando Carlyle aquietou a mente com *The King's Own* ou *Newton Forster*[6]. Agradar é servir; e longe de ser difícil instruir enquanto diverte, é difícil fazer um sem fazer o outro plenamente. Alguma parte do escritor ou da vida dele vai se deixar entrever mesmo num livro insípido; e ler um romance que foi concebido com alguma força é multiplicar uma experiência e exercitar as simpatias.

Todo artigo, todo poemeto, todo ensaio, todo *entre-filet* está destinado a passar, não importa o quão depressa, pela mente de uma porção do público, e a colorir, não importa o quão transitoriamente, os seus pensamentos. Quando um assunto se torna objeto de discussão, um escriba com um papel à sua frente tem a oportunidade valiosa de começar a discuti-lo com um espírito digno e humano; e, se houvesse gente o bastante que o fizesse na nossa imprensa, não passaria pela cabeça nem do público nem do parlamento se afundar em pensamentos mesquinhos. O escritor tem a chance de tropeçar, por sinal, em alguma coisa agradável, alguma coisa interessante, alguma coisa encorajadora, mesmo que para um único leitor. Ele será infeliz, realmente, se não agradar ninguém. Além disso, ele tem a possibilidade de tropeçar em alguma coisa que um chato possa compreender; e um chato ter lido alguma coisa, e ainda por cima ter entendido essa coisa, constitui um marco na sua educação.

Eis, portanto, um trabalho que vale a pena fazer e tentar fazer bem-feito. E então, se eu estivesse inclinado a acolher uma grande ascensão no nosso ofício, não deveria ser por um salário mais alto, mas por ser um ofício muito útil; que todo comerciante honesto pode tornar ainda mais útil para a humanidade com a sua força singular; que é difícil de fazer bem e possível de fazer melhor ano após ano; que exige pensamento escrupuloso da parte de todos que o praticam, e logo se torna uma educação perpétua que enobrece as suas naturezas; e que, paguem o quanto pagarem, na grande maioria dos melhores casos ainda vai ser mal pago. Porque, com certeza, nesta altura do século XIX, não há nada que um homem honesto deva temer mais do que ganhar e gastar mais do que merece.

(1881)

12
O meu primeiro livro: *A Ilha do Tesouro*

Ele está longe, na verdade, de ser o meu primeiro livro, porque não sou só romancista. Mas sei bem que o meu patrão, o grande público, encara as outras coisas que escrevi com indiferença, se não com aversão. Se eu por acaso for invocado, serei invocado no aspecto familiar e indelével; e, quando me pedem para falar do meu primeiro livro, não tenho a menor dúvida de que querem dizer meu primeiro romance.

Mais cedo ou mais tarde, de algum jeito, de qualquer jeito, eu estava destinado a escrever um romance. Parece inútil perguntar por quê. Os homens nascem com várias manias: desde a mais tenra infância, a minha era fazer um brinquedo com uma série de eventos imaginários; e tão logo era capaz de escrever, fiquei amigo dos papeleiros. Resmas e mais resmas devem ter sido gastas na feitura de "Rathillet", "Pentland Rising"[1]*, "The

---

* *Ne pas confondre.* Não é o panfleto verde magrelo editado por Andrew Elliott pelo qual (como vejo com espanto nas listas de livros) os cavalheiros da Inglaterra estão dispostos a pagar bastante dinheiro; mas o seu predecessor, um romance histórico volumoso e sem nenhum mérito, agora suprimido do mundo.

King's Pardon" (também conhecido como "Park Whitehead"), "Edward Darren", "A Country Dance" e "Vendetta in the West"; e é consolador lembrar que essas resmas são agora cinzas, e voltaram para o solo de onde saíram. Listei só alguns dos meus fracassos: só os que atingiram um tamanho razoável antes de serem abandonados; e mesmo assim dão um panorama de alguns bons anos. Tentei escrever "Rathillet" antes dos 15, "Vendetta" aos 29, e a sucessão de fracassos se manteve intacta até os 31. A essa altura eu já tinha escrito uns livrinhos e pequenos ensaios e contos, e tinha recebido tapinhas nas costas e pagamento por eles – ainda que não o suficiente para viver disso. Eu tinha uma reputação e tanto. Era um homem bem-sucedido. Passava os meus dias trabalhando, e a futilidade disso às vezes fazia a minha cara arder – por gastar a energia de um homem com esses assuntos e ainda por cima não ser capaz de ganhar a vida; e ainda assim brilhava à minha frente um ideal inalcançado. Apesar de ter me debruçado na escrita com vigor, não menos que dez ou 12 vezes, ainda não tinha escrito um romance. Todos – todos os meus lindos rebentos[2] – avançaram um pouco, e então pararam inexoravelmente, como o relógio de um estudante. Eu poderia ser comparado a um jogador de críquete com muitos anos de experiência, mas que nunca deveria ter tentado uma carreira. Qualquer um consegue escrever um conto – um conto ruim, digo – com trabalho e papel e tempo suficientes. Mas nem mesmo um mau romance está ao alcance de todo mundo. O que mata é a extensão. O romancista estabelecido pode pegar e largar o seu romance, passar dias trabalhando nele em vão e não escrever mais do que se apressa em apagar. Não é o caso do iniciante. A natureza humana tem certos direitos; o instinto – o instinto de autopreservação – impede que qualquer um (animado e apoiado pela consciência de não ter logrado nenhuma vitória anterior) tenha que suportar as agruras da labuta literária infrutífera além de um período de tempo que pode ser medido em semanas. A esperança tem que ter do que se alimentar. O iniciante tem que pegar um vento favorável, uma maré de sorte, estar num daqueles momentos em que as palavras vêm e as frases se equilibram sozinhas – *até para começar*. E, tendo começado, que sofrimento até o livro ser terminado! Durante esse tempo, a direção do vento deve se manter inalterada e o veio deve continuar correndo; você deve ter a qualidade do estilo sob controle o tempo todo; as suas marionetes devem estar sempre vivas, consistentes e vigorosas. Lembro que espiava, naquela época, os romances de três volumes[3] com certa veneração, como se eles fossem um feito – talvez não literário, mas pelo menos de resistência física e moral que exigisse a coragem de um Ájax.

No ano vaticinado, vim morar com os meus pais em Kinnaird, logo acima de Pitlochry[4]. Lá eu caminhava pelas charnecas vermelhas e ao lado do riacho dourado. O ar rude, puro das montanhas nos envigorava, se não nos inspirava; e minha mulher e eu inventamos um volume conjunto de histórias de fantasma, para o qual ela escreveu "The Shadow on the Bed", e eu submeti "Thrawn Janet" e um primeiro rascunho de "Os homens alegres"[5]. Amo o meu ar nativo, mas ele não me ama; e o fim dessa temporada maravilhosa foi um resfriado, uma bolha de febre e uma migração, através de Strathardle e Glenshee, para o Castleton of Braemar[6]. Lá ventou à beça e choveu na mesma proporção. Meu ar nativo era mais cruel que a ingratidão dos homens; e tive que consentir em passar um bom tempo entre quatro paredes numa casa lugubremente conhecida como "a cabana da falecida srta. McGregor". E agora admirem o dedo do destino. Tinha um menino na cabana da falecida srta. McGregor, de férias da escola e ávido por uma "pedreira onde quebrar a cabeça"[7]. Não pensava em literatura; era a arte de Rafael que recebia os seus votos fugazes, e, com a ajuda de uma caneta, tinta e um kit de aquarela de um xelim, ele logo transformou um dos quartos numa galeria de arte. Minha função principal na galeria era ser o produtor; mas de vez em quando eu relaxava um pouco, me juntava ao artista (por assim dizer) no cavalete e passava a tarde com ele numa emulação generosa, fazendo desenhos coloridos. Numa dessas ocasiões, fiz o mapa de uma ilha; era minucioso e (achei) lindamente colorido; não consigo nem expressar o quanto a forma dele me encantou; ele tinha refúgios que me agradavam como sonetos; e com a inconsciência dos predestinados, nomeei a minha obra de *Ilha do Tesouro*. Já me disseram que tem gente que não liga para mapas, e acho difícil de acreditar. Os nomes, as formas dos bosques, os caminhos das estradas e dos rios, as pegadas pré-históricas do homem ainda distinguíveis na subida do morro e na descida do vale, os moinhos e as ruínas, os lagos e as balsas, talvez a "Pedra em Pé" ou o "Círculo Druídico" na charneca; eis aqui uma fonte inesgotável de interesse para qualquer um com olhos para ver ou dois centavos de imaginação. Toda criança deve se lembrar de deitar a cabeça na relva e ver a floresta infinitesimal ser tomada por exércitos de fadas. Foi mais ou menos desse jeito que os futuros personagens do livro começarem a se fazer visíveis nos bosques imaginários enquanto eu me debruçava sobre o meu mapa da Ilha do Tesouro; e seus rostos bronzeados e armas brilhantes me espreitavam de lugares inesperados quando passavam de um lado para o outro, lutando e caçando tesouros naquelas poucas polegadas quadradas de uma projeção plana. Quando me dei conta, tinha um papel à minha frente e estava escrevendo uma lista de capítulos. Quantas vezes não o fiz e a coisa não foi mais longe que isso! Mas esse empreendimento parecia ter elementos de sucesso. Era para ser uma história para meninos; sem a necessidade de psicologia ou escrita sofisticada; e eu tinha um menino por perto para servir de pedra de toque. As mulheres estavam excluídas. Eu era incapaz de manejar um brigue (o que o "Hispaniola" deveria ter sido), mas pensei que poderia fazer um esforço para navegá-lo como uma escuna sem escárnio público. E então tive uma ideia para John Silver que prometia me divertir: pegar um amigo meu que admiro muito (que o leitor provavelmente conhece e admira tanto quanto eu[8]), privá-lo de todas as suas melhores qualidades e virtudes mais elevadas de temperamento, deixá-lo sem nada além da sua força, da sua coragem, da sua rapidez e da sua magnífica afabilidade, e tentar expressar essas coisas na língua da lona alcatroada. Essa cirurgia psíquica é, acho, um jeito comum de "construir um personagem"; talvez seja, na verdade, o único jeito. Podemos colocar a figura pitoresca com quem trocamos cem palavras na beira da estrada; mas a conhecemos? O nosso amigo, com sua infinita variedade e flexibilidade, nós conhecemos – mas podemos incluí-lo? No primeiro temos que enxertar qualidades secundárias e imaginárias, provavelmente todas erradas; do segundo, faca na mão, temos que cortar e descontar a arborescência desnecessária da sua natureza; mas do tronco e dos poucos galhos que restarem podemos pelo menos estar certos.

Numa manhã fria de setembro, ao pé da chama viva da lareira, a chuva tamborilando na janela, comecei *Sea Cook*, que era o título original. Comecei (e terminei) vários outros livros, mas não consigo me lembrar de ter sentado para escrever algum deles com tamanho prazer. Não é de admirar, já que as águas roubadas são proverbialmente doces. Estou agora num capítulo doloroso. Não há dúvida de que o papagaio pertenceu a Robinson Crusoé.

Não há dúvida de que o esqueleto é roubado de Poe. Penso pouco nisso porque são detalhes sem importância; e ninguém pode ter o monopólio dos esqueletos ou ganhar dinheiro com pássaros falantes. Já me disseram que a paliçada é de *Masterman Ready*[9]. Pode ser, não estou nem aí. Esses autores úteis completaram o que dizia o poeta: partindo, eles deixaram para trás

Pegadas nas areias do tempo;
Pegadas que talvez alguém –[10]

e eu era esse alguém! É a minha dívida com Washington Irving, que me pesa na consciência, e com razão, já que acredito que poucas vezes o plágio foi tão longe. Peguei *Contos de um viajante*[11] por acaso uns anos atrás esperando uma antologia de prosa narrativa, e o livro voou pelos ares e me acertou em cheio: Billy Bones, seu baú, as pessoas na sala de estar, todo o espírito interior e boa parte dos detalhes materiais dos primeiros capítulos – estava tudo lá, era tudo propriedade de Washington Irving[12]. Mas eu não fazia ideia disso quando me sentei para escrever do lado da lareira, no que parecia ser a cheia de uma inspiração meio pedestre; nem dia após dia, depois do almoço, quando lia o que tinha escrito de manhã em voz alta para a minha família. Parecia, para mim, tão original quanto o pecado; parecia me pertencer tanto quanto o meu olho direito. Eu tinha contado com um menino; descobri que tinha dois na minha plateia. Meu pai se incendiou imediatamente com a aventura e com a infantilidade da sua natureza original. As histórias dele, com as quais ele se punha para dormir toda noite, tratavam sempre de navios, estalagens de beira de estrada, ladrões, velhos marinheiros e a marinha mercante de antes da era do vapor. Ele nunca terminou nenhuma dessas histórias: o sortudo não precisava fazê-lo!

Mas ele reconheceu alguma coisa familiar à sua própria imaginação em *A Ilha do Tesouro*; era o *seu* tipo de pitoresco, e ele não só ouvia com deleite o capítulo diário como começou a colaborar ativamente. Quando chegou a hora de o baú de Billy Bones ser saqueado, ele passou boa parte do dia compondo, no verso de um envelope de advogado, um inventário do seu conteúdo – que eu segui à risca; e o nome do "antigo navio do Flint", o "Walrus", foi dado a seu pedido. E quem surgiu do nada, *ex machina*, senão o dr. Japp[13], como o príncipe disfarçado que vai fazer cair a cortina sobre a paz e a felicidade no último ato, porque ele não trazia no bolso um corno ou um talismã, mas um editor; ele tinha, na verdade, sido incumbido pelo meu velho amigo, o sr. Henderson, a descobrir novos escritores para a *Young Folks*[14]. Até a selvageria de uma família reunida arrefeceu diante da medida extrema de impingir ao nosso convidado os membros mutilados de *Sea Cook*; ao mesmo tempo, não interromperíamos as nossas leituras por nada, e logo o conto foi retomado do início e solenemente recontado para o dr. Japp. Daquele momento em diante, passei a ter em alta conta as suas faculdades críticas; porque quando ele nos deixou, levou o manuscrito na valise.

Aqui, então, estavam todos os ingredientes para me manter firme – solidariedade, ajuda e agora um encontro positivo. Eu tinha inclusive escolhido um estilo bem fácil. Compare-o com o mais ou menos contemporâneo "Homens alegres"; uma pessoa pode preferir o estilo do primeiro, outra, do segundo – é uma questão de temperamento, talvez de momento; mas não passa batido a nenhum especialista que o primeiro é muito mais difícil de manter do que o segundo. Um homem de letras, adulto e experiente, deveria ser capaz de terminar de escrever *A Ilha do Tesouro* em poucos dias, sem deixar o cachimbo apagar. Mas infelizmente não foi o meu caso. Me aferrei a ele por 15 dias, e produzi 15 capítulos; e então, nos primeiros parágrafos do 16º, perdi a mão ignominiosamente. Minha boca ficou vazia; não havia nenhuma palavra a mais para *A Ilha do Tesouro* no meu peito; e aqui estavam as provas do começo já esperando por mim no Hand & Spear[15]! Lá, eu as corrigi, passando a maior parte do tempo sozinho, caminhando pelas charnecas de Weybridge nas manhãs orvalhadas de outono, um tanto satisfeito com o que tinha feito, e mais consternado do que conseguiria colocar em palavras com o que me restava fazer. Eu estava com 31; era chefe de família; tinha perdido a minha saúde; nunca tinha conseguido me sustentar, nunca tinha ganhado duzentas libras por ano; há bem pouco tempo meu pai tinha comprado e destruído todos os exemplares de um livro que tinha sido julgado um fracasso; será que este seria mais um e o último fiasco? Eu estava bem perto do desespero; mas pus a minha cabeça no lugar, e durante a viagem para Davos, onde ia passar o inverno, resolvi pensar em outras coisas, e me enterrar nos romances de *monsieur* Du Boisgobey[16]. Tendo chegado ao meu destino, me sentei uma manhã com o conto inacabado e, veja só!, ele jorrou de mim como conversa fiada; e numa segunda onda de diligência prazerosa, de novo ao ritmo de um capítulo por dia, terminei *A Ilha do Tesouro*. A coisa tinha que ser conduzida com discrição. Minha esposa estava doente, o menino ficou sozinho entre os fiéis, e John Addington Symonds[17] (a quem eu tinha mencionado timidamente o que estava fazendo) me olhava de soslaio. Na época, ele queria muito que eu escrevesse sobre *Os caracteres* de Teofrasto[18], para você ver como o homem mais sábio pode estar às voltas com os maiores disparates. Mas Symonds (sem dúvida) não era o confidente a quem recorrer para conseguir simpatia para uma história de menino. Ele tinha grandes ideias; "um homem completo", se é que já houve um assim; mas o nome da minha empresa só sugeriria a ele capitulações de sinceridade e solecismos de estilo. Bom, ele não estava tão errado assim.

A Ilha do Tesouro – foi o sr. Henderson quem cortou o primeiro título, *The Sea Cook* – foi devidamente publicado no jornalzinho[19], onde figurou na ignóbil seção sem gravuras, e não chamou a menor atenção. Eu não liguei. Gostava pessoalmente da história, pelos mesmos motivos que o meu pai no começo; era o meu tipo de pitoresco. Também estava um bocado orgulhoso de John Silver, e até hoje me admiro com esse aventureiro sutil e formidável. E o que era infinitamente mais emocionante: eu tinha ultrapassado um marco; tinha terminado uma história e escrito "fim" no manuscrito como eu não fazia desde "Pentland Rising", quando era um menino de 16 anos, ainda antes da faculdade. A verdade é que esse livro aconteceu por causa de uma série de acasos: se o dr. Japp não tivesse vindo visitar, se a história não tivesse fluído de mim com facilidade singular, ele teria sido posto de lado como os seus antecessores, e teria encontrado um caminho sinuoso e sem remorso em direção ao fogo. Os puristas podem até dizer que teria sido melhor assim. Eu não sou dessa opinião. A história parece ter dado muito prazer, e trouxe (ou foi o meio de trazer) fogo e comida e vinho a uma família digna pela qual me compadeci. Não preciso nem dizer que me refiro à minha.

Mas as aventuras de *A Ilha do Tesouro* ainda não acabaram. Eu as escrevi em cima de um mapa. O mapa era a parte central da minha trama. Por exemplo, eu tinha chamado uma ilhota de Ilha do Esqueleto em busca do pitoresco mais imediato, sem saber por quê; e foi para justificar esse nome que invadi a galeria do sr. Poe e roubei o indicador de Flint. E, do mesmo jeito, foi por ter feito dois portos que o *Hispaniola* foi enviado em suas perambulações com Israel Hands. Quando decidiram republicar, mandei o mapa junto com o manuscrito para a Cassell[20]. As provas voltaram corrigidas, mas não ouvi nada sobre o mapa. Escrevi para eles; me disseram que não tinham recebido nada, e fiquei atônito. Desenhar um mapa aleatoriamente, colocar uma escala num dos cantos aleatoriamente e inventar uma história que caiba nessas medidas é uma coisa. Outra muito diferente é ter que examinar um livro inteiro, fazer um inventário de todas as alusões contidas nele e, com um compasso, suar sangue para desenhar um mapa que corresponda a esses dados. Eu o fiz, e o mapa foi redesenhado no escritório do meu pai, com ornamentos de baleias esguichando e navios navegando; e o meu pai pôs a serviço da empreitada a sua habilidade de escrever em vários estilos, e *forjou* elaboradamente a assinatura do Capitão Flint e as instruções de navegação de Billy Bones. Mas de algum modo nunca foi a Ilha do Tesouro para mim.

Disse que era a maior parte da trama. Eu poderia dizer logo que era a trama toda. Algumas reminiscências de Poe, Defoe e Washington Irving, uma cópia de *Bucaneiros*, de Johnson[21], o nome do "baú do finado" de *At Last*, de Kingsley[22], algumas recordações de canoagem em alto-mar, de um cruzeiro numa escuna de 15 toneladas e o próprio mapa, com sua sugestão infinita, eloquente, constituíam todo o meu material. Talvez não seja frequente que um mapa tenha tanta importância numa história; mas é sempre importante. O autor deve conhecer o seu pedaço de terra, real ou imaginário, como a palma da mão; as distâncias, os pontos cardeais, o lugar onde o sol nasce, o comportamento da lua devem ser todos irrepreensíveis. E que complicada é a lua! Sofri muito com a lua em *Príncipe Otto*[23]; e, quando me apontaram isso, adotei uma precaução que recomendo a todo mundo – agora, nunca escrevo sem um almanaque. Com um almanaque, um mapa do terreno e uma planta de cada casa, quer efetivamente traçados num papel ou clara e prontamente apreendidos na mente, pode-se ter a esperança de evitar alguns dos erros mais grosseiros. Com o mapa diante de si, o escritor dificilmente permitirá que o sol se ponha a leste, como aconteceu em *O antiquário*. Com o almanaque ao alcance da mão, ele dificilmente permitirá que dois cavaleiros, viajando com a maior urgência, gastem seis dias, das três da manhã de segunda até tarde da noite de sábado, numa jornada de, digamos, noventa ou cem milhas; e, antes do fim da semana cubram, ainda com os mesmos cavalos, cinquenta num dia, como se pode ler em detalhe no inimitável *Rob Roy*[24]. E é certamente bom, ainda que não absolutamente necessário, evitar tais *tropeços*. Mas é a minha convicção – minha superstição, vá lá – que aquele que é fiel ao seu mapa, e o consulta, e tira inspiração dele, a cada dia e a cada hora, obtém um respaldo positivo, e não mera imunidade negativa a acidentes. A história tem uma raiz aí; cresce nesse solo; tem uma coluna vertebral própria por trás das palavras. Melhor se a terra for real e ele tiver percorrido cada centímetro dela e conhecer cada marco de milha. E mesmo com lugares imaginários é bom fornecer um mapa no começo. Enquanto o estudamos, aparecem relações inesperadas. Descobrimos atalhos e caminhos óbvios mas insuspeitados para os nossos mensageiros; e, mesmo quando um mapa não é toda a trama, como foi em *A Ilha do Tesouro*, será uma fonte de sugestões.

(1894)

13
Enviado para o sul[1]

Por uma curiosa ironia do destino, os lugares para os quais somos mandados quando a saúde nos abandona são, muitas vezes, singularmente belos. Também são muitas vezes lugares que visitamos em anos anteriores ou vimos brevemente passando por ali, e mantivemos depois em pia memória; e entretemos a fantasia de repetir muitas sensações vívidas e prazerosas, e retomar o fio do nosso prazer no mesmo espírito com que o deixamos cair. Teremos agora a oportunidade de concluir muitas excursões agradáveis, outrora interrompidas antes que a nossa curiosidade fosse plenamente satisfeita. Pode ser que tenhamos guardado na mente, esses anos todos, a lembrança de algum vale que contemplamos por um momento antes de perdê-lo de vista na desordem das serras; pode ser que tenhamos ficado acordados de noite, nos torturando agradavelmente com a lembrança de curvas que nunca tomamos ou picos que não escalamos: agora poderemos, falamos para nós mesmos, completar todos esses prazeres inconclusos, e ultrapassar as barreiras que confinavam as nossas lembranças.

A promessa é tão grande, e nos deixamos levar tão facilmente quando a esperança e a memória estão ambas no mesmo andar, que arrisco dizer que o doente não fica tão inconsolável quando recebe a sentença de banimento, e está inclinado a não encarar a sua saúde frágil como o acidente menos afortunado da sua vida. Também não se deixa desiludir imediatamente. A agitação e a velocidade da viagem, e a inquietação que vai para a cama com ele quando tenta dormir entre dois dias de progresso barulhento, o deixam febril, e estimulam os seus nervos dormentes a retomar algo da velha rapidez e sensibilidade. E então pode apreciar o tênue esplendor outonal da paisagem, vendo morro e planície, vinhedo e floresta, revestidos de uma glória maravilhosa de ouro de fada que os primeiros grandes ventos do inverno vão transmutar, como na fábula, em folhas ressequidas[2]. E também pode apreciar a admirável brevidade e simplicidade desses pequenos vislumbres do campo e dos costumes do campo que passam pelas janelas do trem; pequenos vislumbres que têm um caráter só seu; paisagens vistas como uma andorinha as veria por debaixo da asa, ou Íris, numa missão olímpica. Aqui e ali, algumas crianças gritam oba e acenam para o expresso; mas na maior parte do tempo é uma interrupção breve e isolada demais para atrair muita atenção; as ovelhas não param de pastar; uma menina se senta equilibrada tão precariamente no leme que se projeta de um barco de canal que parece que uma mosca ou o respingo de um peixe saltando seriam suficientes para perturbar o equilíbrio delicado, ao mesmo tempo que centenas de toneladas de carvão e madeira e ferro passaram rugindo no ouvido dela e não houve nenhum sobressalto, nenhum tremor, nenhum movimento de cabeça que indicasse que ela esteve ao menos consciente da sua passagem.

Acho que é aqui que reside o principal atrativo das viagens de trem. A velocidade é tão suave e o trem perturba tão pouco as cenas que nos descortina que o nosso coração fica cheio da placidez e da quietude do campo; e, enquanto o nosso corpo é impelido para a frente na corrente voadora dos vagões, os pensamentos saltam, à medida que o humor os move, em estações pouco frequentadas; apertam o passo na viela de choupos que leva à cidade; são deixados para trás com o sinaleiro enquanto ele assiste, protegendo os olhos com a mão, o longo trem deslizar para longe na distância dourada.

Além disso, o inválido ainda tem pela frente o choque do espanto e do prazer com que vai saber que transpôs a linha indefinível que separa o norte do sul. E esse é um momento incerto; às vezes, é forçado cedo à consciência, com alguma leve associação, uma cor, uma flor ou um aroma; e às vezes isso não acontece até que, uma bela manhã, acorda com o sol do sul espreitando através das *persiennes* e o *patois* do sul confusamente audível debaixo das janelas[3]. Venha cedo ou tarde, esse prazer não vai cessar com a antecipação, como muitos outros da mesma família. Esse prazer vai deixá-lo mais acordado do que o encontrou e dar um novo significado para tudo que vai ver nos dias seguintes. Há algo no próprio nome do sul que traz junto um entusiasmo. Ao som da palavra, espicha as orelhas; fica tão ansioso para procurar belezas e decorar as linhas e o caráter permanentes da paisagem quanto se tivessem dito que era tudo dele – uma propriedade da qual tinha sido privado injustamente e que agora vai receber em livre e plena posse. Mesmo aqueles que nunca estiveram lá antes sentem como se tivessem estado; e todo mundo fica comparando e procurando o familiar, e o encontrando com tal êxtase de reconhecimento que daria para achar que estavam chegando em casa depois de uma ausência cansativa em vez de viajando cada hora mais longe para o estrangeiro.

É só depois que chega direito e se instala no canto escolhido que o inválido começa a entender a mudança que se abateu sobre ele. Tudo é como lembrava, ou tinha antecipado. Aqui, a seus pés, debaixo dos seus olhos, estão os jardins de oliveiras e o mar azul. Nada pode mudar a eterna magnificência de forma dos Alpes pelados atrás de Mentone[4]; nada, nem mesmo as curvas toscas da estrada de ferro, pode deformar completamente a suavidade do contorno de uma baía depois da outra ao longo da Riviera. E, de tudo isso, só tem um conhecimento cerebral e frio que não tem nada a ver com prazer. Reconhece, com a sua inteligência, que esta coisa e aquela coisa são lindas, mas no íntimo tem que confessar que não são lindas para ele. É em vão que estimula o espírito desanimado; em vão que escolhe pontos de vista e fica lá, olhando com os olhos bem abertos e esperando pela volta do prazer que lembra ter sentido em outros tempos, como os doentes devem ter esperado a vinda do anjo no tanque de Betesda[5]. É como um entusiasta levando consigo um turista indiferente, impassível. Há alguém por perto que não se compadece da cena e não se comove à altura da ocasião; e esse alguém é ele mesmo. O mundo está em desencanto para ele. Tem a impressão de tocar as coisas com as mãos amortecidas e de vê-las através de um véu. Sua vida vira um tatear paralisado de notas que se calam depois de as encontrar e tocar. Ele não consegue reconhecer que esse corpo fleumático e insensível que o sobrecarrega é o mesmo que conheceu aqui – antes tão ágil e delicado e vivo.

Ele fica tentado a botar a culpa na própria suavidade e amenidade do clima e a fantasiar que, nos rigores do inverno, em casa, essas emoções mortas reviveriam e floresceriam. Uma saudade do brilho e do silêncio da neve caída se apodera dele nesses momentos. Tem saudade de casa por causa do tempo robusto e agreste; do traçado da geada nos vidros da janela de manhã, da descida relutante dos primeiros flocos e dos telhados brancos contra o céu escuro. E no entanto o material de que são feitos esses anseios é o mais frágil: se o termômetro cai um pouco abaixo do nível mediterrâneo normal, ou se um vento desce dos Alpes cobertos de neve lá atrás, o espírito das suas fantasias muda na hora, e os contornos lúgubres das ruas invernais e tristes de casa voltam à memória para assombrá-lo. A postura desesperançosa, amontoada, dos vagabundos nas soleiras; o passo vacilante das crianças descalças na calçada congelada; o brilho das ruas molhadas ao cair da tarde; a anatomia emaciada dos pobres marcada pela aderência das roupas molhadas; o canto alto e canoro do nordeste nos dias em que as próprias casas parecem enrijecer de frio; essas memórias, e outras como essas, voltam a se apinhar sobre ele e a substituir zombeteiramente aquelas cenas fantasiosas com as quais se tinha deleitado pouco antes. Ele não poderia estar mais feliz por estar onde está. Se pelo menos os outros também pudessem estar lá; se aqueles vagabundos pudessem se deitar um pouco ao sol, e aquelas crianças pudessem aquecer os pés, dessa vez numa terra mais gentil; se pelo menos não fizesse frio em lugar nenhum, nem nudez nem fome; se pelo menos estivesse tudo bem com todos os homens como com ele!

Porque, afinal de contas, o inválido não está tão doente assim. Se é só raramente que alguma coisa penetra com vivacidade o seu espírito anestesiado, ainda assim, quando algo o faz, traz consigo uma alegria que é ainda mais potente pela própria raridade. Tem alguma coisa de patético nessas voltas ocasionais de atividade alegre ao coração. Ele vai ser agitado e acordado por muitas dessas nos piores momentos; e elas vão surgir, talvez, das fontes mais triviais; como um amigo me disse uma vez, o "espírito do deleite"[6] vem muitas vezes em asas pequenas. Porque o prazer que tiramos da beleza natural é essencialmente caprichoso. Ele vem, às vezes, de onde menos esperamos; e às vezes, quando o esperamos com toda a certeza, nos deixa olhando fixo e sem alegria por dias a fio, na própria terra do belo. Podemos ter passado mil e uma vezes por um lugar; e na milésima segunda, vai se transfigurar e se destacar, num certo esplendor de realidade, do círculo monótono do seu entorno; para que o vejamos "com prazer infantil" como Wordsworth viu os narcisos à beira do lago.[7] E se isso acontece caprichosamente com o saudável, imagine com o inválido. Um dia, vai encontrar sua primeira violeta e ficar perdido num espanto agradável, pensando na alquimia que faz com que a terra fria dos torrões, o ar insípido e a chuva sejam transmutados numa cor tão rica e num aroma tão doce. Ou talvez veja um grupo de lavadeiras descansando num cordão de calhau, contra o céu azul, ou uma reunião de apanhadoras de flores na luz temperada de um jardim de oliveiras; e alguma coisa de significativa ou monumental no agrupamento, alguma coisa na harmonia das cores desmaiadas tão características das roupas dessas mulheres do sul vai atingi-lo inesperadamente, e despertar nele aquela satisfação com a qual dizemos a nós mesmos que fomos enriquecidos por mais uma linda experiência. Ou pode ser até alguma coisa menor: como quando a opulência da luz do sol, que de algum modo se perde e falha em produzir seu efeito numa escala maior, é de repente revelada para ele num recorte casual – quando muda a posição do guarda-sol – de uma jarda ou duas de estrada com suas pedras e ervas daninhas. E a variedade infinita dos próprios olivais não tem fim. Até a cor é indeterminada e está em constante mutação: ora você diria que é verde, ora cinza, ora azul; ora as árvores estão todas misturadas, como "nuvem atrás de nuvem"[8], misturadas numa indistinção membranosa; e ora, ao sabor do vento, o mar de folhagens se agita e é desfeito por pequenos lampejos e sombras momentâneas. Mas cada um vê o mundo do seu jeito. Para alguns, o momento feliz pode ter outras causas; e a recordação mais viva pode ser do andar altivo das mulheres carregando fardos na cabeça; ou de efeitos tropicais, com juncos e rocha nua e sol; do contorno dos ciprestes; dos grupos de pinheiros-bravos, de aspecto inquieto e atabalhoado, como se estivessem sempre agitados e embaralhados por um redemoinho; do ar carregado de perfumes virginais sobre a murta e os arbustos redolentes; ou das colinas arroxeadas que se erguem nítidas e solenes no ar verde-alourado do leste ao anoitecer.

Aí estão, sem dúvida, muitos elementos da feitura de um momento de percepção intensa; e é na combinação feliz desses muitos elementos, na vibração harmônica de muitos nervos, que toda a delícia do momento deve depender. Quem poderia esquecer, quando tem a oportunidade de descansar completamente, depois de rolar desconfortavelmente para cima e para baixo na grama ou na urze, como toda a aparência da paisagem se alterou, como se o sol tivesse acabado de nascer ou um grande artista tivesse acabado de concluir, com um toque de astúcia, a composição da pintura? E não só uma mudança de postura – um rastro de perfume, o canto súbito de uma ave, o frescor de uma corrente de ar de um mar invisível, a sombra tênue de uma nuvem passageira, o menor detalhe que provoca um pequeno arrepio no nervo mais infinitesimal do corpo do homem –, tudo isso tem de algum modo um dedo no efeito geral e traz algum refinamento em si no tipo de prazer que sentimos.

E, se as condições externas são assim variadas e sutis, as do nosso corpo são ainda mais. Nenhum homem pode entender inteiramente o mundo, diz Salomão, porque o mundo está no seu coração; e então é impossível para qualquer um de nós entender inteiramente aquela mistura de circunstâncias harmônicas que cria em nós o mais alto prazer da admiração precisamente porque algumas dessas circunstâncias nos são ocultas para sempre na constituição do nosso próprio corpo. Depois de contabilizar tudo o que podemos ver ou ouvir ou sentir, ainda temos que levar em conta uma sensibilidade mais delicada do que o normal nos nervos afetados, ou um requinte extraordinário na arquitetura do cérebro, que é para o sentido da beleza o que o olho ou o ouvido são para os sentidos da audição ou da visão. Admiramos vistas esplêndidas e grandes quadros; e ainda assim o que é verdadeiramente admirável é a mente dentro de nós, que junta esses detalhes dispersos para o seu deleite, e faz de certas cores, certa distribuição modulada de luz e escuridão, aquele todo inteligível que, sozinho, podemos chamar de quadro ou vista. Hazlitt, relatando num dos seus ensaios[9] como foi a pé da casa de um grande homem para a casa de outro em busca de obras de arte, começa subitamente a triunfar sobre esses proprietários nobres e ricos porque era mais capaz de apreciar as suas posses dispendiosas do que eles; porque eles tinham pagado e ele tinha tido o prazer. E a ocasião é justa para a autocomplacência. Enquanto um estava trabalhando para conseguir pagar a pintura, o outro estava trabalhando para ser capaz de apreciar a pintura. Uma aptidão herdada terá sido diligentemente melhorada nos dois casos; só um deles ganhou uma fortuna, e o outro ganhou um espírito vivo.

É uma boa ocasião para a autocomplacência, repito, quando o evento revela que o homem escolheu a melhor parte, e planejou a vida com maior sabedoria, no longo prazo, que aqueles que têm crédito por maior sabedoria.

E mesmo isso não é um bem puro; e como todas as outras posses, ainda que em menor grau, a posse de um cérebro que foi melhorado e cultivado e transformado no órgão principal do prazer traz consigo certas preocupações e desenganos inevitáveis. A felicidade de uma pessoa assim passa a depender muito desses finos matizes de sensação que acentuam e harmonizam os elementos grosseiros da beleza. E então um grau de prostração nervosa, que para qualquer outro homem não seria tão desagradável, é suficiente para arruinar todo o tecido da sua vida, para atenuar, exceto em raros momentos, os seus prazeres, e para persegui-lo onde quer que vá com o fracasso e a sensação de carência e desencanto com o mundo e com a vida.

Não é só por causa dessa dormência de espírito que a vida do inválido parece uma velhice prematura. Aquelas excursões que tinha prometido para si mesmo que ia concluir se provam longas demais ou árduas demais para o seu corpo débil; e as colinas continuam intransponíveis como sempre. Muitas cidades brancas lá longe no promontório, muitos feixes de lenha encantadores na encosta da montanha, atraem e seduzem a sua imaginação dia após dia, e ainda assim são tão inacessíveis a seus pés quanto as fendas e os desfiladeiros das nuvens. A sensação de distância cresce maravilhosamente nele; e, depois de alguns esforços febris e do mal-estar inquietante dos primeiros dias, se rende com satisfação às restrições que a fraqueza impõe. Seus arredores imediatos se tornam tão agradáveis e familiares quanto uma cela para um prisioneiro resignado. Assim como já tinha caído fora da meia corrida da vida ativa, agora cai fora do pequeno turbilhão que gira nas águas rasas do sanatório. Ele vê as pessoas do campo indo e vindo nos seus afazeres cotidianos, os estrangeiros saindo em grandes grupos de excursão; enquanto se abriga inerte num canto, está cercado pela agitação da vida humana; e assiste a tudo com uma impessoalidade patriarcal, como um homem se sente quando imagina as fortunas dos seus descendentes remotos ou a antiguidade robusta do carvalho que plantou na noite anterior.

Não há nesse abandono, nessa quietude e deserção dos outros homens, um prelúdio desarmônico para a quietude final e a deserção da cova; há, nesse entorpecimento dos sentidos, uma preparação suave para a insensibilidade final da morte. E para ele a ideia de mortalidade vem de um jeito menos violento e duro do que de costume, menos como uma catástrofe abrupta do que como uma coisa de gradação infinitesimal e o último passo num longo caminho descendente. Assim como nos reviramos na cama, e a cada momento os movimentos ficam mais fracos e menores, e a nossa atitude mais relaxada e tranquila, até que o sono nos domina a passos largos e não nos movemos mais, desejo atrás de desejo o abandonam; dia após dia a sua força diminui e o círculo da sua atividade fica ainda mais estreito; e sente que, se é para ser assim ternamente desmamado de paixão pela vida, assim gradualmente iniciado no sono da morte, quando o fim finalmente vier, virá de forma tranquila e adequada. Se existe alguma coisa que pode reconciliar espíritos pobres com a chegada do inimigo final, deveria ser certamente uma abordagem suave como esta; não nos arrancar com violência, mas nos persuadir a deixar um lugar que não mais nos agrada. Não é tanto a morte que se aproxima como a vida que se retira e murcha à sua volta. Ele viveu mais que a sua utilidade, e quase mais que o seu deleite; e se não vai haver recuperação; se não vai nunca mais ser jovem e forte e apaixonado, se o presente for para ele sempre como uma coisa lida num livro ou uma lembrança de um passado longínquo; se isto for realmente o cair da noite, não vai querer muito a continuação de um crepúsculo que só cansa e decepciona os olhos, mas espera resolutamente a escuridão perfeita. Ele vai rezar por Medeia: quando ela vier, que o rejuvenesça ou mate.

E no entanto os laços que ainda o ligam ao mundo são muitos e naturais. A visão de crianças tem para ele um significado que deve ter também para os velhos, mas não para os outros. Se se acostumou a sentir as coisas com humanidade, e olhar a vida de forma um pouco mais ampla do que a partir da seteira estreita do prazer e do progresso pessoais, é estranho quão pequena é a porção dos seus pensamentos que será alterada ou amargurada com a proximidade da morte. Ele sabe que, nos condados ingleses, o semeador já segue o arador campo acima e as gralhas seguem o semeador; e sabe também que talvez não viva para voltar para casa mais uma vez e ver o milho brotar e amadurecer, e ser finalmente cortado e levado para casa com alegria. E no entanto o futuro dessa colheita, a continuação da seca ou a chegada de chuva fora da estação o tocam tão fundo como sempre. Porque faz tempo que está acostumado a esperar com interesse pelo desenrolar de acontecimentos que não têm nada a ver com ele; e se alegrar com a abundância e se entristecer com a escassez que não aumentaram nem diminuíram, por meia fatia sequer, a suficiência equitativa do próprio suprimento.

Assim, todas as esperanças desinteressadas pela humanidade e um futuro melhor que têm sido o consolo e a inspiração para a sua vida permanecem inalteradas. Essas, pôs fora do alcance de qualquer destino que seja ameaça só a ele; e não faz muita diferença se ele morrer 5 mil anos ou 5050 anos antes do tempo bom pelo qual labuta fielmente. Ele não se enganou; sabia desde o começo que seguia a coluna do fogo e da nuvem só para morrer no deserto, e que estava reservado a outros se apossar alegremente da terra. E então, enquanto tudo nele vai ficando mais cinza e quieto, e caminha para a extinção, essas visões frescas acompanham o seu triste declínio e o acompanham, com vozes amigáveis e palavras de esperança, até o próprio vestíbulo da morte. O desejo por amor ou por fama quase não o moveu com mais força, nos seus dias de saúde, do que essas aspirações generosas o movem agora; e assim a vida é levada adiante além da vida, e um panorama é deixado aberto para os olhos da esperança, mesmo quando as suas mãos já tateiam a face do intransponível.

Por último, ele está ternamente vinculado à vida por causa dos seus amigos; ou em vez disso deveríamos dizer que, por causa dos sentimentos deles por ele, por seu amor e solicitude imutáveis, permanece entrelaçado na própria trama da vida, além do poder de dissolução do corpo? Ele vai sobreviver de mil jeitos e vai ser perpetuado. Muito de Étienne de La Boétie[10] sobreviveu durante todos os anos nos quais Montaigne continuou a conversar com ele nas páginas dos seus ensaios sempre deliciosos. Muito do que era verdadeiramente o Goethe já estava morto quando ele revisitou lugares que não o conheciam mais, e ele não achou melhor consolo do que a promessa dos seus próprios versos de que logo também iria descansar. De fato, quando pensamos naquilo que mais buscamos e prezamos e temos o maior orgulho de chamar de nosso, às vezes parece que os nossos amigos, quando morrermos, sofrerão mais a nossa perda do que nós mesmos. Assim como um monarca que deveria se preocupar mais com as colônias que conhece pelo mapa ou pelo relato dos seus emissários do que com o corpo do império sob os seus olhos, em casa não estamos mais preocupados com a vida embaçada que levamos nos corações dos outros, e com aquela porção nos seus pensamentos e fantasias que, de um jeito meio longínquo, nos pertence, do que com o verdadeiro nó da nossa identidade – aquela metrópole central do ser, da qual somos imediatamente conscientes – ou do serviço diligente das artérias e das veias, e a atividade infinitesimal dos gânglios, que, sabemos (como sabemos da proposição de Euclides), é a fonte e a substância do todo? Com a morte de todo mundo que amamos, uma porção justa e honorável da nossa existência desaparece, e somos desalojados de uma dessas províncias queridas; e não são, talvez, os mais afortunados os que sobrevivem a uma longa série de tais empobrecimentos até que a sua vida e influências diminuem gradualmente até o limite parco do seu próprio espírito e a morte, quando finalmente vem, pode destruí-los com um só golpe.

NOTA – Devo honestamente acrescentar uma ou duas palavras de qualificação a este ensaio; pois este é um dos pontos em que uma idade um pouco mais avançada nos ensina uma sabedoria ligeiramente diferente:

Um jovem se deleita com generalidades e se mantém livre de certas obrigações; corre na trilha caçando borboletas, mas aplaude cortesmente o avanço da espécie humana e a vinda do reino da justiça e do amor. Quando cresce, começa a pensar mais estreitamente sobre as ações do homem em geral e talvez mais arrogantemente acerca das próprias. Ele não tem mais a mesma confiança indizível no que teria feito, tivesse sido poupado, vendo finalmente que teria sido pouco; mas tem uma noção bem maior do buraco que vai deixar quando morrer. Um homem jovem se sente mais um homem no mundo; sua situação é dolorosa: não tem uma vocação; nenhuma utilidade óbvia; nenhum laço a não ser com os seus pais, e esses não leva em conta. Não acho que se tenha dado a devida atenção a essa grande causa de sofrimento na juventude; mas, pela mera duração prolongada da existência, superamos o fato ou o sentimento. Ou nos tornamos tão insensivelmente acostumados à nossa própria figura inútil no mundo, ou então – e isso, graças a Deus, na maioria dos casos – atraímos o interesse ou o amor dos nossos pares e multiplicamos nossa participação efetiva nos assuntos da vida, não precisando mais entreter a questão do nosso direito de ser.

E então, na maioria dos casos, um homem que se imagina morrendo não vai tirar consolo da visão bastante juvenil expressa neste ensaio. Ele, como um homem vivo, tem a quem ajudar, a quem amar, a quem corrigir; pode ser que a quem punir. Esses deveres aderem não à humanidade, mas ao próprio homem. É ele, não outro, que é filho de uma mulher e marido de uma segunda e pai de uma terceira. Aquela vida que começou tão pequena agora cresceu, com uma miríade de filamentos, na vida dos outros. Não é indispensável; um outro vai tomar o lugar e assumir a responsabilidade que lhe cabe; mas quanto melhor o homem e quão mais nobre o seu propósito, mais vai ficar tentado a se arrepender da extinção dos seus poderes e da anulação da sua personalidade. Ter vivido uma geração não é só ter crescido numa casa naquele meio perplexo, mas ter assumido inúmeros deveres. Morrer em tal idade tem para todos, exceto para os mais baixos, um certo ar de traição. Um homem não só reflete sobre o que teria feito num futuro que nunca será seu; mas, se vendo tão precocemente um desertor da luta, sofre pelo bem que já poderia ter feito. Ter sido tão inútil e agora perder toda a esperança de ser útil um dia – é aí que a morte e a memória o assaltam. E mesmo que a humanidade continue, fundando cidades heroicas, praticando virtudes heroicas e progredindo mais e mais; mesmo que o trabalho seja realizado, os amigos consolados, a esposa se case de novo com um homem melhor do que ele; como isso vai mudar uma vírgula da sua estima por uma carreira que era o seu único negócio neste mundo e que foi perseguida com unhas e dentes e agora vai acabar tão inutilmente?

(1874)

14
Uma conversa sobre um romance de Dumas

Os livros que mais relemos nem sempre são os que mais admiramos; nós os escolhemos e revisitamos por muitas e variadas razões, como escolhemos e revisitamos amigos humanos. Um ou dois romances de Scott, Shakespeare, Molière, Montaigne, *O egoísta* e *O visconde de Bragelonne*[1] formam o meu círculo íntimo. Atrás desses vem uma boa tropa de conhecidos queridos; *O peregrino* na linha de frente, *A Bíblia na Espanha*[2] não muito atrás. Há, além disso, um bom número que me olha com reprovação das estantes quando passo por eles: livros que eu um dia folheei e estudei: casas que um dia foram um lar para mim, mas que hoje raramente visito. Estou nesses termos tristes (e enrubesço ao confessá-lo) com Wordsworth, Horácio, Burns e Hazlitt. Por último, há o tipo de livro que tem o seu momento de brilhantismo – brilha, canta, encanta e então desaparece de novo na insignificância até que a vontade volte. Entre os que às vezes me sorriem e às vezes me franzem o cenho devo citar Virgílio e Herrick[3], que, se não fossem "os seus eus de sempre ao longo do ano", estariam na primeira companhia com os seis nomes dos meus amigos literários constantes. A esses seis, por mais incongruentes que pareçam, tenho sido fiel há muito tempo, e espero ser fiel até o dia da minha morte. Nunca li o Montaigne inteiro, mas não gosto de ficar muito tempo sem ler alguma coisa dele, e o deleite com que o leio nunca diminui. De Shakespeare, li tudo menos *Ricardo III*, *Henrique VI*, *Titus Andronicus* e *Tudo está bem quando termina bem*; e esses, já tendo feito todos os esforços necessários, sei agora que nunca lerei – para compensar essa infidelidade, poderia ler muito do restante para sempre. De Molière – seguramente o segundo maior nome da cristandade –, poderia contar uma história bem parecida; mas esses príncipes ficam muito fora de lugar num cantinho de um pequeno ensaio, e prefiro jurar fidelidade e ir em frente. Quantas vezes li *Guy Mannering*, *Rob Roy* ou *Redgauntlet*[4], não tenho como averiguar, já que comecei cedo. Mas li *O egoísta* umas quatro ou cinco vezes e *O visconde de Bragelonne* umas cinco ou seis.

Algumas pessoas, que não estranhariam se eu tivesse escolhido outro volume de Dumas, podem se perguntar se eu devia ter gastado tanto tempo da minha breve vida numa obra tão pouco famosa como essa última. E, de fato, eu mesmo me surpreendo; não com a minha devoção, mas com a frieza do mundo. Tive contato com *O visconde* algo indiretamente, no ano da graça de 1863, quando tive a oportunidade de estudar certos pratos de sobremesa ilustrados num hotel em Nice. Já tinha saudado o nome de d'Artagnan nas lendas como a um velho amigo, já que o tinha encontrado no ano anterior num livro de Miss Yonge[5]. Minha primeira leitura foi numa daquelas edições piratas que na época vinham de Bruxelas como um enxame e compunham uma tropa de volumes elegantes e diminutos. Não entendi bem os méritos do livro; minha memória mais forte é a da execução de d'Eyméric e Lyodot – um estranho testemunho da burrice de um menino que se divertia com as refregas na Place de Grêve, mas se esqueceu das visitas de d'Artagnan aos dois financistas. Minha leitura seguinte foi no inverno, quando vivia sozinho nas Pentlands[6]. Voltava das minhas patrulhas com o pastor no começo da noite; um rosto amigo me recebia na porta, um labrador amigo se precipitava escada acima para buscar os meus chinelos; e eu sentava com *O visconde* para uma noite longa, silenciosa e solitária à luz de uma lamparina ao pé do fogo. E na verdade não sei por que digo silenciosa, já que era animada por tal tinido de cascos e estrépito de mosquetes e conversas agitadas; ou por que eu chamaria aquelas noites de solitárias, quando ganhei tantos amigos. Levantava os olhos do livro e afastava a cortina para ver a neve e os azevinhos brilhantes matizando um jardim escocês e a luz da lua invernal clareando as colinas brancas. Então me voltava de novo para aquele lado ensolarado e povoado da vida em que era tão fácil me esquecer de mim, das minhas preocupações e dos meus arredores: um lugar tão agitado quanto uma cidade, claro como um teatro, apinhado de rostos memoráveis e animado com o som gostoso de conversa. Levei o fio desse épico para o sono e acordei com ele intacto, e me regozijei ao me atirar sobre o livro de novo no café da manhã. Foi com pesar que o larguei para me ocupar dos meus afazeres, pois nenhum lugar do mundo me pareceu tão encantador quanto essas páginas, e nem mesmo os meus amigos são tão reais – talvez nem tão queridos – quanto d'Artagnan.

Desde então, tenho percorrido o meu livro favorito de cima a baixo e a intervalos muito curtos; e acabei de terminar a última (quinta, talvez) leitura, e gostei mais e o admirei com mais intensidade do que nunca. Talvez eu tenha um sentimento de propriedade por conhecer esses seis volumes tão bem. Talvez eu ache que d'Artagnan se delicia em me ter como leitor, e Luís XIV fica muito grato, e Fouquet me lança um olhar, e Aramis, ainda que saiba que não o amo, se apresenta para mim em sua melhor forma, como para um velho patrono do espetáculo. Talvez, se eu não tiver cuidado, me aconteça alguma coisa como o que aconteceu com George IV na batalha de Waterloo[7], e eu comece a achar que o *O visconde* é a primeira, e Deus sabe que a melhor, das minhas próprias obras. Pelo menos sou um partidário declarado; e, quando comparo a popularidade d'*O visconde* com a do *Monte Cristo*[8] ou com a do seu irmão mais velho, *Os três mosqueteiros*, confesso que fico ao mesmo tempo triste e perplexo.

Talvez o nome desencoraje aqueles que já encontraram o herói do título nas páginas de *Vinte anos depois*[9]. Qualquer um provavelmente recuaria se se visse obrigado a seguir, por seis volumes, um cavaleiro tão bem-comportado, de fala tão refinada e além disso tão triste quanto Bragelonne. Mas o medo é infundado. Dá para dizer que passei os melhores anos da minha vida nesses seis volumes, e que a minha relação com Raoul nunca foi além de uma mesura; e quando ele, que fingiu estar vivo por tanto tempo, foi finalmente obrigado a se fingir de morto, lembro às vezes de uma fala num volume anterior: "*Enfin, dit Miss Stewart*" – e ela falava de Bragelonne – "*enfin il a fait quelque chose: c'est, ma foi! bien heureux*[10]." Eu me lembro disso, como disse; e, no momento seguinte, quando Athos morre de tristeza, e meu querido d'Artagnan irrompe em sua tempestade de choro, não posso deixar de lamentar a minha frivolidade.

Ou talvez seja La Vallière que espante o leitor de *Vinte anos depois*. Bom, ele está certo aí também, ainda que não tanto. Louise não faz sucesso. Seu criador não poupou esforços; ela é bem-intencionada, bem desenhada, e às vezes é convincente; às vezes, nem que seja só por um momento, ela consegue até angariar a nossa simpatia. Mas nunca invejei o triunfo do rei. E muito longe de ter pena de Bragelonne pela sua derrota, não poderia desejar para ele nada pior (não por falta de malícia, mas de imaginação) do que se casar com aquela dama. A madame me encanta; posso perdoar aquela sirigaita real pelas piores ofensas; posso vibrar e amolecer com o rei naquela ocasião memorável em que ele vai esbravejar e acaba flertando; e, quando se trata do "*Allons, aimez-moi donc*",[11] é o meu coração que derrete no seio de Guiche. Não tanto com Louise. Os leitores não podem ter deixado de notar que o que um autor lhes conta da beleza ou do charme das suas criaturas não tem nenhum efeito; que sabemos muito mais; que a heroína não é capaz de abrir a boca, mas de repente belas frases de apresentação caem em cima dela como as roupas da Cinderela, e ela se apresenta diante de nós tendo traído a si mesma, como uma prostituta pobre, feia e adoentada, ou talvez uma feirante robusta. Os autores, pelo menos, o sabem bem; é muito frequente que uma heroína recorra ao truque de "ficar feia"; e nenhuma doença é mais difícil de curar. Eu disse autores, mas na verdade estava pensando num autor em particular, cuja obra conheço bem, ainda que não a consiga ler, e que passou muitas noites acordado trabalhando por essa causa, sentado ao lado dos seus bonecos doentes e (como um mágico) esgotando sua arte para lhes restituir a juventude e a beleza. Há outros que operam num nível alto demais para essas desgraças. Quem duvida do encanto de Rosalind? Nem Arden era mais bela. Quem alguma vez questionou o charme perene de Rose Jocelyn, Lucy Desborough ou Clara Middleton[12]? Mulheres belas com belos nomes, as filhas de George Meredith. Elizabeth Bennet[13] só tem que abrir a boca para eu cair aos seus pés. Ah, são esses os criadores de mulheres desejáveis. Nunca teriam chafurdado na lama com Dumas e a pobre La Vallière. Meu único consolo é que nenhuma delas, com exceção da primeira, poderia ter puxado o bigode de d'Artagnan.

Ou talvez, de novo, uma parte dos leitores não consiga ultrapassar o umbral. Numa mansão tão vasta, sempre há de ter as escadas dos fundos e os aposentos dos criados, onde ninguém gostaria de se estender; mas é no mínimo lamentável que o vestíbulo seja mal iluminado: e devo confessar que até o décimo sétimo capítulo, quando d'Artagnan vai atrás dos seus amigos, o livro é bem arrastado. Mas daí para a frente, que banquete! O monge raptado; o enriquecimento de d'Artagnan; a morte de Mazarin; a sempre deliciosa aventura de Belle Isle, em que Aramis engana d'Artagnan, e seu epílogo (vol. V, cap. XXVIII.), no qual d'Artagnan recupera a superioridade moral; as aventuras amorosas em Fontainebleau, com a história de St. Aignan sobre a dríade e as coisas com Guiche, de Wardes e Manicamp; Aramis nomeado general dos jesuítas; Aramis na Bastilha; a conversa noturna na floresta de Sénart; Belle Isle de novo, com a morte de Porthos; e por último, mas não menos importante, a domesticação de d'Artagnan, o indomesticável, sob o chicote do jovem rei. Que outro romance tem tal variedade épica e nobreza de acontecimentos? Muitos da ordem do impossível; outros da ordem de uma história árabe; e mesmo assim tudo baseado na natureza humana. Porque, se formos pensar, que romance tem mais natureza humana? Não estudada com o microscópio, mas vista em grande escala, à luz do dia, com o olho natural. Que romance tem mais bom senso e alegria e sagacidade e habilidade literária admirável, incansável? Suponho que boas almas às vezes o tenham que ler na imitação tosca de uma tradução. Mas não há estilo tão intraduzível; leve como *trifle*[14] batido, forte como seda; palavroso como um conto de aldeia; firme como o despacho de um general; com todos os defeitos e ainda assim nunca entediante; sem méritos, mas ainda assim inimitavelmente certo. E, de novo, para terminar os elogios, que romance é inspirado por uma moralidade mais despojada e saudável?

Sim; apesar de Miss Yonge, que me apresentou ao nome de d'Artagnan só para me dissuadir de um conhecimento mais aprofundado do homem, tenho que acrescentar a moral. Não há nenhum livro bom sem uma boa moral; mas o mundo é grande, e assim também são os sistemas de moral. De duas pessoas que mergulharam nas *Mil e uma noites* de sir Richard Burton[15], uma vai se ofender com os detalhes sensuais; a outra, para quem esses detalhes foram inofensivos, talvez até agradáveis, ficará chocada com a canalhice e a crueldade dos personagens. De dois leitores, um terá se aborrecido com a moralidade de uma memória religiosa, o outro com a de *O visconde de Bragelonne*. E a questão é que nenhum tem que estar errado. Vamos sempre chocar uns aos outros, nas artes e na vida; não conseguimos enfiar o sol nos nossos quadros nem o abstrato (se é que existe tal coisa) nos nossos livros; é o bastante se, em *um*, brilhar um pouco da grande luz que nos cega do céu; é o bastante se, no outro, brilhar, mesmo nos detalhes sujos, um espírito de magnanimidade. Eu dificilmente recomendaria *O visconde* para um leitor que estivesse à procura do que podemos chamar de moralidade puritana. O mulato ventripotente, o grande comilão, trabalhador, pai de família e gastador, o homem de riso farto e espirituoso, o homem de grande coração e, ai!, de honestidade duvidosa, é uma figura que ainda não foi bem apresentada ao mundo; ele ainda espera por um retrato sóbrio mas simpático; mas com qualquer arte que se o aborde, e com qualquer indulgência, não será o retrato de um puritano. Dumas certamente não estava pensando em si mesmo, mas em Planchet, quando pôs na boca do velho criado de d'Artagnan esta excelente declaração: "*Monsieur, j'etais une de ces bonnes pâtes d'hommes que*

Dieu a fait pour s'animer pendant un certain temps et pour trouver bonnes toutes choses qui accompagnent leur séjour sur la terre[16]." Ele estava pensando, como eu disse, em Planchet, para quem as palavras são bastante apropriadas; mas elas também eram apropriadas para o criador de Planchet; e talvez isso lhe tenha ocorrido quando estava escrevendo, porque veja o que vem logo depois: "*D'Artagnan s'assit alors près de la fenêtre, et, cette philosophie de Planchet lui ayant paru solide, il y réva*[17]." De um homem que acha todas as coisas boas, dificilmente se pode esperar muito zelo pelas virtudes negativas: só o que é ativo terá charme para ele; a abstinência, por mais sábia, por mais amável que seja, parecerá sempre, para esse juiz, inteiramente mesquinha e em parte ímpia. É a mesma coisa com Dumas. A castidade não é importante para ele; nem mesmo, para o seu prejuízo, aquela virtude da frugalidade que é a carapaça do artista. N'*O visconde*, ele se implicou muito na disputa entre Fouquet e Colbert[18]. A justiça histórica devia estar toda do lado de Colbert, da honestidade oficial e da competência fiscal. E Dumas sabia bem disso: ele o demonstra pelo menos três vezes; é pincelado e aludido uma vez e recebido com o riso do próprio Fouquet, numa controvérsia jocosa nos jardins de Saint-Mandé; é mencionado uma vez por Aramis na floresta de Sénart; no fim, é posto claramente à nossa frente num discurso digno do triunfante Colbert. Mas foi em Fouquet, o perdulário, amante do bom humor, da perspicácia e da arte, rápido promotor de muitos negócios, "*l'homme de bruit, l'homme de plaisir, l'homme qui n'est que parce que les autres sont*[19]", que Dumas viu alguma coisa de si mesmo, e desenhou a figura com mais ternura. Para mim é até tocante ver como ele insiste na honra de Fouquet; sem ver, você deve pensar que a honra imaculada é impossível entre os perdulários; mas antes, talvez, à luz da própria vida, enxergando bem demais e se agarrando ainda mais ao que sobrou. A honra pode sobreviver a uma ferida; pode viver e prosperar sem um membro. O homem se recupera da sua desgraça; ele começa novas fundações nas ruínas das velhas; e, quando a sua espada se quebra, ele se vira valentemente com a adaga. Assim é com Fouquet no livro; assim foi com Dumas no campo de batalha da vida.

Se agarrar ao que quer que tenha sobrado de uma qualidade danificada é uma virtude no homem; mas cantar os seus louvores dificilmente pode ser chamado de moralidade no escritor. E é em outro lugar, é no personagem de d'Artagnan, que devemos procurar esse espírito de moralidade que é um dos maiores méritos dos livros e consiste num dos maiores prazeres da leitura, e o coloca muito acima dos rivais mais populares. Com o passar dos anos, Athos se afundou demais no pregador, e o pregador de um credo insípido; mas d'Artagnan amadureceu e se tornou um homem tão espirituoso, turbulento, gentil e correto que toma o coração de assalto. As virtudes dele não têm nada de livro de etiqueta, a sua civilidade fina e natural não tem nada de sala de visitas; ele brinca com fogo; não é nenhum coroinha – nenhum Wesley[20] nem nenhum Robespierre; sua consciência não tem refinamento algum em relação ao bem e ao mal; mas ele soa como um soberano de verdade[21]. Leitores que abordaram *O visconde* não pelas estradas de terra, mas pela avenida oficial de cinco volumes de *Mosqueteiros* e *Vinte anos depois* hão de se lembrar do truque pouco cavalheiresco e perfeitamente improvável que d'Artagnan aplicou em Milady. Que prazer, que recompensa, que lição agradável, ver o velho capitão se humilhar perante o filho do homem que ele tinha fingido ser! Aqui e em toda parte, se tiver que escolher virtudes para mim e os meus amigos, que sejam as de d'Artagnan. Não estou dizendo que não haja personagem tão bem escrito em Shakespeare; estou dizendo que não há nenhum que eu ame tanto. Há muitos olhos espirituais que parecem espiar as nossas ações – olhos dos mortos e dos ausentes, que imaginamos que nos assistam nos nossos momentos mais íntimos, e que tememos e receamos ofender: nossas testemunhas e juízes. E entre esses, mesmo que me achem infantil, devo contar o meu d'Artagnan – não o d'Artagnan das memórias que Thackeray fingia preferir[22] – uma preferência, tomo a liberdade de dizer, na qual ele está sozinho; não o d'Artagnan de carne e osso, mas o de tinta e papel; não o da Natureza, mas o de Dumas. E é isso o que realmente coroa o artista, esse seu triunfo: não só ser verdadeiro, mas também amável; não só convencer, mas enfeitiçar.

Há ainda outro aspecto que julgo incomparável n'*O visconde*. Não sei de outro trabalho da imaginação em que o fim de uma vida seja representado com tanto tato. Outro dia me perguntaram se Dumas me fazia rir ou chorar. Bom, na minha quinta e última leitura, ri uma vez com o imbróglio do pequeno Coquelin de Volière, o que até me pegou de surpresa; em compensação, me forcei a sustentar um sorriso constante. Quanto às lágrimas, não sei dizer. Se botarem uma pistola na minha garganta, terei que confessar que a história tropeça num degrau bastante vaporoso – a uma distância mensurável da irrealidade; e, para aqueles que gostam de ver os pesos-pesados em ação e as grandes paixões dispostas com autenticidade, isso poderia até parecer inadequado. Não é o meu caso; não posso considerar um jantar pobre, ou um livro pobre, quando é onde encontro aqueles que amo; e, sobretudo nesse último volume, vejo um charme de espírito singular. O livro respira uma tristeza agradável e fresca, sempre corajosa, nunca histérica. A noite cai gradualmente sobre a vida cheia e ruidosa desse longo conto; e as luzes se apagam, e os heróis morrem um por um. Um por um eles vão, e não há nenhum lamento que deixe a sua partida amarga; os jovens os sucedem, Luís XIV aumenta de tamanho e volume, uma outra geração e uma outra França despontam no horizonte; mas, para nós e para esses velhos que amamos por tanto tempo, o fim inevitável está cada vez mais perto e bem-vindo. Ler isso bem é antecipar a experiência. Ah, se pelo menos essas horas de longas sombras caíssem sobre nós na realidade, poderíamos esperar encará-las com uma mente tão tranquila quanto!

Mas o meu papel está acabando; os morteiros disparam em direção à fronteira holandesa; e devo dizer *adieu* pela quinta vez para o meu velho camarada caído no campo da glória. *Adieu* – ou melhor, *au revoir!* Ainda uma sexta vez, meu caríssimo d'Artagnan, raptaremos o monge e cavalgaremos juntos para Belle Isle.

(1887)

15
Uma nota sobre realismo

O estilo é a marca invariável de todo mestre; e, para o estudante que não é tão ambicioso para querer figurar entre os gigantes, continua sendo a única qualidade que pode aprimorar por esforço próprio. Paixão, sabedoria, força criativa, o poder do mistério e do colorido, tudo isso é designado na hora do nascimento e não pode ser aprendido nem simulado. Mas o uso justo e preciso das qualidades que temos, a proporção de uma parte para a outra e para o todo, a supressão do supérfluo, a ênfase no essencial e a preservação de uma uniformidade do começo ao fim – esses elementos, que juntos constituem perfeição técnica, estão, até certo ponto, ao alcance do esforço e da coragem intelectual. O que incluir e o que deixar de fora; se algum fato particular é organicamente necessário ou puramente ornamental; se ornamental, se enfraquece ou obscurece o esquema geral; e, finalmente, se devemos incluir esses fatos particulares às claras ou sob algum disfarce convencional: são questões plásticas que estão sempre ressurgindo. E a esfinge que patrulha os caminhos da arte não tem enigma mais irrespondível para propor.

Na literatura (que é de onde vou tirar os meus exemplos), a maior mudança do século passado se deu pela incorporação do detalhe. Tudo começou com o romântico Scott; e, em certa medida, com o semirromântico Balzac e os seus seguidores mais ou menos arromânticos, até acabar virando um dever do romancista. Por um tempo, o detalhe representou e expressou uma contemplação mais ampla das condições da vida humana, mas mais recentemente (pelo menos na França) caiu num mero virtuosismo decorativo, o que é, talvez, um jeito generoso demais de dizer que sobreviveu. Alerta, o mais sábio ou mais tímido começa a recuar um pouco desses extremos e aspirar a uma articulação narrativa mais sóbria, mais sucinta, digna, poética, e, como meio de atingi-la, a um alívio dessa bagagem de detalhes. Depois de Scott, vimos que a história desnutrida – nas mãos de Voltaire, tão abstrata quanto uma parábola – começou a ser engordada com fatos. A introdução desses detalhes permitiu o desenvolvimento de uma habilidade artesanal específica; e essa habilidade, infantilmente aceita, nos levou às obras que agora nos distraem numa viagem de trem. Um homem com a força inquestionável de *monsieur* Zola desperdiça o seu talento com sucessos técnicos. Para ganhar um sabor popular e atrair a massa, ele adiciona uma provisão constante do que peço a licença de chamar de pútrido. Isso é instigante para o moralista; mas o mais interessante para o artista é essa tendência exagerada do detalhe redundando em meros *feux-de-joie*[1] da trucagem literária quando seguida como princípio. Até o *monsieur* Daudet foi ouvido outro dia balbuciando sobre cores audíveis e sons visíveis.

Esse estranho suicídio de um ramo dos realistas pode servir para nos lembrar do fato que corre por baixo de uma disputa muito empoeirada dos críticos. Toda arte representativa que pode ser chamada de viva é ao mesmo tempo realista e ideal; e o realismo sobre o qual brigamos é uma questão puramente externa. Não é nenhum *cultus* especial da natureza e da veracidade, mas mero capricho de uma moda repentina que nos fez virar as costas para a arte mais ampla, variada e romântica de antigamente. Agora, exatidão fotográfica nos diálogos é a tendência exclusiva; mas mesmo nas mãos mais habilidosas não nos diz mais – acho que nos diz até menos – do que Molière, com seu jeito artificial, nos contou, e para a posteridade, de Alceste e de Orgon, de Dorine e de Chrysale[2]. O romance histórico está esquecido. Ainda assim, a verdade da condição da natureza do homem e a da condição da vida do homem, a verdade da arte literária, são atemporais. Pode nos ser contada numa *carpet comedy*, num romance de aventura ou num conto de fadas. A cena pode se passar em Londres, na costa da Boêmia[3] ou nas longínquas montanhas de Beulá.[4] E, se por algum estranho e luminoso acaso existir uma página de literatura pensada para causar inveja em *monsieur* Zola, deve ser aquela em *Troilo e Créssida* onde Shakespeare, num rompante de raiva desumana contra o mundo, fez um enxerto na história heroica do cerco de Troia.

Vamos deixar bem claro que essa questão do realismo não tem nada a ver com uma verdade fundamental, mas com o método técnico de uma obra de arte. Seja tão ideal ou abstrata quanto quisermos, não será menos verdadeira; mas, se a nossa escrita for tímida, corre o risco de ser tediosa e inexpressiva; se for muita ousada e honesta, temos a chance de realizar uma obra-prima.

Uma obra de arte é concebida primeiro nebulosamente, na cabeça; durante o período de gestação, ela se liberta dessas névoas que a envolvem, ganha contornos expressivos e se torna aquele produto perfeito, mas também, ai!, incomunicável, da mente humana, um projeto aperfeiçoado. Da elaboração à execução, tudo muda. Agora o artista tem que baixar a bola, arregaçar as mangas e se tornar artesão. Agora ele arrisca, com determinação, a sua concepção aérea, a sua delicada Ariel, ao toque da matéria; ele tem que decidir, quase que num piscar de olhos, a escala, o estilo, o espírito e as particularidades da execução do projeto inteiro.

A ideia criadora de algumas obras é estilística; é a preocupação técnica que as sustenta, em vez de um princípio vital mais vigoroso. Nessas obras, a execução não passa de um jogo; porque o problema do estilo já foi resolvido de antemão e qualquer originalidade no tratamento deliberadamente abandonada. Assim são os versos intrincadamente urdidos que aprendemos a admirar, com certa admiração risonha, nas mãos do sr. Lang e do sr. Dobson[5]; são assim também as telas nas quais a destreza, ou mesmo o refinamento do estilo, toma o lugar da nobreza pictórica do projeto. Então é bom que se diga que foi mais fácil começar a escrever *Esmond* que *Feira das vaidades*[6], já que, no primeiro, o estilo foi ditado pela natureza do projeto; e Thackeray, um homem provavelmente dotado de alguma preguiça mental, aproveitou bem e lucrou com essa economia de esforços. Mas é um caso excepcional. Geralmente, nos trabalhos concebidos de dentro para fora e nutridos com generosidade na mente do autor, o momento em que ele começa a executá-lo é de extrema perplexidade e tensão. Artistas indiferentes ou com uma devoção imperfeita ao próprio ideal empreendem essa tarefa ingrata sem titubear; e, tendo encontrado um estilo, o adotam pelo resto da vida. Mas aqueles que pertencem a uma ordem superior não se contentam com um processo que vai degenerar fatalmente em academicismo e tédio à medida que é empregado. Cada novo trabalho em que esses artistas embarcam exige um compromisso renovado de todas as forças mentais; e as mudanças de ponto de vista que acompanham o crescimento da experiência deles é marcado por ainda mais alterações no jeito que fazem arte. É por isso que a crítica adora distinguir e destrinchar os diferentes períodos de um Rafael, de um Shakespeare, de um Beethoven.

É então antes de tudo, nesse momento inicial e decisivo, quando a execução começa, e a partir daí só num grau menor, que o ideal e o real vão brigar de fato, como anjos maus e anjos bons, pela direção do trabalho. Mármore, tinta e linguagem, a caneta, a agulha e o pincel, todos têm as suas vulgaridades, as suas impotências inefáveis, os seus momentos – se é que posso me expressar assim – de insubordinação. O trabalho consiste, assim como grande parte do prazer de qualquer artista, em brigar com essas ferramentas desobedientes, ora com força bruta, ora por meio da astúcia, e guiá-las e seduzi-las para que façam o que ele quer. Dados esses meios tão ridiculamente inadequados e o interesse, a intensidade e a multiplicidade da verdadeira sensação cujo efeito ele vai atingir com a sua ajuda, o artista tem um recurso principal e necessário que ele deve aplicar em toda situação e acima de qualquer teoria. Ele deve suprimir muito e omitir ainda mais. Deve omitir o que é tedioso ou irrelevante e suprimir o que é tedioso e necessário. Mas tais fatos, no que diz respeito ao projeto principal, promovem intenções variadas que ele vai reter ávida e violentamente. E ser urdida exclusivamente assim é a marca da arte criativa mais alta que há. Lá, qualquer fato registrado contrai uma dívida dupla ou tripla e é, a um só tempo, um ornamento e um pilar do projeto principal. Nada teria lugar, em tal quadro, que não servisse imediatamente para completar a composição, acentuar o esquema de cores, distinguir os planos e expressar o sentimento escolhido; e nada seria permitido, em tal história, que não facilitasse o andamento da fábula, ajudasse a construir os personagens e explicitasse o projeto moral ou filosófico. Mas isso é inatingível. Como regra, longe de preparar o tecido das nossas obras exclusivamente desse jeito, estamos muito enganados se achamos que podemos reunir uma dúzia ou um monte deles para ser o filé-mignon da nossa produção. E portanto, para que a tela possa ser preenchida ou a história prossiga sem sobressaltos, outros detalhes devem ser admitidos. Eles devem ser admitidos, infelizmente, como uma posse contestada; muitos deles sem roupa de gala. Assim, qualquer obra de arte muito frequentemente – quase escrevi sempre – perde a força e a pungência do projeto principal à medida que se aproxima da sua compleição. Nosso pouco ar é inundado, apequenado por essa orquestração quase irrelevante; nossa historieta emotiva se afoga num mar profundo de eloquência descritiva ou conversa fiada.

Mas sim, ficamos bem mais tentados a admitir aqueles detalhes que sabemos que podemos descrever; e consequentemente aqueles que, tendo sido descritos muitas vezes, se tornaram convenções na prática da nossa arte. Escolhemos esses detalhes como o construtor escolhe o acanto que vai adornar o seu capitel, porque eles vêm naturalmente para a mão acostumada. Os antigos truques de acabamento e esquemas de composição (todos admiravelmente bons, ou teriam sido esquecidos há muito) nos assombram e nos tentam, nos oferecem soluções prontas mas não perfeitamente apropriadas para qualquer situação, e nos deseducam em relação ao estudo da natureza e da prática inegociável da arte. Lutar, encarar a natureza, achar soluções novas e dar forma a fatos que ainda não foram adequada ou elegantemente expressos é flertar perigosamente com o risco do amor-próprio excessivo. A dificuldade põe um preço alto na sua façanha; e o artista pode cair facilmente no erro dos naturalistas franceses e achar qualquer fato digno de admissão se ele for a base de um trabalho manual brilhante; ou, ainda, no erro do paisagista moderno, que está inclinado a achar que dificuldade superada e ciência bem exposta podem tomar o lugar do que é, afinal de contas, a única justificativa e sopro de vida da arte: o charme. Mais um pouco e ele vai achar que o charme é um sacrifício desnecessário à beleza e a omissão de uma passagem tediosa é uma infidelidade para com a arte.

Temos agora a questão dessa diferença diante de nós. O idealista, olhos fixos no esquema geral, prefere preencher o espaço com detalhes convencionais, pincelados por alto, sobriamente abafados no tom, flertando com o desleixo. Mas o realista, com a sua intemperança admirável, não vai tolerar uma coisa tão sem vida quanto a convenção; ele quer tudo ardente, transposto a quente da natureza, notável e cheio de personalidade, atraindo o olho. Uma vez escolhido, o estilo adequado a esses dois extremos traz consigo as suas deficiências e perigos. O perigo imediato que ronda o realista é sacrificar a beleza e o significado do todo por uma estripulia localizada, ou, na busca frenética por uma conclusão, soterrar o leitor com fatos; mas como último recurso, quando as suas energias estão no fim, ele descarta todo o projeto, renuncia a toda escolha e, com rigor científico, comunica coisas que não vale a pena comunicar. O perigo para o idealista, é claro, é deixar tudo cinza e perder o controle sobre fatos, particularidades ou paixões.

Falamos do bom e do ruim. Tudo, de fato, é bom quando é concebido com honestidade e levado a cabo com ardor comunicativo. Mas ainda que o dogmatismo não seja adequado a nenhum dos lados, e ainda que, em todo caso, o artista deva decidir por si mesmo e decidir de novo e de novo a cada novo trabalho e a cada nova criação, uma coisa pode ser dita em geral; que nós, do último quarto do século XIX, respirando a atmosfera intelectual da nossa época, estamos mais aptos a pecar por excesso de realismo que na busca pelo ideal. De acordo com essa teoria, não é má ideia policiarmos as nossas decisões, sempre refreando a mão ao menor sinal de destreza irrelevante, e estarmos decididos a não começar nenhum trabalho que não seja filosófico, apaixonado, digno, alegre ou, no mínimo do mínimo, romântico na concepção.

(1883)

16 Um humilde protesto[1]

I

Desfrutamos recentemente* de um prazer bastante especial: ouvir, em algum detalhe, as opiniões do sr. Walter Besant[2] e do sr. Henry James sobre a arte que praticam; dois homens de calibre sem dúvida bem distinto: o sr. James tão preciso nos contornos, tão hábil na esquiva, tão escrupuloso no acabamento, e o sr. Besant tão simpático, tão amigável, com uma veia fantasiosa tão persuasiva e humorada. O sr. James, o protótipo do artista consciente; o sr. Besant, a personificação da bondade. Não causará grande surpresa que tais doutores divirjam; mas devo confessar que há um ponto no qual eles concordam que me enche de espanto. Pois ambos gostam de falar sobre a "arte da ficção"; e o sr. Besant, com ousadia excessiva, opõe a chamada "arte da ficção" à "arte da poesia". Por arte da poesia ele não pode querer dizer nada além de arte do verso, uma arte artesanal só comparável à arte da prosa. Porque aquele ardor e pico de emoção sã que convencionamos chamar pelo nome de poesia não

* 1884.

passa de uma qualidade libertina e vagabunda; presente, por vezes, em qualquer arte, mas muitas vezes ausente de todas elas; muito raramente presente no romance em prosa, muito frequentemente ausente na ode e na epopeia. Homero, Wordsworth, Fídias, Hogarth e Salvini[3], todos mexem com ficção; mas suponho que nem Hogarth nem Salvini, para mencionar só esses dois, se encaixem em nenhum nível no escopo da interessante conferência do sr. Besant ou no charmoso ensaio do sr. James. Logo, a arte da ficção encarada como uma definição é, ao mesmo tempo, ampla demais e limitada demais. Permitam que eu sugira uma outra; permitam que sugira que o que o sr. James e o sr. Besant tinham em vista não era nem mais nem menos do que a arte da narrativa.

Mas o sr. Besant só quer falar do "romance inglês moderno", o sustento e ganha-pão do sr. Mudie[4]; e para o autor do romance que mais agrada nesse rol, *All Sorts and Conditions of Men*[5], esse desejo é bastante natural. Posso então imaginar que ele se apressaria a propor duas adições, que seriam estas: a arte da narrativa *ficcional em prosa*.

O fato de que o romance inglês moderno existe não pode ser negado; materialmente, com seus três volumes, entrelinhas grandes e título dourado, é facilmente distinguível de outras formas de literatura; mas, para falar com o mínimo de proveito de qualquer ramo da arte, é preciso construir nossas definições sobre uma base mais sólida do que a encadernação. Por que, então, temos que acrescentar "em prosa"? *A Odisseia* me parece ser o melhor dos romances; *A dama do lago*[6] imediatamente em segundo; e os contos e prólogos de Chaucer devem conter mais da matéria e da arte do romance inglês moderno do que todo o tesouro do sr. Mudie. Quer uma narrativa seja escrita em verso branco ou em estrofe spenseriana[7], nos longos períodos de Gibbon ou nas frases fragmentadas de Charles Reade[8], os princípios da arte narrativa devem ser igualmente observados. A escolha de um estilo nobre e empolado na prosa afeta o problema da narração do mesmo jeito, se não na mesma medida, que a escolha de um verso comedido; pois ambos implicam uma síntese íntima dos acontecimentos, um diálogo de chave mais elevada e uma escolha de palavras mais seleta e imponente. Se você rejeita *Don Juan*, é difícil entender por que incluí *Zanoni*[9] ou (para colocar na mesma categoria obras de qualidades muito diferentes) *A letra escarlate*; e com que critério vai abrir as portas para *O peregrino* e fechá-las para *The Faerie Queene*? Para deixar as coisas mais claras, vou propor aqui uma charada para o sr. Besant. Uma narrativa chamada *Paraíso perdido* foi escrita em verso inglês por um tal de John Milton; o que era então? Foi depois traduzida para a prosa francesa por Chateaubriand; e o que era então? Por último, a tradução francesa foi inteira transformada, por algum compatriota inspirado de George Gilfillan[10] (e meu), num romance inglês; e, em nome da clareza, o que era então?

Mas, de novo, por que acrescentar "ficcional"? O motivo por que sim é óbvio. O motivo por que não, se mais obscuro, não carece de peso. A arte da narrativa, na verdade, é a mesma, quer seja aplicada à seleção e à ilustração de uma série de eventos reais ou de uma série de eventos imaginários. *Vida de Johnson*, de Boswell (uma obra de arte astuta e inimitável) deve o seu sucesso às mesmas manobras técnicas que (digamos) *Tom Jones*[11]: a concepção clara de certos atributos do homem, a escolha e a apresentação de certos incidentes de um grande número disponível e a invenção (sim, invenção) e a preservação de certo tom no diálogo. Em qual deles essas coisas são feitas com mais arte – em qual com mais naturalidade – cada leitor vai julgar de um jeito. O caso de Boswell é, de fato, muito especial, quase um gênero à parte; mas não é só em Boswell, é em toda biografia com um pingo de vida, em toda história em que os eventos e os homens são apresentados no lugar das ideias – em Tácito, em Carlyle, em Michelet[12], em Macaulay – que o romancista vai achar muitos dos seus próprios métodos empregados de forma mais conspícua e hábil. Além disso, vai descobrir que ele, que é livre – que tem o direito de inventar ou roubar um incidente esquecido, que tem o direito, ainda mais precioso, de omitir o que bem entender –, costuma ser derrotado e, mesmo com todas essas vantagens, deixa uma impressão menos forte de realidade e paixão. O sr. James expressa com um fervor cada vez maior a sua opinião sobre a santidade da verdade para o romancista; num exame mais cuidadoso, a verdade fica parecendo uma palavra de propriedades bastante discutíveis, não só no trabalho do romancista mas também no do historiador. Nenhuma arte – para usar a frase ousada do sr. James – pode "competir com a vida" com sucesso; e a arte que procura fazê-lo está condenada a perecer *montibus aviis*[13]. A vida passa diante de nós, infinita em complicações; atravessada pelos meteoros mais variados e surpreendentes; atraente ao mesmo tempo para o olho, para o ouvido, para a mente, a sede da admiração, para o toque, tão excitantemente delicado, e para a barriga, tão imperiosa quando faminta. Ela combina e emprega, na sua manifestação, o método e o material não só de uma única arte, mas de todas elas. A música não passa de um jogo arbitrário com alguns dos acordes majestosos da vida; a pintura não passa de uma sombra do seu esplendor de luz e cor; a literatura não faz mais do que indicar secamente essa riqueza de incidentes, de obrigação moral, de virtude, vício, ação, arrebatamento e agonia que ela transborda. "Competir com a vida", cujo sol não podemos encarar, cujas paixões e doenças nos consomem e nos matam – competir com o sabor do vinho, a beleza da aurora, o ardor do fogo, a amargura da morte e da separação –, eis a ansiada escalada aos céus; são trabalhos para um Hércules de casaca, armado de uma caneta e um dicionário para representar as paixões, armado de um tubo de branco de chumbo de qualidade superior para pintar o retrato do sol insuportável. Nenhuma arte é verdadeira nesse sentido: nenhuma pode "competir com a vida": nem mesmo a história, construída de fatos incontestáveis, mas destituídos de sua vivacidade e pungência; de modo que, mesmo quando lemos sobre o saque a uma cidade ou a queda de um império, nos surpreendemos, e, se o nosso pulso acelera, louvamos com razão o talento do autor. E note, como uma última diferenciação, que essa aceleração do pulso é, quase sempre, puramente agradável; que essas reproduções fantasmagóricas da experiência, mesmo na sua forma mais intensa, causam um prazer inquestionável; enquanto a experiência em si mesma, na arena da vida, pode torturar e matar.

O que é, então, o objeto, qual é o método de uma arte, e qual a fonte do seu poder? O segredo é que nenhuma arte "compete com a vida". O único método do homem, quer ele pense ou crie, é semicerrar os olhos contra o deslumbramento e a confusão da realidade. As artes, como a aritmética e a geometria, desviam os olhos da natureza grosseira, colorida e móvel aos nossos pés e olham, em vez disso, para certa abstração fantasiosa. A geometria vai nos mostrar um círculo, coisa nunca vista na natureza; questionada sobre um círculo verde ou um círculo de ferro, leva a mão à boca. Com as artes é a mesma coisa. A pintura, ao comparar tristemente a luz do sol com o branco de chumbo, renuncia à verdade da cor como já havia renunciado ao relevo e ao movimento; e, em vez de competir com a natureza, organiza uma paleta de cores harmônicas. A literatura, sobretudo na sua forma mais típica, a forma da narrativa, também evita o embate direto e persegue, em vez disso, um objetivo independente e criativo. Na medida em que imita, imita não a vida, mas o discurso: não os fatos do destino humano, mas as ênfases e as supressões com que cada ator humano os conta. A verdadeira arte que lidou com a vida diretamente foi aquela dos primeiros homens que contaram as suas histórias em volta da fogueira selvagem. Nossa arte está ocupada, e deve estar, não tanto com contar histórias verdadeiras, mas com torná-las típicas; não tanto com capturar os contornos de cada fato, mas com reuni-los com um objetivo comum. A confusão de impressões poderosas mas discretas que a vida nos apresenta é substituída por uma série de impressões artificiais muito mais fracas, mas que visam ao mesmo efeito, expressando eloquentemente a mesma ideia, todas em harmonia, como notas consoantes na música ou mudanças de tonalidade num bom quadro. De todos os seus capítulos, de todas as suas páginas, de todas as suas frases, o romance bem escrito ecoa de novo e de novo o seu único pensamento criativo e controlador; todo acontecimento e personagem deve contribuir para isso; o estilo deve ter sido escolhido em uníssono com essa ideia; e, se há em algum lugar uma palavra que não contribui para isso, o livro ficaria mais forte, mais claro e (quase disse) mais completo sem ela. A vida é monstruosa, infinita, ilógica, abrupta e pungente; uma obra de arte, em comparação, é limpa, finita, autossuficiente, racional, fluida e emasculada. A vida se impõe pela energia bruta, como um trovão inarticulado; a arte agarra pelo ouvido, entre os ruídos muito mais altos da experiência, como um som produzido artificialmente por um músico discreto. Uma proposição geométrica não compete com a vida; e uma proposição geométrica é um paralelo justo e iluminador para uma obra de arte. Ambas são razoáveis, ambas são falsas em relação ao fato bruto; ambas são inerentes à natureza, nenhuma a representa. O romance, que é uma obra de arte, existe não por suas semelhanças com a vida, que são forçadas e materiais como um sapato que não tem como prescindir do couro, mas por suas diferenças imensuráveis em relação à vida, que são intencionais e significativas, que são tanto o método quanto o significado da obra.

A vida do homem não é assunto de romances, mas o depósito inexaurível de onde os assuntos são selecionados; legião é o seu nome; e com cada novo assunto – porque aqui devo de novo discordar completamente do sr. James –, o verdadeiro artista vai variar o método e atacar por outro ângulo. O que era um mérito num caso vai ser um defeito em outro; o que fez um livro ser o que foi num caso vai ser impertinente e aborrecido no próximo. Primeiro cada romance, e depois cada tipo de romance, existe por e para si mesmo. Tomemos como exemplo três tipos principais que são bastante distintos: primeiro, o romance de aventura, que apela a certas tendências quase sensuais e um tanto ilógicas no homem; segundo, o romance de personagem, que apela à nossa apreciação intelectual dos pontos fracos do homem e dos seus motivos confusos e inconstantes; e terceiro, o romance dramático, que lida com as mesmas coisas que o teatro sério e apela à nossa natureza emocional e ao nosso julgamento moral.

Comecemos com o romance de aventura. O sr. James se refere, com uma generosidade singular, a um livrinho sobre a busca por um tesouro escondido; mas deixa escapar, a propósito, algumas palavras bastante surpreendentes. Nesse livro, ele sente falta do que chama de "enorme luxo" de poder brigar com o autor. O luxo, para a maioria de nós, é deixar de lado o juízo, ser submerso pela história como por uma onda, e só acordar e começar a distinguir e encontrar falhas quando a obra está lida e o volume posto de lado. Ainda mais notável é o motivo do sr. James. Ele não pode criticar o autor "porque", diz, comparando essa com outra obra, "já fui criança, mas nunca estive numa caçada por um tesouro enterrado". Eis aqui um paradoxo intencional; porque, se nunca esteve numa caçada por um tesouro enterrado, está provado que nunca foi criança. Nunca houve uma criança (fora o sr. James) que não tenha saído à caça de ouro, e sido pirata, e comandante militar, e bandido das montanhas; que não tenha lutado, e sofrido com naufrágios e prisões, e não tenha mergulhado suas mãozinhas em sangue, e galantemente vencido a batalha perdida e protegido triunfalmente a inocência e a beleza. Em outra parte do ensaio, o sr. James protesta, com razão, contra a concepção estreitíssima de experiência: para o artista nato, afirma, "as mais tênues sugestões de vida" são convertidas em revelações; e acho que isso se prova verdadeiro na maioria dos casos em que o artista escreve com mais gosto e estilo sobre as coisas que só desejou fazer do que sobre as que fez. O desejo é um telescópio maravilhoso, e Pisga, o melhor observatório[14]. Ora, embora seja verdade que nem o sr. James nem o autor da obra em questão nunca tenham ido, no sentido carnal, atrás de ouro, é provável que os dois tenham desejado ardentemente e imaginado com carinho os detalhes de uma vida como essa em devaneios juvenis; e o autor, contando com isso, e bem ciente (homem astuto e vulgar!) de que esse tipo de interesse, tendo sido bastante abordado, encontra um caminho acessível e batido para as simpatias do leitor, se dedica a construir e validar esse sonho de menino. Para o menino, o personagem é uma coisa impenetrável; um pirata é uma barba, um par de calças largas e uma porção de pistolas. O autor, por uma questão circunstancial e porque ele mesmo era mais ou menos crescido, admitia, dentro de certos limites, personagens no seu projeto; mas só dentro de certos limites. Se as mesmas marionetes tivessem figurado num outro tipo de esquema, teriam sido desenhadas para um propósito diferente; porque nesse romance elementar de aventura os personagens devem ser apresentados com não mais do que um tipo de qualidade – guerreira e formidável. Assim, quando aparecem insidiosos no engano e fatais no combate, serviram ao seu propósito. O assunto com o qual esse tipo de romance lida é o perigo; o medo, a paixão com a qual brinca despreocupadamente; e os personagens são retratados só na medida em que dão vida ao sentido de perigo e dão a impressão de medo. Acrescentar mais traços, ser mais esperto, atiçar a lebre do interesse moral ou intelectual enquanto perseguimos a raposa do interesse material não é enriquecer, mas aniquilar a história. O leitor estúpido só vai se ofender, e o leitor esperto vai perder o interesse.

Uma diferença do romance de personagem para todos os outros é esta: ele não precisa de uma trama coerente e, por esse motivo, como é o caso de *Gil Blas*[15], é vez ou outra chamado de romance de aventura. Tem como eixo os estados de espírito das pessoas representadas; e esses são incorporados a incidentes, mas os próprios incidentes, sendo tributários, não precisam marchar em progressão; e os personagens podem ser mostrados de forma estática. Podem tanto entrar quanto sair; devem ser consistentes, mas não podem crescer. Aqui, o sr. James reconhecerá a marca de sua própria obra: ele trata, na maior parte do tempo, da estática do personagem, o estuda em repouso ou só levemente animado; e, com o seu instinto artístico delicado e justo de sempre, evita aquelas paixões mais fortes que deformariam as atitudes que ama estudar e transformariam os seus retratados de estados de espírito da vida ordinária em tipos puros e forças brutas dos estados mais emocionais. Em seu recente "The Author of Beltraffio[16]", tão bem concebido, tão ágil e elegantemente escrito, a paixão forte é de fato empregada; mas observe que ela não é exibida. Mesmo na heroína, o efeito da paixão é suprimido; e a grande luta, a verdadeira tragédia, a *scène à faire* passa despercebida por trás dos painéis de uma porta trancada. A deliciosa invenção do jovem visitante é introduzida, conscientemente ou não, com este fim: que o sr. James, fiel ao seu método, possa evitar a cena da paixão. Espero que nenhum leitor me acuse de subestimar essa pequena obra-prima. Só quero dizer que ela pertence a um tipo bem marcado de romance, e que teria sido concebida e tratada de outro modo se pertencesse àquele outro tipo bem marcado de que vou falar agora.

Tenho prazer em chamar o romance dramático por este nome, porque me permite apontar um equívoco estranho e peculiarmente inglês. Às vezes se supõe que o drama é feito de incidentes. Ele é feito de paixão, que dá ao ator a sua oportunidade; e aquela paixão deve aumentar progressivamente, ou o ator seria incapaz, conforme a peça se desenrola, de carregar a audiência de um grau mais baixo a um grau mais alto de interesse e emoção. Uma boa peça séria deve, portanto, se basear numa das *cruces* passionais da vida, em que o dever e a tentação se enfrentam com nobreza; e o mesmo se dá com o que chamo, por essa razão, de romance dramático. Vou usar como exemplo alguns espécimes valiosos, todos do nosso tempo e língua; *Rhoda Fleming*, de Meredith, esse livro maravilhoso e sofrido, há muito fora de catálogo* e caçado nas bancas como se fosse um aldino[17]; *Pair of Blue Eyes*, de Hardy; e dois de Charles Reade,

---

* Não mais, graças a Deus!

Griffith Gaunt e *The Double Marriage*, originalmente chamado *White Lies*[18], e baseado (por um acidente estranhamente feliz para a minha nomenclatura) numa peça de Maquet, parceiro do grande Dumas. Nesse tipo de romance, a porta fechada de "The Author of Beltraffio" deve ser arrombada; a paixão deve entrar em cena e ter a última palavra; a paixão é o elemento central, a trama e a solução, a protagonista e o *deus ex machina* ao mesmo tempo. Os personagens podem entrar no palco do jeito que quiserem: não ligamos; a questão é que, antes de o deixarem, devem ser transfigurados e arrancados de si mesmos pela paixão. Pode ser que faça parte do projeto enchê-los de detalhes; representá-los de corpo inteiro para então admirá-los derreter e mudar na fornalha da emoção. Mas não é uma obrigação; não é necessário um retrato bem-feito; nos contentamos com meros tipos abstratos desde que se emocionem com força e sinceridade. Um romance desse tipo pode até ser excelente, e ainda assim não conter nenhuma figura individual; pode ser excelente porque mostra o funcionamento do coração e a expressão impessoal da paixão; e com um artista do segundo tipo é ainda mais provável que seja excelente, já que a questão foi assim reduzida e toda a força da mente do escritor está voltada só para a paixão. Também a esperteza, que tem lugar de direito no romance de personagem, é barrada nesse teatro mais solene. Um tema amalucado, uma fuga engenhosa, uma reviravolta espirituosa em vez de apaixonada, tudo isso nos ofende como falta de sinceridade. Tudo deve ser claro e direto até o fim. É por isso que, em *Rhoda Fleming*, a srta. Lovel suscita tanto ressentimento no leitor; os seus motivos são muito frágeis e os seus modos são muito ambíguos para o peso e a força do ambiente. Daí a indignação do leitor quando Balzac, depois de ter começado *A duquesa de Langeais*[19] num clima de forte paixão – ainda que algo exaltada –, resolve tudo com o desarranjo do relógio do herói. Tais figuras e incidentes pertencem ao romance de personagem; ficam deslocados na alta sociedade das paixões; quando as paixões são introduzidas na arte em seu grau máximo, não queremos vê-las confusas e lutando impotentes como na vida, mas se elevando acima das circunstâncias como substitutas do destino.

E aqui consigo imaginar o sr. James intervindo com sua lucidez. Ele provavelmente discordaria de muito do que eu disse; e com muito concordaria, algo impaciente. Pode ser a verdade; mas não é o que queria dizer ou escutar. Ele falou do quadro terminado e do seu valor; eu, dos pincéis, da paleta e da luz norte. Expressou as suas opiniões no tom e para os ouvidos da boa sociedade; eu, com as ênfases e as tecnicidades do estudante atrevido. Mas o que está em questão não é só divertir o público, mas oferecer conselhos úteis para o jovem escritor. E o jovem escritor não se beneficiará tanto das imagens simpáticas do que a arte pode aspirar no seu mais alto nível quanto da noção verdadeira do que ela deve ser nos seus termos mais baixos. O melhor que podemos dizer para ele é o seguinte: escolha um tema, seja de personagem, seja de paixão; construa a sua trama com cuidado para que todo incidente seja uma ilustração do tema e cada recurso empregado tenha uma relação próxima de congruência ou contraste; evite subtramas a menos que, como às vezes acontece em Shakespeare, a subtrama seja uma inversão ou um complemento da intriga principal; não deixe que o seu estilo fique abaixo do nível do argumento; não ajuste o tom da conversa pensando em como as pessoas falam nos salões, mas com atenção ao grau de paixão que ela deve expressar; e não admita que você mesmo nem nenhum personagem pronuncie uma frase que não seja parte integrante do assunto da história ou da discussão do problema em causa no decurso do diálogo.

Não se lamente se isso encurtar o livro; vai ser melhor assim; porque acrescentar material irrelevante não é alongar, mas enterrar. Não se importe se perder mil qualidades, contanto que continue a perseguir incansavelmente a que escolheu. Não se preocupe muito se perder o tom da conversa, o detalhe material pungente das maneiras do dia a dia, a reprodução da atmosfera e do ambiente. Esses elementos não são essenciais: um romance pode ser excelente sem ter nenhum deles; uma paixão ou um personagem é muito mais bem representado quanto mais clara for a sua origem nas circunstâncias materiais. Nessa era do particular, se lembre das eras do abstrato, dos grandes livros do passado, dos homens corajosos que viveram antes de Shakespeare e de Balzac. E tenha em mente, como raiz da questão, que o seu romance não é uma transcrição da vida, a ser julgado pela exatidão; mas uma simplificação de algum lado ou ponto da vida, a permanecer ou cair por sua simplicidade significativa. Porque embora o que admiramos nos grandes homens tratando de grandes temas é muitas vezes a sua complexidade, debaixo das aparências a verdade permanece a mesma: o seu método era a simplificação, e a simplicidade, a sua excelência.

II

Desde que o texto acima foi escrito, um outro romancista tem aparecido repetidamente nas listas de teoria: um digno de menção, o sr. W. D. Howells; e ninguém nunca atirou uma lança com convicções mais estreitas. A única coisa que ocupa a sua mente é a própria obra e a dos seus pupilos e mestres; é o escravo por dívida, o fanático da sua escola; sonha com um avanço na arte como o que há na ciência; acha que as coisas do passado estão radicalmente mortas; acha que uma forma pode ser superada:

uma imersão estranha em sua própria história; um esquecimento estranho da história da raça! Entretanto, uma olhada nas obras dele (se as pudesse ver com os olhos ávidos de seus leitores) e grande parte dessa ilusão seria dissipada. Porque, embora defenda todas as pequenas ortodoxias de hoje – nem mais pobres nem menores que as de ontem ou as de amanhã, pobres e pequenas só na medida em que são exclusivas –, a qualidade de vida de muito do que fez tem a feição contrária, diria quase herética. Um homem, tal como o leio, de forte inclinação originalmente romântica – certo brilho de romance ainda existe em muitos dos seus livros e lhes confere distinção. Como que por acidente, foge e se diverte com o excepcional; e é aí que, com frequência, o leitor se diverte – com razão, como eu defendo. Pois há em toda essa ânsia excessiva de ser centralmente humano uma coisa humana central que o sr. Howells está quase sempre tentado a negligenciar: ele mesmo. Um poeta, um artista consumado, um homem apaixonado com as aparências da vida, um leitor astuto da mente tem outras paixões e aspirações além daquelas que adora desenhar. E por que deveria se reprimir e fazer tal reverência para os Lemuel Barkers[20]? O óbvio não é necessariamente o normal; a moda manda e deforma; a maioria se espreme docilmente na forma contemporânea, e assim adquire, para os olhos do verdadeiro observador, só um grau maior de insignificância; e o perigo é que, na tentativa de desenhar um homem normal, o autor desenhe o nada, e escreva o romance da sociedade em vez do romance do homem.

(1884)

17
Um capítulo sobre sonhos

O passado – fingido ou vivido – tem uma só textura, seja ele apresentado em três dimensões ou só testemunhado naquele teatrinho do cérebro que mantemos bem aceso a noite toda, quando as cortinas estão fechadas e a escuridão e o sono reinam imperturbáveis no resto do corpo. Nossas experiências são, à primeira vista, indistinguíveis; uma é vívida, a outra pálida; uma é agradável, enquanto a lembrança da outra é dolorosa; mas qual delas é o que chamamos de verdade e qual é um sonho, não há como provar. A situação do passado é periclitante. Basta que a metafísica resolva dividir um grão de areia em dois e o passado pisa em falso; escorrega para longe de nós. Qualquer família que consegue remontar a quatro gerações já reclama algum título de nobreza perdido, quando não algum castelo ou propriedade: uma reivindicação que não pode ser julgada por nenhum tribunal, mas que afaga a imaginação e é um bálsamo para as horas mortas. A reivindicação de um homem pelo próprio passado é ainda menos válida. Pode ser que surjam, na gaveta secreta de uma velha escrivaninha de ébano (bem ao estilo dos livros de aventura), documentos que restaurem as antigas honras da sua família e restituam à minha certa ilhota nas Índias Ocidentais (não muito longe de São Cristóvão, como a querida tradição sussurrava nos meus ouvidos infantis)[1] que um dia foi nossa e hoje é, injustamente, de outros, e afinal de contas (visto o estado do comércio do açúcar) não vale nada para ninguém. Não estou dizendo que essas reviravoltas são prováveis; mas ninguém pode negar que elas são possíveis; e o passado, por outro lado, está perdido para sempre: nossos velhos tempos e nossos feitos, nossos velhos eus, também, e o próprio mundo no qual essas cenas se desenrolaram, tudo isso reduzido a um resíduo tão vago quanto um sonho da noite passada, a umas imagens descontínuas, a um eco nas câmaras do cérebro. Nenhuma hora, nenhum clima, nenhuma olhadela, não podemos recuperar nada disso; tudo se foi, inconjurável. E, ainda assim, nos imagine privados disso, imagine aquele fiozinho de memória que se arrasta atrás da gente até que o arrancamos do bolso da calça; e em que estado de desamparo ficamos!, porque é só por essas imagens do passado, desenhadas no ar, que nos guiamos e conhecemos a nós mesmos.

Há nestas bandas quem diz ter vivido mais e melhor que seus pares; quando dormem, dizem, estão ainda muito alertas; e, dentre os tesouros da memória que todo mundo escarafuncha por diversão, não põem em segundo plano o que é fruto da colheita dos sonhos. Tenho em mente um tipo desses, cujo caso é talvez incomum o bastante para ser digno de nota. Desde criança, é um sonhador agitado e inquieto. Ao menor sinal de febre, de noite, quando o quarto inchava e encolhia e as suas roupas, penduradas num prego, ficavam ora do tamanho de uma igreja, ora iam se afastando horrivelmente e ficavam horrivelmente pequenininhas, a pobre alma sabia bem o que estava por vir, e lutava com todas as forças contra a aproximação daquele sono que era o começo das aflições. Mas a sua luta se provava inútil; cedo ou tarde a Bruxa da Noite[2] teria controle total sobre ele e iria arrancá-lo do sono na base do estrangulamento e da gritaria. Às vezes os sonhos dele eram banais; às vezes, muito esquisitos; às vezes eram quase amorfos, como quando ele era assombrado, por exemplo, por certo tom de marrom para o qual não dava a menor bola quando estava acordado, mas temia e odiava quando estava sonhando; às vezes, se revestiam de todos os pormenores dos fatos, como quando ele achou que tinha que engolir o mundo inteiro e acordou berrando, horrorizado com a ideia. As duas maiores preocupações da sua existenciazinha – a chateação prática e corriqueira da lição de casa e a perturbação final e fantasiosa do inferno e do Juízo Final – eram misturadas com frequência num mesmo pesadelo abominável. Ele se via na frente do Grande Trono Branco; era chamado para a frente da sala, pobrezinho, para balbuciar algumas palavras das quais o seu destino dependia; a língua dele emperrava, dava um branco, o inferno se abria; e ele acordava agarrado na cortina, o queixo nos joelhos.

Essas experiências eram em geral horríveis; e naquela altura da vida o nosso sonhador teria aberto mão da capacidade de sonhar de muito bom grado. Mas hoje, crescido, os gritos e as contorções físicas o abandonaram, parece que para sempre; suas visões ainda são, na maior parte, miseráveis, mas mais suportáveis; e ele não acorda com sintomas muito piores que o coração acelerado, o couro cabeludo gelado, suor frio, o medo mudo da noite. Seus sonhos, como é apropriado para uma mente mais bem equipada de detalhes, foram ficando mais detalhados e ganharam o ar e a continuidade da vida. À medida que a aparência do mundo começou a dominar a sua atenção, as paisagens passaram a ter papel importante não só nas horas de vigília como também no sono, e ele empreendia jornadas longas e sem sobressaltos a fim de visitar cidades estranhas e lugares lindos deitado na cama. E, o que é mais importante, um estranho gosto que ele tinha por roupas georgianas e tramas ambientadas naquele período da história inglesa começou a ditar os rumos dos seus sonhos; então ele se disfarçava com um tricórnio na cabeça e se ocupava de conspirações jacobitas entre a hora de dormir e o café da manhã. Mais ou menos na mesma época, ele começou a ler nos sonhos – contos, na maior parte, e a maioria no estilo de G. P. R. James[3], mas muito mais vívidos e emocionantes que qualquer livro impresso, causando nele um descontentamento com a literatura que dura até hoje.

E então, quando ele ainda era um estudante, teve um sonho-aventura que não tem a menor pressa de repetir; ou seja, começou a sonhar em sequência, e assim a viver uma vida dupla – uma de dia, outra de noite –, uma que ele tinha todos os motivos do mundo para acreditar que era a verdadeira, outra que não tinha nenhum meio de provar que era falsa. Eu devia ter dito que ele estudava, ou estava tecnicamente estudando, na Universidade de Edimburgo, e que foi assim (é de imaginar) que o conheci[4]. Bom, na sua vida de sonho ele passou um longo dia num anfiteatro cirúrgico, com o coração saindo pela boca e apertando os dentes, assistindo a malformações monstruosas e à destreza odiosa dos cirurgiões. Numa noite enfarruscada e chuvosa, ele surgia na South Bridge[5], tomava a High Street e entrava num alto *land*[6], no topo do qual tencionava se alojar. Durante toda a noite, metido em roupas molhadas, subia e descia as escadas sem parar e, a cada lance, bruxuleava uma lâmpada com refletor. Durante toda a noite roçava em gente solitária descendo as escadas – mendigas, trabalhadores corpulentos enlameados e cansados, pobres espantalhos de homens, pálidas paródias de mulheres –, mas todos sonolentos e cansados como ele, e todos sozinhos, e todos roçando nele ao passar. Finalmente via, de uma janela que dava para o norte, o dia começando a esbranquiçar sobre o estuário, interrompia a subida e tornava a descer, e num segundo estava de novo na rua com suas roupas molhadas, no amanhecer abatido e molhado, marchando para mais um dia de monstruosidades e operações. O tempo passava mais rápido na vida sonhada, sete horas (na medida em que ele consegue supor) para uma; e assim foi, cada vez pior, e a melancolia dessas experiências imaginadas escurecia os dias, e ele ainda não tinha se livrado de suas sombras quando era hora de se deitar para renová-las. Não sei dizer por quanto tempo ele teve que aguentar essa penitência; mas foi o suficiente para deixar uma grande mancha negra na sua memória, o suficiente para fazê-lo, temendo pela sanidade, bater na porta de um certo doutor; onde foi logo restituído às suas faculdades normais com um simples xarope.

O pobre homem nunca mais padeceu de semelhante perturbação; de fato, as noites dele foram, por um tempo, como a de qualquer um, ora vazias, ora coalhadas de sonhos, às vezes encantadores, às vezes horrendos, mas, exceto por uma maior vividez ocasional, nada extraordinários. Só vou comentar uma dessas ocasiões antes de passar para o que fazia do nosso sonhador realmente interessante. Ele se viu no que parecia ser o primeiro andar da sede rústica de uma fazenda de ovelhas. O aposento não mostrava sinais de que alguém houvesse se esforçado muito para deixá-lo agradável: o chão acarpetado, um piano, acho, contra a parede; mas, apesar desses refinamentos todos, não havia a menor dúvida de que ele estava numa charneca, entre montanheses, cercado de urze por milhas. Olhou pela janela e viu um pátio vazio que parecia abandonado. Uma grande e perturbadora quietude pairava sobre o mundo. Não havia sinal dos fazendeiros nem de nenhum animal fora um velho cão de caça marrom e crespo que parecia dormitar contra a parede da casa. Alguma coisa nesse cachorro inquietou o sonhador; era um sentimento difícil de nomear, porque o animal parecia bem normal – e era tão velho e sem graça e empoeirado e decrépito que devia antes de qualquer coisa ter despertado pena; e no entanto o sonhador foi se convencendo de que não se tratava de um cachorro normal, mas de algo infernal. Muitas moscas zonzoneavam no pátio; e o cachorro estendeu imediatamente a pata, apanhou uma mosca na palma aberta, levou-a à boca como um macaco e, olhando de repente para o sonhador na janela, deu uma piscadela para ele. O sonho continuou, não importa como; no que diz respeito a sonhos, foi um bom sonho; mas não tinha nada nele que justificasse aquele cachorro marrom infernal. E o ponto de interesse, para mim, está em parte neste fato: tendo deparado com incidente tão singular, nosso sonhador imperfeito se mostrou incapaz de conduzir a história a um final satisfatório e ficou voltando para os barulhos indescritíveis e os horrores indiscerníveis. Agora seria diferente; ele está mais preparado!

Mas para chegar finalmente ao ponto: esse honesto camarada tinha o costume antigo, o mesmo de seu pai antes dele, de ir para a cama com um volume de contos; mas essas histórias eram invenções irresponsáveis contadas para o prazer do contador, sem considerar a plebe rude ou o resenhista irado: histórias em que uma trama podia ser abandonada ou uma aventura trocada por outra de acordo com os caprichos do contador. Assim, as pessoinhas que administram o teatro interno do homem ainda não tinham recebido um treinamento muito rigoroso; e atuavam como crianças que tivessem invadido um teatro vazio em vez de atores profissionais apresentando uma peça para um teatro abarrotado. Mas logo o nosso sonhador começou a transformar o seu antigo divertimento de contar histórias em (o que se chama de) narrativa; quer dizer, ele começou a escrever e vender as suas histórias. Aqui estava ele, e aqui estavam as pessoinhas que faziam aquela parte do seu trabalho em condições bem diferentes. Agora as histórias têm que ser cortadas e aparadas e parar em pé, correr do começo ao fim e se adequar (na medida do possível) às leis da vida; o prazer, numa palavra, tinha virado negócio; e não só para o sonhador, mas para as pessoinhas do seu teatro. Esses entenderam a mudança tão bem quanto ele. Quando se deitava para dormir, ele não buscava mais divertimento, mas histórias publicáveis e rentáveis; e, depois que ele dormia no camarote, as pessoinhas continuavam o seu número com o mesmo tino comercial. Todas as formas de sonho o abandonaram com exceção de duas: ele ainda lê, ocasionalmente, os livros mais encantadores, e às vezes ainda visita os lugares mais encantadores; e é talvez digno de nota que, a esses mesmos lugares, e a um em particular, ele volta a intervalos de meses e anos, descobrindo novos caminhos de terra, visitando novas paragens, contemplando aquele vale feliz sob novos efeitos de luz do meio do dia, do alvorecer e do pôr do sol. Mas o resto da família de visões se perdeu: a versão incoerente e incompleta dos acontecimentos de ontem, o pesadelo sangue-esguichando-e-fratura-exposta, que dizem ser culpa do queijo quente – esses e seus pares se perderam; e, na maior parte do tempo, acordado ou dormindo, ele se ocupa simplesmente – nele ou em suas pessoinhas – em produzir histórias para o mercado. Esse sonhador (como tantos outros) tem enfrentado certas vicissitudes triviais do destino. Quando o banco começa a mandar cartas e o açougueiro passa a ficar de tocaia no portão, ele põe o cérebro para trabalhar numa história, seu ganha-pão mais imediato; e, olha só!, as pessoinhas se põem imediatamente a buscar soluções, e trabalham com empenho a noite inteira, apresentando para ele fragmentos de histórias no teatro iluminado. Sem medo do medo, agora; o coração acelerado e o couro cabeludo gelado são coisas do passado; aplausos, aplausos crescentes, interesse crescente, regozijo crescente com a própria inteligência (porque o crédito é todo dele), e por último ele acorda com um salto de júbilo e o grito "É isso! É isso!" nos lábios: é com emoções desse tipo que ele assiste a essas peças noturnas, com rompantes desse tipo, como Cláudio na peça, ele interrompe a performance no meio. Com frequência, o despertar é uma decepção: ele dormiu profundamente demais, me parece; a sonolência venceu as suas pessoinhas, que andaram tropeçando e se perdendo nos seus papéis; e a peça, para a mente acordada, é um tecido de absurdos. Mas quantas vezes esses *brownies*[7] insones não fizeram o trabalho direitinho e entregaram, enquanto ele se deliciava sentado folgadamente no seu camarote, histórias melhores do que as que ele conseguiria inventar sozinho.

Aqui vai uma, exatamente como veio. Ele era filho de um homem muito rico e muito mau, dono de vastos hectares e de um temperamento dos piores. O sonhador (o filho) tinha vivido muito tempo no estrangeiro com o intuito de evitar o pai; e quando ele voltou para a Inglaterra, depois de muitos anos, encontrou o pai casado de novo com uma jovem que devia sofrer horrivelmente e se ressentir do jugo dele. Por causa desse casamento (como o sonhador entendeu vagamente), era desejável que pai e filho tivessem uma audiência; mas, tendo os dois orgulho e raiva, nenhum se dignava a visitar o outro. Se encontraram num terreno apropriado: desolado e arenoso à beira-mar; e lá eles brigaram, e o filho, mordido por um insulto intolerável, matou o pai. Ninguém desconfiou de nada; o morto foi encontrado e enterrado, o sonhador herdou a vasta propriedade e se viu sob o mesmo teto da viúva, em quem ninguém tinha pensado. Os dois viviam muito sozinhos, como algumas pessoas fazem depois de um luto, e comiam juntos e compartilhavam as noites longas, e a cada dia ficavam mais amigos; até que de repente ele começou a achar que ela estava bisbilhotando assuntos delicados, que ela tinha se convencido de que ele era culpado, que o espionava e testava com perguntas. Ele se afastou dela como as pessoas se afastam quando se percebem na beira de um precipício; mas a atração era tão forte que ele gravitava de novo e de novo para a velha intimidade, e se assustava de novo e de novo com alguma pergunta sugestiva ou alguma coisa insondável nos olhos dela. Então eles viviam em contradição, uma vida cheia de frases truncadas, olhares provocativos e paixão reprimida; até que um dia ele viu a mulher se esgueirando para fora de casa vestindo um véu e a seguiu até a estação, a seguiu no trem até a costa e pelas dunas até o lugar exato do assassinato. Lá ela começou a remexer o mato alto, ele espionando, de bruços; e de repente ela tinha alguma coisa na mão – não consigo me lembrar o que era, mas era uma prova cabal contra o sonhador – e, ao erguer o objeto para examiná-lo, talvez pelo choque da descoberta, escorregou e ficou pendurada perigosamente na beirada das altas escarpas de areia. Ele não pensou em mais nada senão ficar de pé de um salto e salvá-la; e ali ficaram cara a cara, ela com aquela questão mortal na mão – a própria presença dele na cena era mais uma evidência. Era claro que ela estava prestes a falar, mas era mais do que ele podia suportar – ele podia suportar estar perdido, mas não conversar sobre isso com a sua destruidora; e ele a interrompeu com uma conversa trivial. De braços dados, voltaram juntos para o trem falando de não sei quê, fizeram a jornada de volta no mesmo vagão, se sentaram para jantar juntos e passaram a noite na sala como antes. Mas medo e suspense batucavam no peito do sonhador. "Ela ainda não me denunciou" – seus pensamentos zuniam – "Quando será que vai me denunciar? Será que vai ser amanhã?" E nunca era amanhã, nem no outro dia nem no outro; e a vida voltou a ser como antes, só que ela parecia mais amável do que de costume, e isso, para ele, deixava o fardo da sua expectativa e perplexidade cada dia mais insuportável, de modo que ele definhou como um homem doente. Um dia, abandonou toda e qualquer decência e aproveitou que ela estava no estrangeiro para saquear o seu quarto, onde finalmente encontrou a prova condenatória no meio das joias. Lá ele ficou, segurando essa coisa, que era a sua vida, no oco da mão, maravilhado com o comportamento inconsequente dela: procurar, guardar e ainda assim não usar; e então a porta se abriu, e lá estava ela. Então se encararam mais uma vez, olho no olho, com a evidência entre eles; e mais uma vez ela ergueu para ele um rosto cheio de significado; e mais uma vez ele se esquivou da conversa e a interrompeu. Mas antes de deixar o quarto, que tinha virado de cabeça para baixo, deixou sua sentença de morte onde a tinha encontrado; e nesse momento a cara dela se iluminou. Em seguida ele a ouviu explicando à empregada, com uma mentira engenhosa, por que as coisas dela estavam todas bagunçadas. A natureza humana já não suportava a tensão; e acho que foi na manhã seguinte (ainda que a cronologia nunca seja muito clara no teatro da mente) que ele rompeu o silêncio. Estavam tomando café da manhã num canto da grande sala assoalhada, de poucos móveis e muitas janelas; ela o torturou durante toda a refeição com alusões ardilosas; e tão logo os criados os tinham deixado a sós, ele se levantou de um salto. Ela também ficou de pé, o rosto pálido; e com o rosto pálido o escutou se queixar: por que ela o torturava desse jeito? Ela sabia de tudo, sabia que ele não era seu inimigo; por que ela não o tinha denunciado de uma vez? Por que se comportava assim? Por que o torturava? E mais uma vez, por que o torturava? E quando ele acabou, ela caiu de joelhos e com as mãos estendidas: "Você não entende?", ela gritou. "Eu te amo!"

Nesse ponto, com uma pontada de espanto e deleite mercantil, o sonhador acordou. Seu deleite mercantil durou pouco; porque logo ficou claro que havia elementos nada comercializáveis nesse conto apaixonado; que é o motivo pelo qual ele está contado aqui com tal brevidade. Mas o espanto dele continuou crescendo de qualquer jeito; e acho que o do leitor também vai, se ele ponderar com cuidado. Porque agora ele entende por que eu falo das pessoinhas como de inventores e intérpretes reais. Eles guardaram o seu segredo até o fim. Vou em socorro do sonhador (com excelentes motivos para valorizar a sua franqueza) e dizer que ele não tinha como adivinhar quais eram os motivos da mulher – o ponto de virada de toda narrativa bem construída – até o momento daquela declaração altamente dramática. A história não era dele; era das pessoinhas! E veja bem: não só o segredo foi guardado como a história foi contada de forma muito ardilosa. A conduta de ambos os atores é (segundo o jargão) psicologicamente correta, e a emoção adequadamente progressiva até o clímax, surpreendente. Agora estou acordado, e conheço bem esse ofício; e ainda assim não consigo aperfeiçoá-lo. Estou acordado, e vivo desse negócio; e ainda assim não consegui superar – talvez nem igualar – esse artifício engenhoso (como o de algum velho e experiente carpinteiro do teatro, um d'Ennery ou um Sardou[8]) de apresentar a mesma situação duas vezes, com os dois atores duas vezes cara a cara com a evidência, uma vez na mão dela, uma na dele – e isso na ordem certa, com a menos dramática primeiro. Quanto mais eu penso sobre isso, mais eu tenho vontade de colocar a minha pergunta para o mundo: quem são as pessoinhas? São íntimas do sonhador, sem a menor dúvida; partilham das suas preocupações financeiras e estão de olho na poupança; partilham certamente da sua formação; certamente aprenderam, como ele, a construir um esquema de uma história estruturada e organizar a emoção em ordem progressiva; mas acho que elas têm mais talento; e uma coisa é indiscutível: elas conseguem contar uma história peça por peça, como um seriado, e mantê-lo o tempo todo no escuro sobre onde pretendem chegar. Quem são elas, então? E quem é o sonhador?

Bom, sobre o sonhador eu posso responder, já que não é ninguém menos do que eu – como eu poderia ter contado desde o começo se os críticos não ficassem reclamando do meu uso obstinado da primeira pessoa; e como sou forçado a contar agora, ou não poderia avançar muito mais na minha história. E sobre as pessoinhas, o que posso dizer a não ser que são simplesmente meus *brownies*, abençoados sejam! que fazem metade do meu trabalho enquanto durmo profundamente, e, com toda a cara de coisa feita por humanos, fazem também o resto para mim, quando estou bem acordado e acho estupidamente que faço o trabalho sozinho. Aquela parte feita enquanto estou dormindo é dos *brownies* sem a menor sombra de dúvida; mas aquela que é feita quando estou acordado não é, de jeito nenhum, necessariamente minha, já que tudo aponta para o fato de que os *brownies* têm um dedo até nisso. Essa é uma dúvida que muito atormenta a minha consciência. Eu mesmo – o que chamo de eu, meu ego consciente, o habitante, caso ele não tenha mudado de endereço desde Descartes, da glândula pineal[9], o homem com a consciência e a conta bancária flutuantes, o homem com o chapéu e as botas, e o privilégio de votar e não eleger o seu candidato nas eleições gerais – fico às vezes tentado a achar que ele não é contador de histórias coisa nenhuma, mas uma criatura tão sem imaginação quanto qualquer vendedor de queijo ou quanto qualquer queijo, e um realista atolado até as orelhas na realidade; tanto que, por esse motivo, toda minha ficção publicada deve ter sido obra tão somente de algum *brownie*, de algum familiar[10], algum colaborador oculto que deixo trancado num sótão enquanto recebo os elogios e ele o seu quinhão (a parte que eu não consigo impedi-lo de obter). Sou um excelente conselheiro, quase um servo de Molière; recuo e corto; e visto a coisa toda com as melhores palavras e frases que consigo achar e produzir; seguro a caneta, também; e fico sentado na mesa, que é a pior parte; e, quando está tudo pronto, preparo o manuscrito e pago o registro; de modo que, no geral, tenho algum direito de participar, ainda que não tanto quanto o faço, nos lucros do nosso empreendimento.

Só posso dar um exemplo ou outro de que parte é feita dormindo e que parte é feita acordado e deixar o leitor distribuir os louros a seu critério entre mim e os meus colaboradores; e para fazê-lo, vou pegar primeiro um livro que algumas pessoas tiveram a delicadeza de ler, *O médico e o monstro*. Estava há um tempo tentando escrever uma história sobre esse assunto, achar um corpo, um veículo para aquela sensação forte de duplicidade do homem que por vezes deve invadir e dominar a mente de qualquer criatura pensante. Eu tinha até escrito um, *The Travelling Companion*, que me foi devolvido por um editor com o argumento de que era uma obra genial e indecente, e que eu queimei outro dia com o argumento de que não era uma obra genial, e que *O médico* a tinha superado. Então veio uma daquelas flutuações financeiras a que me referi até agora (com uma modéstia elegante) na terceira pessoa. Fiquei dois dias quebrando a cabeça atrás de uma trama; e na segunda noite eu sonhei com a cena na janela, e depois uma cena dividida em duas, na qual Hyde, perseguido por causa de algum crime, tomava o pó e passava pela transformação na presença de seus perseguidores. Todo o resto foi feito acordado, e conscientemente, ainda que eu ache que dá para identificar nele o estilo dos meus *brownies*. Logo, o significado da história é meu, e existia há um bom tempo no meu jardim de Adônis, e experimentou um corpo depois do outro em vão; de fato, eu faço a maior parte da moralidade, azar! e meus *brownies* não têm os rudimentos do que chamamos de consciência. Meu, também, é o cenário, meus são os personagens. Só me foram dadas três cenas, e a ideia central de uma mudança voluntária se tornando involuntária. Vocês iam achar pouco generoso se, depois de ficar despejando elogios sobre os meus colaboradores invisíveis com tanta generosidade, eu os jogasse de mãos atadas na arena dos críticos? Porque os pós, que tantos censuraram, são, para o meu alívio, coisa dos *brownies*, e não minha. Sobre outro conto, caso o leitor já tenha passado os olhos por ele, devo dizer uma palavra: o pouco defensável conto "Olalla"[11]. Aqui a corte, a mãe, o nicho da mãe, Olalla, o quarto de Olalla, os encontros na escada, a janela quebrada, a feia cena da mordida, tudo isso me foi dado em grande quantidade e em detalhe à medida que eu tentava escrevê-lo; a isso só adicionei o cenário externo (porque nos sonhos eu nunca ultrapassava os limites da corte), o retrato, os personagens de Felipe e do padre, a moral, tal como está, e as últimas páginas, como, ai!, elas são. E eu poderia até dizer que nesse caso a moral em si foi dada para mim; porque ela surgiu imediatamente numa comparação da mãe com a filha, e do truque horrendo do atavismo na primeira. Às vezes um sentido parabólico é ainda mais inegavelmente presente num sonho; às vezes não posso senão supor que os meus *brownies* estiverem macaqueando Bunyan[12], e no entanto de jeito nenhum o que poderia ser chamado de moral num tratado; nunca com estreiteza ética; dando dicas em vez de limitações maiores da vida e aquela espécie de sentido que percebemos no arabesco do tempo e do espaço.

No geral, vai ficar parecendo que meus *brownies* são fantásticos, como as suas histórias, quentes, cheias de paixão e animadas com incidentes emocionantes e pitorescos; e eles não têm nenhum preconceito com o sobrenatural. Mas outro dia me surpreenderam me entretendo com uma história de amor, uma comediazinha primaveril, que eu certamente devia entregar para o autor de *A Chance Acquaintance*, porque ele saberia escrevê-la como ela deve ser escrita, e tenho certeza (apesar de querer tentar) de que eu não consigo. – Mas quem poderia imaginar que um *brownie* meu inventaria uma história para o sr. Howells?

(1888)

18
A filosofia da nomenclatura

> "Quantos CÉSARES e POMPEUS [...] não se tornaram dignos de seus nomes pela mera inspiração deles? e quantos, acrescentava, não há que poderiam ter se saído muitíssimo bem na vida caso seus caracteres e ânimos não tivessem sido totalmente abatidos e NICODEMIZADOS até nada sobrar?"
>
> *TRISTRAM SHANDY*, v. I, cap. XIX[1]

Essas eram as ideias do falecido Walter Shandy, representante comercial com a Turquia[2]. Até onde sei, o sr. Shandy foi o primeiro a apontar com justeza a influência incalculável da nomenclatura sobre toda a vida, e parece ter sido o primeiro a reconhecer a criança, feliz com uma denominação heroica, voando nas asas da fortuna, e a outra, como o marinheiro morto atirado ao mar enrolado na sua rede[3], arrastada pelo mero peso do nome para os abismos do fracasso social. É possível que Salomão estivesse pensando numa teoria desse tipo quando disse que "prefiro o bom nome que o melhor unguento"[4]; e talvez possamos identificar um espírito parecido nos compiladores do catecismo inglês, e o interesse afetuoso com o qual eles se demoram no nome do catecúmeno logo no começo dos trabalhos. Mas, seja como for, acho que ninguém pode me censurar por anexar, de acordo com o desejo expresso de seu filho, o nome do comerciante ao seu sistema, e expor, sem mais delongas, um pequeno resumo da "Filosofia Shandiana da Nomenclatura".

Para começar, então: a influência do nosso nome se faz sentir desde o berço. Eu me lembro do orgulho com que, na escola, saudava Robin Hood, Robert Bruce e *Robert le diable*[5] como meus xarás; e o sentimento amargo de frustração que se abatia sobre o meu coração quando descobria um salteador ou general que não compartilhava comigo nenhum dos meus numerosos *praenomina*[6]. Veja o deleite com que duas crianças descobrem que têm o mesmo nome. São amigas daquele momento em diante; têm um laço mais forte que a troca de castanhas e confeitos. Esse sentimento, eu sei, se dissipa com o tempo. Nossos nomes perdem o frescor e o interesse, se tornam banais e indiferentes. Mas esse, caro leitor, é só um dos tristes efeitos daquelas "sombras do cárcere[7]" que vão se interpondo gradualmente entre nós e a natureza com o passar dos anos; e não constitui nenhum argumento contra a filosofia dos nomes.

Ainda que falhemos em entender o funcionamento da vida após a morte, aquele nome que padrinhos descuidados aplicaram levianamente à infância inconsciente do afilhado está moldando o seu caráter e influenciando, com poder irresistível, todo o curso da sua sorte terrena. Mas o sobrenome, ignorado pelo sr. Shandy, não é nada menos importante como condição para o sucesso. Nomes de família, devemos lembrar, não passam de apelidos herdados; e, se os *sobriquets*[8] eram aplicáveis aos antepassados, é muito provável que também sejam aos descendentes. Você não espera encontrar o sr. M'Phun[9] caladão, ou o sr. M'Lumpha[10] brilhando como professor de dança. Por isso, daqui para a frente, consideraremos os nomes, independentemente de serem os primeiros ou os últimos. E, para começar, veja que vantagem *Cromwell* tem sobre *Pym*[11] – um nome cheio de um imperialismo sonoro, enquanto o outro é ordinário, mesquinho e nada heroico. Quem esperaria eloquência de *Pym* – quem leria poemas de *Pym* – quem se curvaria perante a opinião de *Pym*? Ele podia ter sido dentista, mas nunca deveria ter aspirado a estadista. Só posso imaginar como ele conseguiu. Pym e Habacuque[12] são os primeiros no rol de homens que triunfaram por pura força de seu gênio, a despeito das mais desfavoráveis *denominações*. Mas até eles sofreram; e, se tivessem sido mais bem nomeados, um podia ter sido lorde protetor[13], e o outro dividido os louros com Isaías. Nessa questão, não devemos esquecer que todos os nossos grandes poetas carregaram grandes nomes. Chaucer, Spenser, Shakespeare, Milton, Pope, Wordsworth, Shelley, que constelação de palavras nobres! Nem um único nome comum entre eles. Nenhum Brown, nenhum Jones, nenhum Robinson; são todos nomes que você pararia para ler numa porta. Agora, imaginem se *Pepys*[14] tivesse tentado trepar de algum jeito a cerca da poesia, que mancha essa palavra teria deixado na lista! A coisa era impossível. Primeiro por causa de uma certa consciência natural de que o teriam mantido no nível do seu nome, o teriam impedido de se elevar acima do *padrão pepsiano*, e isso talvez o tenha impedido de tentar escrever versos de uma vez por todas. Depois, os editores teriam se recusado a publicá-lo, e o mundo a lê-lo, com base na simples evidência da denominação fatal. E agora, antes de fechar esta seção, devo dizer uma palavra sobre nomes *trocadilháveis*, nomes que se sustentam sozinhos, que têm um significado e uma vida independentes daquele que o carrega. Esses são os mais cruéis de todos. Um amigo meu anda pela vida curvado e humilhado sob o peso do seu infortúnio; porque é uma coisa horrorosa quando o nome de um homem é uma piada, quando ele não pode ser mencionado sem causar hilaridade, e quando até a insinuação da sua morte é suficiente para provocar o riso em muitos lares.

Chega dos mal nomeados. Vamos examinar os bem nomeados *demais*, que saem com a cabeça pesada da pia batismal, que são batizados numa falsa posição, e se veem começando a vida eclipsados pela fama dos grandes do passado. Um homem chamado William Shakespeare, por exemplo, nunca se atreveria a escrever peças de teatro. Ele é forçado a uma posição demasiado humilde em relação ao autor de *Hamlet*. O seu próprio nome vindo depois é anticlimático demais. "As peças de William Shakespeare?", diz o leitor – "Ah, não! As peças de William Shakespeare Cockerill", e atira o livro longe. Em consonância com essas ideias, o sr. John Milton Hengler, que há não muito tempo nos deleitou nesta cidade abençoada, nunca tentou escrever um épico, mas escolheu um novo caminho e tem se destacado na corda bamba[15]. Um exemplo notável de triunfo sobre essa questão é o do sr. Dante Gabriel Rossetti. À primeira vista, eu o teria aconselhado a imitar a agradável modéstia do cavalheiro supracitado e restringir suas ambições à serragem. Mas o sr. Rossetti triunfou. Ele ousou até traduzir o seu poderoso pai nominal; e o clamor da fama o apoia na sua ousadia.

Caros leitores, daria para escrever sobre esse assunto por um ano inteiro. Uma vida de comparações e pesquisas não seria suficiente para elucidá-lo. Portanto vamos deixá-lo em paz, se lhe agrada. Por magrinhas que sejam estas notas, queria que o grande fundador do sistema estivesse vivo para vê-las. Como ele teria se alegrado e iluminado, como sua eloquência persuasiva teria caído nos ouvidos de Toby[16], e que carta de louvor e simpatia não teria o editor recebido antes do fim do mês! Infelizmente, não era para ser. Walter Shandy morreu e foi devidamente enterrado, e a sua teoria foi esquecida e negligenciada por seus compatriotas. Mas leitor, chegará o dia, espero, em que um governo paternal vai eliminar, como sementes da fraqueza nacional, todos os patronímicos desencorajadores, e os padrinhos e as madrinhas vão defender os interesses do inominado sóbria e seriamente em vez de chegarem esbaforidos ao batismo. Então será redigido um "Guia do Padrinho", na forma de um dicionário de nomes, com seus respectivos vícios e virtudes; e esse livro será espalhado pela terra e estará na mesa de todo aquele que for apto a exercer a função da padrinhidade, até que a nomeação perversa e desregrada tenha sido varrida da face da Terra.

(1871)

19
Aes triplex

As mudanças operadas pela morte são em si tão agudas e definitivas, e tão terríveis e melancólicas em suas consequências, que são uma coisa única na experiência de uma pessoa, e não têm nenhum paralelo sobre a Terra. A morte supera todos os acidentes porque é o último deles. Às vezes se atira de repente sobre as suas vítimas que nem um tugue; às vezes estabelece um cerco clássico e se insinua sobre a cidadela ao longo de muitos anos. E, quando a coisa está feita, há uma grande confusão na vida dos outros, e o alfinete que mantinha muitas amizades subsidiárias unidas é arrancado. Há cadeiras vazias, caminhadas solitárias e camas de solteiro à noite. Ao levar os nossos amigos, a morte não os leva totalmente, mas deixa para trás um resíduo zombeteiro, trágico e intolerável, que deve ser rapidamente escondido. Logo, uma quantidade enorme de avistamentos e costumes espantosos, das pirâmides do Egito às gaiolas suspensas e as árvores de lamentação da Europa medieval[1]. Os mais pobres vão para a tumba com uma espécie de cortejo; as lápides são erguidas sobre os menos memoráveis; e, para salvaguardar alguma manifestação de respeito para com o que resta dos nossos velhos amores e amizades, devemos acompanhá-lo com um cerimonial lugubremente ridículo, enquanto o coveiro desfila diante da porta. Tudo isso, e muito mais do mesmo, acompanhado pela eloquência dos poetas, contribuiu muito para induzir a humanidade ao erro; não, em muitas filosofias o erro foi incorporado e estabelecido de acordo com a lógica; apesar de que na vida real a agitação e a rapidez, deixando pouco tempo para as pessoas pensarem, não lhes deixaram tempo suficiente para se equivocarem perigosamente demais na prática.

Na verdade, embora poucas coisas sejam ditas com sussurros mais temerosos do que a perspectiva da morte, poucas têm maior influência sobre o nosso comportamento em circunstâncias saudáveis. Todos ouvimos falar de cidades construídas, na América do Sul, nas encostas de montanhas ardendo em fogo, e como, mesmo nesse lugar terrível, os habitantes não se impressionam nem um pouquinho mais com a solenidade dessa condição mortal do que se estivessem passeando nos jardins mais verdes da Inglaterra. Há muitas serenatas e jantares e muita galanteria debaixo das murtas; enquanto isso, os alicerces estremecem debaixo dos pés, as entranhas da montanha roncam e, a qualquer momento, ruína viva pode saltar para o céu enluarado e transformar homem e folia em pó. Aos olhos dos muitos jovens e dos velhos muito aborrecidos, tem alguma coisa indescritivelmente imprudente e desesperada nesse cenário. Não parece crível que gente casada e respeitável, proprietária de guarda-chuva, tenha apetite para jantar tão perto de um vulcão; a vida cotidiana começa a cheirar a deboche desenfreado quando se desenrola tão perto de uma catástrofe; e me parece que nem mesmo queijo e salada poderiam ser saboreados em tais circunstâncias sem que isso fosse um desafio ao Criador. Não deveria ser um lugar para ninguém fora eremitas vivendo de oração e abstinência, ou demônios de nascença mandando os cuidados para as cucuias numa esbórnia eterna.

E, no entanto, quando paramos para pensar com calma, a situação desses cidadãos sul-americanos pinta um quadro muito pálido do estado geral da humanidade. O próprio mundo, viajando cego e rápido no espaço superlotado, entre milhões de outros mundos viajando cegos e rápidos em direções contrárias, pode muito bem receber uma pancada que o faria explodir como um estalinho de um centavo. E o que é, de um ponto de vista patológico, o corpo humano, com todos os seus órgãos, senão um saco cheio de petardos? O menor deles é tão perigoso para a economia quanto o paiol para o navio; e a cada respiração que respiramos e a cada refeição que fazemos, estamos pondo em perigo um ou mais deles. Se nos agarrássemos à ideia abstrata de vida com tanto fervor quanto os filósofos supõem, ou se tivéssemos metade do medo que fazem crer que temos, do acidente subversivo que acaba com tudo, as trombetas poderiam soar por horas e ninguém às seguiria para a batalha – a Papa[2] poderia ser içada no mastro, mas quem embarcaria num navio prestes a sair? Pensem (se esses filósofos tivessem razão) com que coragem deveríamos enfrentar o perigo cotidiano da mesa de jantar: um lugar mais mortífero do que qualquer campo de batalha da história; onde a maior parte dos nossos antepassados deixou miseravelmente os ossos! Que mulher seria atraída para o casamento, tão mais perigoso que o mar mais bravio? E como seria envelhecer? Porque, depois de uma certa distância, a cada passo que damos na vida o gelo fica mais fino sob os nossos pés, e à nossa volta e atrás de nós vemos os nossos contemporâneos atravessando a superfície. Quando um homem chega aos setenta anos, a sua existência contínua é mero milagre; e, quando deposita os velhos ossos na cama para passar a noite, há uma grande chance de nunca mais ver o dia. Os velhos não se importam de fato com isso? Não. Nunca foram tão felizes; bebem o seu grogue à noite e contam as histórias mais picantes; ouvem falar da morte de pessoas da sua idade, ou mesmo mais novas, não como se fosse um aviso sinistro, mas com um simples prazer infantil por terem sobrevivido a alguém; e quando uma corrente de ar os pode apagar como uma vela gotejante, ou um tropeção os pode estilhaçar como vidro, os velhos corações se mantêm sadios e destemidos, e eles continuam a rir às gargalhadas, pelos anos da idade do homem, em comparação aos quais o vale de Balaclava[3] era tão seguro e pacífico quanto um campo de críquete de aldeia num domingo. É possível questionar (se olharmos só para o perigo) se foi uma façanha muito mais ousada para Cúrcio mergulhar no abismo[4] do que para qualquer velho cavalheiro de noventa anos tirar a roupa e escalar a cama.

A despreocupação e a alegria com que a humanidade avança pelo Vale da Sombra da Morte são realmente um assunto digno de nota. O caminho é um deserto cheio de armadilhas, e no fim, para aqueles que temem o golpe final, a ruína inevitável. E no entanto vamos rodopiando, como numa festa do dérbi. Talvez o leitor se lembre de um dos artifícios humorísticos do endeusado Calígula: como encorajou um grande contingente de veranistas a atravessar a sua ponte sobre a baía de Baiae[5]; e, quando estavam no auge da diversão, soltou em cima deles a Guarda Pretoriana, que os atirou ao mar. Essa não é uma má miniatura das relações da natureza com a raça transitória do homem. Mas que piquenique inconsistente temos aqui, mesmo enquanto dura! E em que grandes águas, que não podem ser cruzadas por nenhum nadador, o pálido pretoriano de Deus nos atira no final!

Vivemos o tempo que um fósforo oscila; sacamos a rolha de uma garrafa de cerveja de gengibre; e o terremoto nos engole no mesmo instante. Não é estranho, não é incongruente, não é, no sentido mais elevado da linguagem humana, incrível, que admiremos tanto a cerveja de gengibre e menosprezemos tanto o terremoto devorador? O amor à Vida e o medo da Morte são duas das frases famosas mais difíceis de entender quanto mais pensamos sobre elas. É um fato bem conhecido que a imensa maioria dos acidentes de barco nunca aconteceria se as pessoas segurassem bem a escota em vez de amarrá-la; e sim, a menos que seja um marinheiro profissional caxias ou um civil com os nervos em frangalhos, todas as criaturas de Deus a deixam amarrada. Um exemplo estranho da despreocupação e da ousadia descarada do homem diante da morte!

Fazemos confusão com frases metafísicas, que importamos para a conversa diária com nobre inadequação. Não temos ideia nenhuma do que seja a morte, para além das suas circunstâncias e de algumas das suas consequências para os outros; e, embora tenhamos certa experiência de vida, não há um homem na Terra que tenha voado tão alto na abstração a ponto de ter qualquer palpite prático sobre o significado da palavra "vida". Toda a literatura, de Jó e Omar Khayyam a Thomas Carlyle e Walt Whitman, não é mais do que uma tentativa de olhar para a condição humana com uma amplitude de visão que nos permita passar da constatação de viver à Definição da Vida, e os nossos sábios nos dão a melhor resposta ao alcance quando dizem que é um vapor, ou um espetáculo, ou feita da mesma matéria que os sonhos[6]. A filosofia, no seu sentido mais estrito, tem feito o mesmo trabalho há séculos; e depois de uma miríade de carecas se terem debruçado sobre o problema, e pilhas de palavras terem sido amontoadas umas sobre as outras em infinitos volumes turvos e secos, a filosofia tem a honra de pôr diante de nós, com orgulho modesto, a sua contribuição ao assunto: que a vida é uma Possibilidade Permanente de Sensação[7]. Um resultado e tanto! Um homem pode muito bem amar carne de vaca, ou caçar, ou uma mulher; mas com certeza não uma Possibilidade Permanente de Sensação! Ele pode ter medo de um precipício ou de um dentista, ou de um inimigo grande com um porrete, ou até de um coveiro; mas com certeza não tem medo da morte abstrata. Podemos brincar com a palavra "vida" em suas dezenas de sentidos até cansar; podemos discutir usando os termos de todas as filosofias da Terra, mas tem um fato que permanece verdadeiro – que não amamos a vida, no sentido de estarmos muito preocupados com a sua conservação; que não amamos, propriamente, a vida, mas viver.

Até nas opiniões do menos cuidadoso haverá algum grau de providência; ninguém está o tempo todo de olho na hora que passa; mas, ainda que tenhamos alguma expectativa de boa saúde, bom tempo, vinho, trabalho ativo, amor e autoaprovação, a soma dessas expectativas não equivale a nada como uma visão geral das possibilidades e questões da vida; nem aqueles que mais as valorizam, os mais escrupulosos quanto à segurança pessoal. Estar profundamente interessado nos acidentes da nossa existência, apreciar intensamente a textura mista da experiência humana, leva um homem a ignorar as precauções e arriscar o pescoço por nada. Porque o amor à vida é certamente mais forte num alpinista pendurado sobre o abismo, ou num caçador cavalgando desembestadamente em direção a uma cerca, do que numa criatura que vive de dieta e anda distâncias calculadas para se manter em forma.

Fala-se um monte de besteira dos dois lados da questão: sacerdotes ferozes que reduzem a vida às dimensões de um mero cortejo fúnebre, tão curto que mal chega a ser decente; e incréus melancólicos que anseiam pelo túmulo como se fosse um mundo demasiado distante. Os dois lados devem se envergonhar um pouco do seu desempenho quando se sentam para jantar. Mas, de fato, uma boa refeição e uma garrafa de vinho são uma resposta para a maioria dos trabalhos sobre o assunto. Quando a comida aquece o coração de um homem, ele deixa de lado os sofismas e se eleva para uma zona rosada de contemplação. A morte pode estar batendo à porta, como a estátua do Comendador[8]; graças a Deus temos outras alternativas e a deixamos bater. Os sinos que anunciam a morte estão soando mundo afora[9]. Mundo afora, e a cada hora, alguém se despede das suas dores e dos seus êxtases. A armadilha também está armada para nós. Mas gostamos tanto da vida que não temos tempo para alimentar o terror da morte. Conosco, é lua de mel até o fim, e nem das mais longas. Não teremos muita culpa se dermos todo o nosso coração a essa nossa noiva brilhante, aos apetites, à honra, à curiosidade faminta da mente, ao prazer dos olhos na natureza e ao orgulho dos nossos corpos ágeis.

Todos apreciamos as sensações; mas quanto a nos preocuparmos com a Permanência da Possibilidade, a cabeça do homem já está muito careca e os sentidos muito embotados para isso. Quer pensemos na vida como uma rua que conduz a uma parede nua – um mero fundo de saco, como dizem os franceses –, quer pensemos nela como um vestibular ou um ginásio, onde esperamos a nossa vez e preparamos as nossas faculdades para um destino mais nobre; quer trovejemos num púlpito quer choraminguemos em livrinhos ateus de poesia sobre a sua imodéstia e brevidade; quer esperemos, com razão, anos de saúde e vigor quer estejamos prestes a montar numa cadeira de Bath[10] como num degrau para o rabecão; em todas e em cada uma dessas visões e situações, só há uma conclusão possível: que devemos tapar os ouvidos contra o terror paralisante e correr a corrida que nos está destinada com determinação. É claro que ninguém poderia ter recuado da ideia da morte com mais dor no coração e terror do que o nosso respeitado lexicógrafo; e mesmo assim sabemos quão pouco isso afetou a sua conduta, com que sabedoria e coragem andou, e com que frescor e vivacidade falou da vida. Já um homem velho, se aventurou na excursão pelas Highlands[11]; e o seu coração, amarrado com latão triplo[12], não vacilou diante de 27 xícaras de chá. Tal como a inteligência e a coragem são as duas qualidades que mais merecem o cultivo de um homem bom, a primeira parte da inteligência é reconhecer o nosso estado precário na vida, e a primeira parte da coragem é não se deixar abater perante esse fato. Uma postura franca e um tanto precipitada, sem ficar olhando para a frente com ansiedade demais, sem se demorar em arrependimentos sentimentais sobre o passado, marca o homem que está bem equipado para este mundo.

E não só bem equipado para si, mas um bom amigo e um bom cidadão para completar. Não recorremos a covardes para assuntos delicados; não há nada tão cruel quanto o pânico; o homem que menos teme pela própria pele tem mais tempo para pensar na dos outros. Aquele químico eminente, que usava sapatos de lata nas suas caminhadas no estrangeiro e subsistia exclusivamente de leite morno, despendia uma energia enorme tratando da própria digestão[13]. Tão logo a prudência começa a crescer no cérebro, como um fungo sinistro, ela se expressa primeiro numa paralisia dos atos generosos. A vítima passa a encolher espiritualmente; desenvolve uma queda por cômodos de temperatura controlada e baseia a sua moralidade em sapatos de lata e leite morno. O cuidado com um corpo ou com uma alma importante se torna tão cansativo que os ruídos do mundo exterior começam a entrar finos e fracos no cômodo de temperatura controlada; e os sapatos de lata avançam do mesmo jeito sobre sangue ou chuva. Ser prudente demais é se ossificar; e o escrupuloso acaba ficando paralisado. Mas aquele que mostra os sentimentos, e tem um cérebro flexível como um bom catavento, que encara a própria vida como uma coisa a ser usada com ousadia e alegremente posta em risco, conhece o mundo de outro jeito, mantém as suas opiniões verdadeiras e velozes e ganha ímpeto à medida que corre, até que, se estiver correndo na direção de alguma coisa melhor que uma queimada, pode subir e virar uma constelação no fim. Senhor, cuida da saúde dele, Senhor, cuida da alma dele, ele diz; e ele tem a chave da situação, e atravessa a incongruência e o perigo em direção ao seu objetivo. A morte está por todos os lados, com suas baterias apontadas para ele, como está à volta de todos nós; surpresas funestas o envolvem; amigos recatados e conhecidos levantam as mãos num pequeno sínodo elegíaco sobre o seu caminho: e que lhe importa tudo isso? Sendo um verdadeiro amante da vida, um sujeito com alguma coisa de impulsiva e espontânea dentro de si, deve, como qualquer outro soldado em qualquer outra guerra mortal, avançar no seu melhor ritmo até tocar a baliza. "Um título de nobreza ou a Abadia de Westminster!", berrou Nelson[14] à sua maneira alegre, juvenil e heroica. Ambos são excelentes incentivos; não por qualquer um deles, mas pela pura satisfação de viver, de se ocupar dos próprios assuntos dessa ou daquela maneira; os homens corajosos e úteis de todas as nações pisoteiam a urtiga do perigo e passam por cima dos obstáculos da prudência. Pense no heroísmo de Johnson, pense naquela soberba indiferença às limitações mortais que o lançaram ao seu dicionário e o acompanharam triunfalmente até o final! Quem é que, tendo uma atitude sensata em relação às coisas em geral, se lançaria num trabalho muito mais significativo do que um postal de meio pêni? Quem planejaria um romance serial depois de Thackeray e Dickens terem desistido no meio do caminho[15]? Quem teria coragem de começar a viver se ficasse pensando na morte?

E, no fim das contas, que discussão lastimável e triste é esta? Renunciar a tudo que a vida oferece em troca de um cômodo de temperatura controlada – é igual a morrer cem vezes durante dez anos seguidos! Igual a morrer em vida, e sem as tristes imunidades da morte! Igual a morrer, e ainda ser o espectador paciente da própria transformação lamentável! A Possibilidade Permanente é preservada, mas as sensações são cuidadosamente mantidas a distância, como se estivessem numa placa fotográfica numa câmara escura. É melhor perder a saúde como um perdulário do que desperdiçá-la como um avarento. Melhor viver e acabar logo com isso que morrer diariamente no quarto dos doentes. Por favor, comecem o seu manuscrito; mesmo que o médico não te dê um ano, mesmo que ele hesite em te dar um mês, faça um esforço corajoso e veja o que pode ser feito numa semana. Não podemos pôr os nossos esforços só em trabalhos acabados. Um espírito que sobrevive ao fim mais inoportuno brota do ser humano que quer atuar. Todos os que quiseram fazer um bom trabalho com todo o seu coração, fizeram um bom trabalho, embora possam morrer antes de terem tempo de assiná-lo. Cada coração que bateu forte e alegremente deixou atrás de si um impulso de esperança no mundo, e melhorou a tradição da humanidade. E mesmo que a morte apanhe as pessoas, como uma armadilha aberta, e no meio do caminho, traçando projetos amplos e planejando bases monstruosas, coradas de esperança e com as bocas cheias de linguagem arrogante, elas devem ser imediatamente derrubadas e silenciadas: não há algo de corajoso e espirituoso em semelhante fim? E a vida não corre com mais graça espumando de corpo inteiro sobre um precipício do que se arrastando miseravelmente até o fim em deltas arenosos?

Quando os gregos diziam que aqueles a quem os deuses amam morrem jovens[16], não posso deixar de acreditar que também tinham em mente esse tipo de morte. Porque, sem dúvida, qualquer que seja a idade em que o homem se apodere dela, isso é morrer jovem. A morte não foi capaz de tirar nem mesmo uma ilusão do seu coração. No calor da vida, na ponta dos pés, no ponto mais alto do ser, ele passa para o outro lado num átimo. O ruído do martelo e do cinzel mal se extinguiu, as trombetas mal acabaram de soprar, quando, arrastando consigo nuvens de glórias[17], esse espírito de estrelas alegres e de sangue puro dispara para a terra espiritual.

(1878)

20
A filosofia dos guarda-chuvas*

É incrível pensar como a nossa Sociedade mudou pelo fato de vivermos sob o signo de Aquário – pelo nosso clima ser essencialmente úmido. Mera distinção arbitrária, como as bengalas-espada d'antanho, poderia ter sobrevivido como um símbolo de prudência e respeitabilidade se os nevoeiros e as chuvaradas da nossa ilha não tivessem empurrado a Sociedade para outro expoente dessas virtudes. Uma fita da Legião de Honra ou um peito cheio de medalhas podem provar a coragem de alguém; um título pode provar a sua linhagem; uma cátedra, os seus estudos e formação; mas o selo de Respeitabilidade é o hábito de carregar o guarda-chuva. O guarda-chuva se tornou um índice reconhecido de posição social.

Robinson Crusoé oferece um exemplo comovente da ânsia por guarda-chuvas presente na mente civilizada e educada. Para uma pessoa superficial, o sol forte de Juan Fernández seria o su-

---

* Este ensaio foi escrito com James Walter Ferrier, e se ele for reimpresso isso deve ser dito, apesar de sua principal colaboração ter sido se recostar numa poltrona e rir.

ficiente para explicar esse capricho tão pitoresco; mas uma pessoa que suportou o trabalho duro de marinheiro sob os trópicos por todos esses anos certamente poderia ter tolerado uma expedição em busca de cabras ou um passeio pacato de braços dados com o desnudo Sexta-Feira. Não, não era isso: a memória de uma respeitabilidade perdida exigia alguma manifestação externa, e o resultado foi um guarda-chuva. Um náufrago devoto talvez tivesse improvisado um campanário para confortar as suas manhãs de domingo com uma imitação dos sinos da igreja; mas Crusoé estava mais para moralista que devoto, e o seu guarda-chuva-folha é um bom exemplo da mente civilizada se esforçando para se expressar nas circunstâncias mais adversas jamais vistas.

Também não é por acaso que o guarda-chuva se tornou o emblema principal da civilização moderna – o Urim e o Tumim[1] da respeitabilidade. Seu simbolismo prenhe cresceu da maneira mais natural. Pare um pouco e pense que tipo de homem começou a usar guarda-chuva quando ele foi introduzido neste país, e que tipo aderiu à inútil mas ornamental bengala. O primeiro, sem dúvida, seria o hipocondríaco, por preocupação com a saúde, e o frugal, por preocupação com as roupas; o segundo, também é evidente, incluiria o janota, o tolo e o Babacão[2]. Qualquer um que esteja familiarizado com o crescimento da Sociedade, e que saiba que é de pequenas sementes que se fazem as grandes revoluções e condições de convívio totalmente novas são criadas, consegue ver, a partir desta simples reflexão, como o ato de carregar um guarda-chuva veio a denotar frugalidade, cuidado criterioso com o bem-estar do corpo e desprezo pela simples ornamentação, e, numa palavra, todas aquelas virtudes domésticas e sólidas implícitas no termo “Respeitabilidade”. Não que o alto preço do guarda-chuva não tenha nada a ver com a sua grande influência. Sua posse, além de simbolizar (como já apontamos) a mudança do selvagem Esaú para o modesto Jacó vivendo numa tenda, implica certa provisão confortável de fundos. Não é todo mundo que pode expor uma propriedade de 26 xelins a tantos riscos de perda e furto. A nossa convicção nesse sentido é tão forte que estamos inclinados a achar que qualquer um que possua um guarda-chuva bem cuidado é digno do direito ao voto. Eles têm uma qualificação no vestíbulo de casa; carregam um compromisso indiscutível com o bem comum debaixo do braço. Uma pessoa que carrega um guarda-chuva – uma estrutura tão complicada de barbatana de baleia, seda e bambu – é necessariamente um homem de paz. Uma bengala de meia coroa pode ser aplicada na cabeça de um desafeto em face duma provocação leve; mas uma seda de 26 xelins é uma posse preciosa demais para arriscar no calor da batalha.

Esses são só alguns exemplos de como os guarda-chuvas (em geral) atingiram o prestígio de que gozam hoje em dia. Mas o verdadeiro Filósofo do Guarda-Chuva topa com usos ainda mais estranhos quando anda pelas ruas.

Guarda-chuvas, como rostos, criam certa afinidade com os indivíduos que os carregam: na verdade é muito mais provável que eles traiam a confiança do seu dono; porque enquanto um rosto nos é dado pronto, e tudo o que podemos fazer é franzir o cenho e rir e fazer caretas pelas primeiras três ou quatro décadas da vida, cada guarda-chuva é escolhido no meio de um monte de guarda-chuvas, uma loja inteira, como sendo o que tem mais a ver com o temperamento do comprador. O Filósofo do Guarda-Chuva experiente detém um poder de diagnóstico incontestável. Ó vocês que ceceiam e gingam, e transfiguram a aparência dos seus rostos[3] – vocês que escondem tudo isso, quão pouco desconfiam terem deixado uma prova da sua fraqueza no nosso porta-guarda-chuva – que até agora, ao sacudir as dobras para encontrar a neve espessa, lemos na empunhadura de marfim o sinal escancarado do seu esnobismo, ou no guingão exposto da sua capa detectamos, através do paletó e do colete, a hipocrisia oculta do colarinho destacável! Mas, ai!, nem o guarda-chuva é um critério certeiro. A falsidade e a tolice da raça humana degradaram esse símbolo gracioso até o limite da desonestidade; e enquanto certos guarda-chuvas, por causa de uma falta de cuidado na escolha, não são marcadamente característicos (pois é só no que o homem ama que ele mostra a sua verdadeira natureza), outros, por certa prudência, são escolhidos de forma diretamente oposta ao temperamento da pessoa. Um guarda-chuva loroteiro é sinal de grande degradação moral. A hipocrisia se abriga naturalmente sob a seda; como quando a juventude saidinha vai visitar os amigos religiosos armada com um guingão decente e respeitável. Sobre esses portadores de guarda-chuvas inapropriados, não se poderia dizer que vagam pelas ruas "com uma mentira na mão direita"[4]?

Os reis do Sião, como aprendemos nos livros, além de terem um guarda-chuva para cada ocasião (o que era uma coisa boa), não deixavam a maior parte de seus súditos terem nenhum (o que era decerto uma coisa ruim). Pobre daquele que acha que esse legislador oriental era um idiota – a ideia de uma aristocracia dos guarda-chuvas é filosófica demais para ter sido concebida por um qualquer – e por isso empreendemos um esforço enorme para descobrir o motivo dessa restrição severa. Acho que tivemos sucesso; mas, ao passo que admiramos o objetivo dele, e enquanto reconhecemos cordialmente no potentado siamês o único homem antes de nós que tinha entendido o guarda-chuva de verdade, devemos apontar o quão pouco filosoficamente o grande homem agiu nessa questão em particular. Seu objetivo era, simplesmente, impedir que pessoas pouco merecedoras empunhassem o símbolo sagrado das virtudes domésticas. Não podemos desculpá-lo por limitar essas virtudes ao círculo da corte. Devemos só lembrar que esse era o espírito da época em que ele viveu. O liberalismo ainda não tinha provocado o grito de guerra das classes trabalhadoras. Mas o seu erro foi o seguinte: a regulação era desnecessária.

Com a exceção de alguns poucos casos de hipocrisia conjugada a um intelecto poderoso, os homens que não são guarda-chuveiros por natureza e tentaram sê-lo de novo e de novo por meio da astúcia falharam mesmo assim – gastaram o seu patrimônio comprando guarda-chuva atrás de guarda-chuva, e ainda assim os perderam, e finalmente se resignaram, com o espírito contrito e a carteira magra, a desistir de sua luta inútil e recorrer ao furto e ao empréstimo pelo resto da vida. Esse é o fato mais notável de que tomamos conhecimento, e, apesar disso, desafiamos o leitor sincero a pô-lo em dúvida. Ora, já que não há como ter nenhuma seleção moral num mero pedaço de mobília morta – assim como não se pode supor que o guarda-chuva nutra afinidade igual e recíproca à que um homem específico nutre em relação a um guarda-chuva específico –, nos demos o trabalho de consultar um amigo científico para saber se tinha alguma explicação material possível para o fenômeno. Ele não foi capaz de fornecer uma teoria plausível, ou mesmo uma hipótese; mas extraímos da sua carta este trecho interessante sobre as peculiaridades físicas dos guarda-chuvas:

> Não menos importante, e de longe a propriedade mais curiosa do guarda-chuva, é a energia que ele exibe ao afetar as camadas atmosféricas. Não tem nenhum fato mais bem estabelecido na meteorologia – com efeito, é praticamente o único sobre o qual os meteorologistas concordam – de que o porte de um guarda-chuva

> produz dessecação no ar; enquanto se ele é deixado em casa, vapor aquoso é produzido em larga escala e logo depositado em forma de chuva. Nenhuma teoria,

meu amigo continua,

> adequada para explicar essa lei higrométrica foi esboçada (até onde sei) por Herschel, Dove, Glaisher, Tait, Buchan[5] ou qualquer outro autor; nem tenho a pretensão de preencher essa lacuna. Me atrevo, no entanto, a lançar a conjectura de que se acabará por descobrir que pertence à mesma classe de leis naturais que aquela muito simpática que faz com que uma fatia de torrada caia sempre com o lado amanteigado para baixo.

Mas é chegada a hora de dar esse assunto por encerrado. Poderíamos nos alongar muito mais, mas a falta de espaço nos obriga a deixar inacabadas essas poucas observações espontâneas – pequenas contribuições para um tema que se encontra infelizmente muito atrasado, e que, sentimos dizê-lo, era mais bem compreendido pelo rei do Sião em 1686 do que por qualquer filósofo de hoje em dia. Se, no entanto, tivermos despertado o interesse pelo simbolismo dos guarda-chuvas em pelo menos uma mente racional – em pelo menos um coração generoso um entendimento mais completo do seu companheiro mudo das caminhadas diárias – em pelo menos um espírito ganancioso uma noção pura de respeitabilidade forte o bastante para fazê-lo gastar seus 26 xelins –, seremos dignos do bem deste mundo, isso sem contar as muitas pessoas laboriosas empregadas na feitura desse objeto.

(1894)

21
Eldorado

Parece que há muito a se conseguir num mundo com tantos casamentos e batalhas decisivas, e onde todos guardamos, definitiva e irremediavelmente, em determinadas horas do dia e com grande entusiasmo e rapidez, uma porção de provisões dentro do saco que nos contém. E também pareceria, à primeira vista, que a aquisição de tanto quanto possível é o único objetivo da vida conturbada do homem. Mas mesmo assim, no que diz respeito ao espírito, isso é só uma aparência. Vivemos numa escala ascendente quando vivemos felizes, e uma coisa leva à outra numa sequência sem fim. Há sempre um novo horizonte para aqueles que olham para a frente, e apesar de habitarmos um planeta pequeno, afundado em negócios mesquinhos que não duram mais do que alguns anos, somos constituídos de tal forma que as nossas esperanças são inacessíveis, como estrelas, e o prazo da esperança é prolongado até o prazo da vida. Ser verdadeiramente feliz não é uma questão de como terminamos, mas de como começamos; não do que temos, mas do que queremos. Uma aspiração é uma alegria eterna[1], uma posse tão sólida quanto uma propriedade fundiária, uma fortuna que não se esgota e que nos dá, ano após ano, um rendimento de atividades prazerosas. Ter muitas aspirações é ser espiritualmente rico. Se não temos nenhum interesse na trama, a vida não passa de uma peça muito chata e mal dirigida; e para aqueles que não têm arte nem ciência, o mundo é um mero arranjo de cores, ou uma trilha acidentada onde podem muito bem quebrar a perna. É em virtude dos próprios desejos e curiosidades que um homem continua a existir com paciência, que se encanta pelo aspecto das coisas e das pessoas e que acorda toda manhã com um apetite renovado pelo trabalho e pelo prazer. Desejo e curiosidade são os dois olhos através dos quais ele vê o mundo com as cores mais encantadas: são o que deixam as mulheres bonitas e os fósseis interessantes: e o homem pode esbanjar seu patrimônio e acabar na sarjeta. Mas, se ele mantiver esses dois amuletos, vai continuar sendo rico de possibilidades de prazer. Suponhamos que ele pudesse comer uma refeição tão compacta e abrangente a ponto de nunca mais sentir fome; suponhamos que ele conhecesse, de repente, todas as facetas do mundo e acalmasse o desejo de conhecimento; suponhamos que o fizesse em qualquer área – ele não ficaria para sempre pobre de diversão?

Alguém que sai numa caminhada com um único volume na mochila lê com circunspecção, parando com frequência para refletir, e muitas vezes abaixando o livro para contemplar a paisagem ou as gravuras na recepção da estalagem; porque tem medo que o seu entretenimento acabe e ele fique sem companhia nos últimos estágios da jornada. Um jovem companheiro terminou recentemente de ler as obras de Thomas Carlyle, se não me engano com os dez volumes, sobre Frederico, o Grande[2]. “O quê!”, gritou o jovem companheiro, consternado, “não tem mais Carlyle? Vou ter que ler os jornais diários?” Um exemplo mais célebre é o de Alexandre, que chorou amargamente porque não tinha mais mundos para dominar. E quando Gibbon terminou *Declínio e queda*[3], teve poucos momentos de alegria; e foi com "sóbria melancolia" que se despediu dos seus esforços.

Felizmente, disparamos contra a lua com flechas ineficazes; nossas esperanças estão depositadas no inacessível Eldorado; chegamos ao fim do nada aqui embaixo. Os interesses só são arrancados para serem semeados de novo, como a mostarda. Você pensaria que, quando nasce um filho, os problemas acabam; e no entanto isso é só o começo de novas ansiedades; e depois de você ter supervisionado a troca de dentes e a educação, e finalmente o casamento, ai!, é só para ter novos medos, novas sensibilidades trêmulas a cada dia que passa; e você começa a se preocupar com a saúde dos filhos do seu filho como se fosse a sua. Quando você se casa com a sua mulher, acha que está no topo da colina, e que pode começar a descer por uma encosta suave. Mas você só terminou a corte para começar o casamento. Se apaixonar e ganhar o afeto são muitas vezes tarefas difíceis para os espíritos autoritários e rebeldes; mas conservar o amor também é uma tarefa de alguma importância, a que tanto o marido quanto a mulher têm que se dedicar com gentileza e boa vontade. A verdadeira história de amor começa no altar, onde se apresenta ao casal uma belíssima prova de sabedoria e generosidade, e um esforço vitalício para alcançar um ideal inatingível. Inatingível? Sim, certamente inatingível, pelo fato de serem dois em vez de um.

"Não há limite para fazer livros[4]", reclamou o pregador; e não percebeu como estava elogiando as letras como ocupação. Não há limite, realmente, para fazer livros ou experimentos, ou para viajar ou acumular riquezas. Problemas causam mais problemas. Podemos estudar para sempre e nunca seremos tão estudados quanto deveríamos. Nunca fizemos nada digno dos nossos sonhos. E, quando descobrimos um continente ou cruzamos uma cadeia de montanhas, é só para descobrir outro oceano ou outra planície do outro lado. Há espaço de sobra, no universo infinito, para as nossas diligências mais imediatas. Não é como as obras de Carlyle, que podem ser terminadas. Mesmo num canto, num parque privado ou nas vizinhanças de um vilarejo, o clima e as estações mudam com tanta facilidade que, mesmo que andemos a vida toda, vai ter sempre alguma coisa para nos surpreender e encantar.

Só há um desejo realizável na Terra; só uma coisa que pode ser plenamente obtida: a morte. E, por uma série de circunstâncias, não temos ninguém para nos dizer se vale a pena obtê-la.

Que figuras estranhas fazemos a caminho das nossas quimeras, marchando sem cessar, renunciando ao descanso; pioneiros aventureiros e infatigáveis. É verdade que nunca vamos alcançar o nosso objetivo; é mais que provável que nem haja tal lugar; e, nem se vivêssemos por séculos e fôssemos agraciados com os poderes de um deus, não estaríamos, no fim, muito mais perto do que queremos. Ó mãos laboriosas dos mortais! Ó pés incansáveis que viajam sem saber para onde! Logo, logo, lhes parece, tereis de alcançar o cimo vistoso de uma colina, e um pouco à frente, contra o sol poente, divisar os pináculos de Eldorado. Mal sabeis o bem-aventurado que sois; pois viajar com esperança é melhor do que chegar, e o verdadeiro sucesso é trabalhar.

(1878)

Notas

CAPÍTULO 1

1. Quando Stevenson estava escrevendo este ensaio, entre 1876 e 1877, Montenegro estava em todos os jornais por causa da Guerra Russo--Turca. Alfred Tennyson (1809-1892) louvou o povo montenegrino por repelir "o enxame do islã turco por quinhentos anos" no seu soneto "Montenegro", de 1877. [Esta e todas as notas subsequentes são do tradutor.]
2. Lord Macaulay, nascido Thomas Babington (1800-1859), historiador, político e poeta inglês, foi o grande responsável pela introdução da educação ocidental na Índia; defendia que se introduzisse no país um "aprendizado útil", com o inglês como primeira língua.
3. "A dama de Shalott" (1832) é uma balada lírica de Tennyson. A dama de Shalott sofre de uma maldição misteriosa e precisa tecer as imagens do mundo sem parar e sem nunca olhar diretamente para ele, usando um espelho para esse fim.
4. Personagem de *O peregrino* (1678), de John Bunyan (1628-1688).
5. Charles-Augustin Sainte-Beuve (1804-1869), um dos críticos literários mais influentes do século XIX.
6. Do poema "L'Allegro" (1645), de John Milton (1608-1674).
7. Personagens de *The Newcomes: Memoirs of a Most Respectable Family* (1854-1855), romance de William Makepeace Thackeray (1811-1863).
8. O pintor inglês James Northcote (1746-1831). Hazlitt (1778-1830) publicou as conversas que mantinha com ele sob o título "Boswell Redivivus", na *The New Monthly Magazine*.

9. Demonstração de Euclides do Teorema de Pitágoras.
10. De "In Memoriam A.H.H. Obiit MDCCCXXXIII", versão anônima da elegia a Arthur Henry Hallam (1811-1833) que Tennyson publicou em 1850.
11. Diz-se que William Shakespeare (?-1616), quando menino, entrava nas terras do vizinho, o político sir Thomas Lucy (1532-1600), para roubar carne de veado e caçar coelhos.

CAPÍTULO 2

1. De uma carta de Samuel Johnson (1709-1784) a Philip Dormer Stanhope, quarto conde de Chesterfield (1694-1773), em fevereiro de 1755.
2. Um pão de açúcar, espécie de cone alto, era a forma habitual de produção e venda de açúcar refinado até o fim do século XIX, quando foi introduzido o açúcar granulado (cristal), que também podia ser comercializado em pequenos cubos; já os carros d'água eram usados para baixar a poeira nos dias quentes e secos.
3. Da cantiga infantil "Here We Go Round the Mulberry Bush".
4. De "Uma defesa da poesia" (1840), ensaio inacabado de Percy Bysshe Shelley (1792-1822).
5. Gigante que vivia numa caverna na ilha de St. Michael's Mount, na Cornualha, com os tesouros que roubava das aldeias locais.

CAPÍTULO 3

1. Quando criança, Stevenson passou muitos verões em North Berwick, a cerca de trinta quilômetros de Edimburgo. Na época, a aldeia com vista para o estuário do Forth era uma estância de férias. Lá, ele se encontrava com meninos da sua idade, como o primo Bob.
2. Ilha no estuário do Forth.

3. O Castelo de Tantallon foi construído em meados do século XIV por William Douglas, primeiro conde de Douglas (c. 1327-1384). Fica no topo de um promontório e é naturalmente protegido por falésias em três dos quatro lados.
4. Archibald Douglas, oitavo conde de Angus (1555-1588), rebelde escocês durante o reinado de Jaime VI. Uma fábula de Esopo conta de um rato que teve a ideia de pôr um guizo no gato para denunciar sua aproximação, o que se mostrou uma tarefa quase impossível. Archibald "Bell the Cat" Douglas venceu sua "tarefa quase impossível" como comandante de uma rebelião.
5. Bosque nos arredores de North Berwick.
6. A Berwick Law é uma colina cônica (*law* é a palavra escocesa para esse tipo de formação) que se ergue 187 metros acima do nível do mar. No cume, há vestígios de um forte da Idade do Ferro e ruínas de edificações militares posteriores. Desde 1709, a colina é encimada por uma mandíbula de baleia.
7. Pequena aldeia localizada numa enseada de mesmo nome a cerca de três quilômetros de North Berwick, em frente à Bass Rock e ao Castelo de Tantallon.
8. Rio que corta Peebles, estância turística ao sul de Edimburgo muito frequentada pela família Stevenson.
9. Mamífero da família das martas, dos texugos, das fuinhas; dos arminhos, dos furões, das doninhas.
10. Daniel Dancer (1716-1794), notório avarento que, dizem, serviu de modelo para Ebenezer Scrooge, de *Um conto de Natal* (1843) de Charles Dickens (1812-1870).
11. Versos atribuídos tanto a Edward de Vere, décimo sétimo conde de Oxford (1550-1604), quanto a Edward Dyer (1543-1607).
12. As pilhas de pó (*dust heaps*) eram montanhas de cinzas e resíduos domésticos combustíveis que se acumularam em Londres durante o século XIX.

13. Referência a *O peregrino*, de John Bunyan.
14. Verso do livro VI de "O prelúdio" (1805-50), de William Wordsworth (1770-1850).
15. Protagonistas de *The Ordeal of Richard Feverel* (1859), de George Meredith (1828-1909).
16. *Antônio e Cleópatra* (1607), de Shakespeare.
17. "Vão à floresta antiga", do livro VI da Eneida, de Virgílio (séc. I a.C.).

CAPÍTULO 4

1. Stevenson está citando a si mesmo. O ensaio "Estradas", presente neste livro, foi o primeiro trabalho pago que ele publicou, com 24 anos de idade, sob o pseudônimo L. S. Stoneven, na mesma *Portfolio* em que publicou este "Sobre a apreciação de lugares desagradáveis" no número seguinte.
2. Pierre de Brantôme (c. 1540-1614) foi um soldado e cronista famoso por seus relatos de batalha e contos de cavalaria.
3. "Fala sozinho para suportar o caminho".
4. Jacques Callot (1592-1635) foi um famoso gravurista barroco do Ducado da Lorena; a família Sadeler foi a maior das dinastias de gravadores flamengos dos séculos XVI e XVII, tanto como artistas quanto como editores; Paul Brill (1554-1626), pintor e gravurista flamengo, passou a maior parte da carreira em Roma.
5. Notório salteador de estradas do começo do século XVIII.
6. Os Trossachs são uma área de vales arborizados, colinas e lagos a leste de Ben Lomond, em Stirling. Constituem a paisagem típica das Highlands escocesas.
7. Stevenson se refere a Walter Scott (1771-1832).
8. Ato II, Cena I de *Como gostais*, de Shakespeare.
9. Na acepção de Hazlitt.

10. Ato III, Cena II de *Prometeu desacorrentado*, drama lírico em quatro atos de 1820.
11. "Meu coração é um alaúde suspenso/ que ressoa ao menor toque." Versos de Pierre-Jean de Béranger (1780-1857) com os quais Stevenson deve ter topado, ligeiramente diferentes, em "A queda da casa de Usher", de Edgar Allan Poe (1809-1849).
12. Juízes 14:14.

CAPÍTULO 5

1. *Queen Mab; A Philosophical Poem; With Notes* (1813).
2. Rebelião generalizada contra o domínio britânico na Índia entre 1857 e 1859.
3. Espécie de avô do boliche. As regras e os métodos de pontuação variavam, mas o princípio básico de lançar uma bola de madeira ou borracha contra nove pinos ovais permanecia. Continua sendo um jogo popular em *pubs* em algumas regiões do Reino Unido e da Irlanda.
4. Dante Gabriel Rossetti (1828-1882), famoso poeta e ilustrador, e um dos fundadores, junto com o pintor e ilustrador John Everett Millais, da Irmandade Pré-Rafaelita.
5. Ato I, Cena IV de *Hamlet*, na tradução de Bruna Beber.
6. Teatro em Londres adquirido em 1608 pelos King's Men, companhia em que Shakespeare trabalhou como dramaturgo e ator ao lado de Richard Burbage (c. 1567-1619), ator inglês cuja família era proprietária do teatro e primeiro intérprete de *Hamlet, Ricardo III, Romeu, Henrique V, Macbeth, Otelo e Lear*.
7. Ato I, Cena V de *Hamlet*, na tradução de Bruna Beber.
8. Comiston é um subúrbio de Edimburgo; a Ermida de Braid é uma zona situada entre as Braid Hills e Blackford Hill, atravessada pelo Braid Burn, rio que percorre parte de Edimburgo; o Hunter's Tryst, uma estalagem outrora situada fora da área construída de Edim-

burgo, era destino de lazer e ponto de encontro do Six Foot Club. Stevenson e sir Walter Scott eram membros honorários do Six Foot Club (baixos demais para serem membros efetivos); Fairmilehead é um bairro no sul da cidade.

9. Stevenson passou o mês de junho de 1881 no Kinnaird Cottage, em Moulin, uma aldeia em Perthshire, no centro da Escócia. Numa carta ao crítico literário Sidney Colvin (1845-1927), escreveu: "Temos aqui um lugar encantador: um valezinho verde com um rio, um rio maravilhoso, dourado e verde e branco como a neve, que canta alto e baixo em diferentes pontos do seu curso, ora se derramando sobre penhascos em miniatura, ora se encrespando num labirinto de escadas rochosas e vasos; nunca houve um rio tão doce. Atrás, grandes charnecas roxas que se estendem até Vrackie. A fome vive aqui, sozinha, com cotovias e ovelhas. Lugar maravilhoso, maravilhoso."
10. Robert Tannahill (1774-1810), poeta escocês de origem operária que escreveu letras de música na esteira de Robert Burns.
11. "Você vai, garota, vai?/ Para as colinas de Balquhidder." Canção popular de Tannahill. Balquhidder é famosa por ser o lugar onde foi enterrado o herói popular Rob Roy MacGregor (1671-1734).
12. Cidadezinha na costa do Moray Firth.
13. "Polida e redonda", das *Sátiras* de Horácio (séc. I a.C.).
14. Brigadeiro-general John Nicholson (1822-1857), oficial anglo-irlandês morto reprimindo o Motim.
15. Tenente-general Archdale Wilson, primeiro baronete (1803-1874), oficial de artilharia louvado pelo seu papel na tomada de Delhi.
16. A poeta e romancista romântica inglesa Amelia Opie (1769-1853) compôs a letra de "Poor Mary Ann" em cima da melodia do lamento galês "Ar Hŷd y Nôs"; "Long, Long Ago" é uma canção de 1833 do compositor inglês Thomas Haynes Bayly (1797-1839).
17. A observação de uma gota d'água do Tâmisa através de um microscópio era um entretenimento popular oferecido por artistas itinerantes.

18. "É preciso saber manter a independência do coração."

19. Título que designa alguém da classe burguesa. Originalmente significava um homem livre de um *borough* ou *burgh*, mas mais tarde passou a significar um funcionário de um município ou um membro da Câmara dos Comuns.

20. Da *Ilíada*, de Homero (séc. VIII a.C.), na tradução de Frederico Lourenço.

CAPÍTULO 6

1. Esse vulcão equatoriano extinto aparece em pelo menos mais três ensaios de Stevenson. O seu fascínio se deve, muito provavelmente, aos relatos extremamente populares de Alexander von Humboldt (1769-1859), que tentou alcançar o cume em 1802.

2. "A sombra desse limoeiro, minha prisão", de 1797. Um dos temas centrais do poema é a grande tragédia familiar do escritor Charles Lamb (1775-1834): em 1796, num acesso de loucura, sua irmã Mary esfaqueou e matou a mãe deles. Samuel Taylor Coleridge (1772-1834) reflete sobre o impacto da tragédia no amigo e a sua capacidade de achar consolo na natureza.

3. Da Ode 1, 19, de Horácio. *Protervitas* pode ser traduzido como ousadia, impudência.

4. O pintor, gravador e satirista William Hogarth (1697-1764) expôs sua crença na "beleza de uma forma intrincada" em *The Analysis of Beauty* (1753). De acordo com sua teoria, as linhas curvas significam vivacidade e despertam a atenção do observador, em contraste com as linhas retas e paralelas, que significam estagnação ou morte.

5. "Canção da estrada aberta", de *Folhas de relva* (1856), de Walt Whitman (1819-1892), na tradução de Bruno Gambarotto.

6. Numa carta a sua amiga Frances Sitwell, de 6 de setembro de 1873, mais ou menos uma semana antes de concluir "Estradas", Steven-

son escreve que uma passagem de *Werther* "dá voz a uma grande quantidade de anseios estúpidos, inquietos e prazerosos que todos nós já tivemos inúmeras vezes. Pesquisei isso outro dia para 'Estradas' [...] mas você verá que é um jardim florido do início ao fim".

7. Tradução de Marcelo Backes.

CAPÍTULO 7

1. Protagonista de *O peregrino* (1678), alegoria cristã de John Bunyan.
2. Personagem de uma das histórias de *Contos de gênios* (1764), de James Ridley (1736-1765).
3. Publicado em 1822 no segundo volume de *Table-Talk*, coletânea de ensaios de Hazlitt.
4. Trecho da *Areopagitica* (1644), texto que John Milton escreveu contra a Ordenação de Licença de 1643, que reinstituía a censura prévia e o monopólio da impressão de livros.
5. Grogue: rum, água quente, limão e açúcar.
6. *Júlia ou a nova Heloísa*, romance epistolar de Jean-Jacques Rousseau (1712-1778) publicado em 1761.
7. Hazlitt, então com vinte anos de idade, foi convidado por Coleridge para visitar a casa dele em Nether Stowey, em Somerset, onde trabalhava com Wordsworth no que viria a ser *Baladas líricas* (1798). Nessa ocasião, o jovem Hazlitt decidiu se aventurar pelo vale de Llangollen, no norte do País de Gales, para se iniciar nos "mistérios da paisagem natural" e se preparar para a visita aos dois poetas.
8. Livro das canções (1827) é uma grande coletânea de versos do poeta e ensaísta Heinrich Heine (1797-1856), fonte de inspiração para composições de Schumann, Schubert, Mendelssohn, Brahms e Wagner.
9. O romance A vida e as opiniões do cavalheiro Tristram Shandy, de Laurence Sterne (1713-1768), foi originalmente publicado em nove volumes, de 1759 a 1767.

10. Trecho da música "The Rigs O' Barley" (1783), de Robert Burns (1759-1796), poeta e letrista escocês considerado um dos precursores do movimento romântico.

CAPÍTULO 8

1. Charles Godfrey Leland (1824-1903), humorista e folclorista norte--americano.
2. De "Fragment of Chorus of a Dejaneira" (1867), poema de Matthew Arnold (1822-1888).
3. De *Walden* (1854), de Henry David Thoreau, na tradução de Denise Bottmann.

CAPÍTULO 9

1. Citação tirada de *A vida de Samuel Johnson* (1791), de James Boswell (1740-1795), e um aforismo do *Poor Richard's Almanack* (1732-58), de Benjamin Franklin (1706-1790).
2. Do ensaio "Sobre a diferença entre escrever e falar" (1825), de Hazlitt.
3. Tecido tosco de linho e lã.
4. Livre de amarras amorosas, solteira. Ato II, Cena I de *Sonho de uma noite de verão*. *Fancy*, para Shakespeare, é amor.
5. Expressão que teve origem na tradução de Erasmo de Roterdã da obra de Plutarco.
6. Palavra grega para "orgulho", usada como gíria pelos estudantes ingleses.
7. De "Ode: Intimations of Immortality from Recollections of Early Childhood" (1815), de Wordsworth.
8. A obra mais influente de Teofrasto (371-278 a.C.) é *O caráter*, trinta esboços breves de tipos morais, e que deu origem, no século XVII, a toda uma escola literária.

9. Consuelo é a protagonista-título do romance de 1842-43 de George Sand; Clarissa Harlowe, também uma jovenzinha virtuosa, é a protagonista de um dos livros favoritos de Stevenson, o romance epistolar *Clarissa; ou, a história de uma jovem dama* (1748), de Samuel Richardson (1689-1761); Vautrin é personagem de algumas novelas *d'A comédia humana*, de Balzac; Steenie Steenson é um personagem do romance histórico *Redglauntet* (1824), de Walter Scott.
10. Tribunais de amor eram instituições medievais que discutiam questões de cavalaria e amor cortês; a Assembleia de Westminster foi um conselho de teólogos e membros do Parlamento inglês para reestruturar a Igreja da Inglaterra em meados do século XVII.
11. De "Eutanásia" (1812), de Lord Byron (1788-1824).
12. Robert Alan Mowbray Stevenson (1847-1900), o primo Bob, artista e professor na University College de Liverpool.
13. "Para fazer uma salada são necessários quatro homens: para o sal, um sábio; para o azeite, um generoso; para o vinagre, um avarento; e para misturá-la, um louco."
14. Ele quis dizer capitão Dyngwell, personagem das historinhas de Francis Cowley Burnand (1836-1917) na revista satírica *Punch*.
15. De "A excursão" (1795-1814), de Wordsworth.
16. Termo literário, usado pela primeira vez com esse sentido no ensaio "Peri Bathous" (1727), de Alexander Pope, para descrever uma tentativa malsucedida de demonstrar grandeza artística. Bathos passou a se referir ao anticlímax retórico, uma transição abrupta de um estilo elevado ou de um tópico grandioso para um comum ou vulgar, que acontece acidentalmente (por inépcia artística) ou intencionalmente (para efeito cômico).
17. O poeta, crítico e editor William Ernest Henley (1849-1903). Dizem que Henley, que só tinha uma perna, inspirou o personagem John Long Silver, de Stevenson, em *A ilha do tesouro* (1883).
18. Personagem burlesco de *Henrique IV* (1597), *Henrique V* (1598) e *As alegres comadres de Windsor* (1599) que vive se vangloriando.

19. Henry Charles Fleeming Jenkin (1833-1885) foi professor de Stevenson na faculdade de engenharia da Universidade de Edimburgo. Jenkin trabalhou (entre outras coisas) como engenheiro ferroviário e, mais tarde, como engenheiro de cabos, ajudando a instalar o sistema telegráfico no Mediterrâneo. Stevenson participou de muitas peças amadoras representadas na casa de Jenkin, e, em homenagem a ele, escreveu *Memoir of Fleeming Jenkin* (1887).
20. De "Michael" (1800), de Wordsworth.
21. O polímata inglês Herbert Spencer (1820-1903), cujos volumes em vários campos da ciência e da metafísica foram chamados por ele de Filosofia Sintética.
22. Lutador capaz de apanhar muito sem perder a consciência nem o ânimo.
23. Walter Grindlay Simpson (1843-1898), um dos amigos mais próximos de Stevenson desde os tempos de estudante na Universidade de Edimburgo.
24. Da "Vida de Rômulo", de Plutarco.
25. O escritor e crítico de arte John Addington Symonds (1840-1893).
26. Quem chegou muito perto do primeiro colocado, mas acabou ficando em segundo lugar.
27. O poeta e crítico Edmund Gosse (1849-1928).
28. Charles Baxter (1848-1919), advogado e um dos amigos mais próximos de Stevenson. Baxter também frequentou a Universidade de Edimburgo e ambos eram membros da Sociedade Especulativa.
29. Comédia de costumes, ou Comédia da Restauração, eram as peças representadas na Inglaterra a partir de 1660, depois da queda do regime puritano que tinha mantido os teatros fechados por 18 anos. A reabertura das casas de espetáculo marcou o renascimento do teatro inglês. A linguagem sexualmente explícita era encorajada por Carlos II, recém-restaurado ao trono. William Congreve (1670-1729) foi um dos dramaturgos mais destacados desse período.

30. O artigo referido foi publicado na revista sem assinatura, em abril de 1882, com o título "A tranquilidade da conversa".
31. De *Biographia Presbyteriana*, compilação, reunida em 1827, de perfis biográficos de ministros presbiterianos escritos por Patrick Walker (c. 1665-?) entre 1724 e 1732. Walter Scott se inspirou em certas passagens da biografia de Alexander Peden (1626-1686) para escrever *Old Mortality* (1816).
32. De "The Shadow and the Light of a Young Man's Soul" (1848), conto de Walt Whitman.
33. De "Adonais: An Elegy on the Death of John Keats" (1821), de Shelley.
34. Do prefácio de *Folhas de relva* (1855), de Walt Whitman.
35. Hunter, que foi xerife dessa cidade a cerca de 25 quilômetros de Glasgow entre 1854 a 1871, foi um dos primeiros a reconhecer o talento literário de Stevenson e a encorajá-lo a escrever.
36. A escritora inglesa Helen Mathers (1849-1920).
37. Stevenson deve estar se referindo ao Royal Hospital Chelsea, uma casa de repouso e lar de idosos para antigos membros do Exército britânico situada no bairro londrino.
38. John Webster (1580-1632), considerado um dos principais dramaturgos do século XVII na Inglaterra; Jeremy Taylor (1613-1667), clérigo anglicano e escritor; Edmund Burke (1729-1797) parlamentar e pensador político britânico.
39. Junius, que hoje se acredita ter sido o político britânico nascido na Irlanda sir Philip Francis (1740-1818), causou sensação mandando cartas para o jornal *Public Advertiser* entre 1769 e 1772. A identidade do autor foi um assunto que mobilizou o público por muitos anos.
40. David Hume (1711-1776), filósofo, historiador, economista e ensaísta escocês, conhecido sobretudo pelo seu empirismo e ceticismo filosófico.
41. William Henry Wood Murray (1790-1852), ator e empresário escocês.
42. *Bob* é uma gíria para xelim.

43. Personagem da peça *Noite de reis* (1601-1602), de Shakespeare. Malvólio é descrito como "uma espécie de puritano", que despreza todo tipo de diversão e quer que o seu mundo seja completamente livre do pecado humano.
44. Romance de 1879 de George Meredith, um dos escritores preferidos de Stevenson.
45. Protagonista-título do último romance de George Eliot (1819-1880), de 1876.
46. Jogo tradicional inglês, geralmente jogado em jardins de *pubs* e feiras, em que os jogadores atiram pedaços de pau num modelo da cabeça de uma mulher idosa.

CAPÍTULO 10

1. Em 1884, a rainha Vitória lhe concedeu o título de barão Tennyson, de Aldworth, no condado de Sussex, e de Freshwater, na Ilha de Wight. Ele assumiu seu lugar na Câmara dos Lordes em março de 1884. Tennyson passou mais de dez anos recusando o baronato e só aceitou um título de nobreza depois de muita insistência do então primeiro-ministro William Gladstone (1809-1898). A imprensa vitoriana reagiu ao título com muita virulência.
2. John Laird Mair Lawrence, primeiro barão Lawrence (1811-1879), vice-rei e governador-geral da Índia, cujas amplas reformas econômicas, sociais e políticas no Punjab lhe renderam o apelido de "Salvador do Punjab"; Hugh McCalmont Cairns, primeiro conde Cairns (1819-1885), um dos mais proeminentes conservadores da Câmara dos Lordes durante os dois primeiros ministérios de Benjamin Disraeli (1804-1881); marechal de campo Colin Campbell, barão Clyde (1792-1863), comandante-chefe das forças britânicas durante o Motim de 1857, também teve papel importante na Guerra da Crimeia (em especial na Batalha de Balaclava, mencionada por Stevenson

em "*Aes triplex*" [1850-94]), na Primeira Guerra do Ópio e na Guerra Peninsular.

3. Dois romances de Alexandre Dumas, pai (1802-1870). O primeiro, de 1867, primeira parte da trilogia Sainte-Hermine, é um romance histórico que começa em 1793, durante o Terror, e termina em 1799 com a chegada de Napoleão ao Egito; o segundo, publicado serialmente entre 1847 e 1850, é o terceiro volume da trilogia dos mosqueteiros. Stevenson dedicou o ensaio "Uma conversa sobre um romance de Dumas" a esse livro.
4. *Castle Dangerous* (1831) é o último dos "romances Waverley" de Walter Scott. *Waverley*, seu primeiro romance, escrito em 1814, alcançou tanto sucesso que nomeou a tipologia de seus outros romances históricos ambientados na Escócia.
5. John Gibson Lockhart (1794-1854), escritor e editor escocês. Mais conhecido como o autor de uma importante biografia em sete volumes do seu sogro: *Memoirs of the Life of Sir Walter Scott* (1837-1839).
6. Xavier-Henri Aymon Perrin, conde de Montépin (1823-1902), romancista francês, autor de romances em série e de peças de teatro populares.
7. Jean-François Millet (1814-1875), pintor francês conhecido por seus temas camponeses.
8. "E, voltando-me para trás, obcecado por aquela visão, tentei analisar o meu súbito sofrimento, e disse comigo mesmo: acabo de ver uma imagem do velho homem de letras que sobreviveu à geração que ele soube divertir com brilhantismo; uma imagem do velho poeta sem amigos, sem família, sem filhos, degradado pela miséria e pela ingratidão pública, numa barraca em que mais ninguém quer entrar!" Em *O spleen de Paris* (1869), de Charles Baudelaire (1821-1867), na tradução de Samuel Titan Jr.
9. Ato III, Cena III de *Troilo e Créssida* (c. 1602), de Shakespeare.

CAPÍTULO 11

1. Stevenson está se referindo a "A vocação literária e o seu futuro", do romancista e editor inglês James Payn (1830-1898), publicado na revista literária *The Nineteenth Century* em 1879.
2. Cândido, ou o Otimismo, de 1759, é uma obra satírica de Voltaire (François-Marie Arouet, 1694-1778).
3. O Congresso de Berlim, presidido pelo chanceler Otto von Bismarck, reuniu representantes das grandes potências para reestruturar o mapa dos Bálcãs depois da vitória russa na Guerra Russo-Turca de 1877-1878. Os interesses britânicos foram defendidos pelo primeiro-ministro Benjamin Disraeli, pelo ministro das Relações Exteriores Robert Gascoyne-Cecil e pelo embaixador em Berlim Odo Russell.
4. Alfred de Musset (1810-1857) foi um poeta, dramaturgo e romancista francês.
5. Peças cômicas de 1850 e 1834, respectivamente, de Alfred de Musset.
6. Romances de 1830 e 1832, respectivamente de Frederick Marryat (1792-1848), oficial da Marinha Real Britânica.

CAPÍTULO 12

1. Aos 15 anos, Stevenson escreveu "The Pentland Rising: uma página da história", uma recriação dos eventos que levaram ao confronto dos Covenanters, presbiterianos do século XVII que resistiam à introdução do episcopalismo na Escócia, com as forças realistas em 28 de novembro de 1666. O interesse profundo de Stevenson pelos Covenanters era antigo, e ele já tinha tentado escrever um romance sobre o assunto. O pai dele o incentivou a abandonar o romance e escrever um relato histórico, se oferecendo para pagar a publicação. O livrinho ia sair no 200º aniversário da batalha. Stevenson escreveu uma narrativa acadêmica séria sobre a Revolta de

Pentland, repleta de notas de rodapé. Imprimiram cem cópias do pequeno volume de 22 páginas, mas Thomas Stevenson, temendo críticas, comprou quase todas e sumiu com elas.

2. Ato IV, Cena III de *Macbeth*, de Shakespeare.
3. O romance em três volumes era o padrão de publicação da ficção britânica durante o século XIX. Na década de 1880, começou a dar lugar ao romance de um único volume.
4. Stevenson passou o mês de junho de 1881 na Kinnaird Cottage, em Moulin, uma aldeia no condado histórico de Perthshire, no centro da Escócia.
5. Ambos publicados na *Cornhill Magazine* e depois reunidos em *The Merry Men and Other Tales and Fables* (1887).
6. Strathardle e Glenshee são vales em Perthshire. A rainha Vitória passava por Strathardle no caminho entre Balmoral e Pitlochry, o que acabou consolidando a área como uma estância de férias. Stevenson se instala, no começo de agosto, na aldeia de Castleton of Braemar, em Aberdeenshire, onde viria a passar quase dois meses.
7. Em 1816, Byron visitou San Lazzaro degli Armeni, em Veneza, sede da Ordem Mequitarista. Encantado com a cultura armênia, resolveu estudar a língua. Numa carta ao poeta irlandês Thomas Moore, escreveu: "Como forma de diversão, estou estudando diariamente, num monastério armênio, o idioma armênio. Descobri que a minha mente precisava de uma pedreira onde quebrar a cabeça." Os estudos duraram alguns meses, e a sua amizade com os monges acabou resultando na publicação de uma gramática de inglês e armênio, além da tradução de algumas obras. Mas Byron não conseguiu ir muito longe no seu domínio do idioma.
8. Stevenson baseou o seu pirata em William Ernest Henley – que aparece em "A conversa e os conversadores" sob o codinome Burly –, um poeta, dramaturgo, jornalista, crítico, editor e amigo (embora a relação fosse turbulenta) de Stevenson e que teve, em 1868, a per-

na esquerda amputada por causa de uma tuberculose óssea de que sofria desde muito jovem. Henley ajudou Stevenson a publicar *A ilha do tesouro* com a Cassell e *A Child's Garden of Verses* (1885) com a Longman.

9. *Masterman Ready, or the Wreck of the Pacific* (1841) é um romance infantil robinsoniano do oficial da Marinha Real Britânica e romancista Frederick Marryat, reconhecido como um dos pioneiros da ficção náutica. Marryat também desenvolveu um sistema de sinalização de bandeiras marítimas amplamente utilizado.
10. De "A Psalm of Life" (1838), um dos poemas mais conhecidos de Henry Wadsworth Longfellow (1807-1882).
11. *Contos de um viajante de Geoffrey Crayon, Gent.* (1824) é uma coleção em dois volumes de ensaios e contos composta por Washington Irving (1783-1859) enquanto ele vivia na Europa. A coleção foi publicada sob o pseudônimo Geoffrey Crayon.
12. Não à toa, o antagonista de "A lenda do cavaleiro sem cabeça" (1820), de Washington Irving, se chama Abraham "Brom Bones" van Brunt.
13. Alexander Hay Japp (1836-1905) foi um autor, jornalista e editor escocês.
14. A *Young Folks* foi uma revista literária infantil semanal, publicada entre 1871 e 1897, famosa por ter publicado os romances de Stevenson de forma seriada. O proprietário da revista era James Henderson (1823-1906), tremendamente influente no desenvolvimento da imprensa popular e dos quadrinhos na Grã-Bretanha.
15. O edifício data de 1833, quando foi construído pelo barão de Ockham, e era usado como casa de veraneio até ser transformado em hotel com a chegada da estrada de ferro, em 1838.
16. Fortuné du Boisgobey era o *nom de plume* – o pseudônimo, o nome literário – de Fortuné Hippolyte Auguste Abraham-Dubois (1821-1891), romancista francês.

17. John Addington Symonds foi um poeta e crítico literário inglês. Historiador cultural, ficou conhecido por seu trabalho sobre a Renascença, bem como por inúmeras biografias de escritores e artistas. Ele aparece sob o codinome Opalstein em "A conversa e os conversadores".
18. Os caracteres (c. 319 a.C.), de Teofrasto (c. 372 a.C.-c. 287 a.C.), sucessor de Aristóteles, descreve trinta tipos de comportamento humano, referência para a atual tipologia e caracterização dos diferentes traços de personalidade.
19. Um *story paper* era uma publicação periódica parecida com uma revista literária, mas com ilustrações e histórias em texto, voltada para crianças e adolescentes.
20. A Cassell & Co. é uma editora britânica, fundada em 1848 por John Cassell (1817-1865), que se tornou, na década de 1890, um grupo internacional.
21. Bucaneiros eram piratas que atacavam os navios no mar do Caribe. O "capitão Charles Johnson" é considerado o autor de Uma história geral dos roubos e crimes de piratas famosos (1724), embora sua existência ainda seja questionada. Daniel Defoe consta como candidato à autoria da obra.
22. *At Last: A Christmas in the West Indies* (1871), de Charles Kingsley (1819-1875), padre da Igreja de Inglaterra, professor universitário, reformador social, historiador, romancista e poeta.
23. Romance de Stevenson publicado em 1885.
24. Tanto *Rob Roy* (1817) como *O antiquário* (1816) são "romances Waverley" de Walter Scott.

CAPÍTULO 13

1. O dr. Andrew Clark (1826-1893), patologista escocês baseado em Londres, sugeriu que Stevenson passasse um tempo no sul da França para tratar da sua tuberculose.

2. O folclore galês, córnico e irlandês está cheio de histórias sobre ouro de fada que desaparece ou se transforma em folhas murchas se a condição de sigilo não for respeitada por quem o encontra.
3. Stevenson deixou Paris em 6 de novembro de 1873 e chegou a Menton no dia 12.
4. Em toda a sua obra, Stevenson usa "Mentone", a forma italiana do nome da cidade.
5. Local em que Jesus curou o paralítico (João 5:1-15).
6. Essa entidade aparece em "Song: Rarely, rarely, comest thou" (1821), de Shelley.
7. Do poema "Solitário qual nuvem vaguei" (1807), de Wordsworth.
8. De "A excursão" (1814), também de Wordsworth.
9. "Sobre o prazer da pintura" (1822), de Hazlitt.
10. Étienne de La Boétie (1530-1563) foi magistrado, classicista, poeta, teórico político francês e o melhor amigo de Michel de Montaigne (1533-1592), sobre quem o ensaísta escreveu a célebre frase "porque era ele, porque era eu".

CAPÍTULO 14

1. Romance de 1879, de George Meredith, e a terceira e última parte da trilogia dos mosqueteiros, escrito por Alexandre Dumas, pai, em colaboração com Auguste Maquet (1813-1888), entre 1847 e 1850.
2. Extremamente popular quando publicado em Londres em 1843, *A Bíblia na Espanha* é um livro de viagens do escritor britânico George Borrow (1803-1881). Borrow conta as suas viagens pela Espanha enquanto trabalhava como vendedor de Bíblias entre 1835 e 1838, durante a Primeira Guerra Carlista.
3. Robert Herrick (1591-1674), poeta lírico e clérigo anglicano do século XVII.
4. Romances históricos de Walter Scott, das chamadas Waverley Novels, de 1815, 1817 e 1824, respectivamente.

5. A protagonista de *The Young Step-Mother; Or, A Chronicle of Mistakes* (1861), romance da inglesa Charlotte Mary Yonge (1823-1901), fica horrorizada ao ver o enteado com uma tradução de *Os três mosqueteiros*, "um dos piores e mais fascinantes romances de Dumas".
6. As Pentlands são uma cadeia de colinas de cerca de trinta quilômetros a sudoeste de Edimburgo. Os pais de Stevenson alugaram uma casa de campo em Swanston, aos pés das Pentlands, de 1867 a 1880. As Pentlands aparecem em muitos dos poemas que ele escreveu nesse período.
7. George IV (1762-1830) dizia para todo mundo que tinha liderado um ataque na batalha de Waterloo quando, na verdade, nunca tinha participado de uma batalha na vida. Há quem diga que ele realmente acreditava nisso.
8. *O conde de Monte Cristo* (1844) também foi escrito pela parceria Alexandre Dumas, pai, e Auguste Maquet.
9. *Vinte anos depois* é o segundo livro da trilogia dos mosqueteiros, de Dumas-Maquet, entre *Os três mosqueteiros* e *O visconde de Bragelonne*.
10. "Finalmente ele fez alguma coisa: é, caramba, muita sorte!"
11. "Vamos, então me ame."
12. Personagens dos romances *Evan Harrington* (1861), *The Ordeal of Richard Feverel* (1859) e *O egoísta* (1879), de George Meredith.
13. Personagem de Orgulho e preconceito (1813), romance de Jane Austen (1775-1817).
14. Sobremesa que consiste num pão de ló embebido em *brandy*, xerez ou vinho branco coberto com creme, fruta ou compota e depois com nata batida e amêndoas fatiadas ou cerejas glaceadas.
15. Clássica tradução do diplomata e estudioso Richard Francis Burton (1821-1890), realizada entre 1884 e 1886.
16. "Senhor, eu era um desses homens bem-humorados que Deus criou com o propósito de viver por um certo tempo e de considerar boas todas as coisas que acompanham a sua estada na terra."

17. "D'Artagnan se sentou então perto da janela, e, como essa filosofia de Planchet lhe parecesse sólida, refletiu sobre ela."
18. Nicolas Fouquet (1615-1680) e Jean-Baptiste Colbert (1619-1683) estavam sempre em rota de colisão por causa das despesas extravagantes e as manobras políticas do primeiro e o desejo de centralização e prudência financeira do segundo. Em 1661, Fouquet foi acusado de desvio de fundos e preso a mando de Colbert, que tinha reunido provas contra ele. No romance, que se passa nos últimos anos do reinado de Luís XIV, Fouquet é retratado como uma figura carismática, enquanto Colbert é retratado como um burocrata calculista.
19. "O homem gregário, o homem hedonista, o homem que só é porque os outros são."
20. John Wesley (1703-1791), clérigo, teólogo e evangelista inglês líder do movimento metodista.
21. A moeda de ouro.
22. Numa de suas colunas para a *Cornhill Magazine* (revista que fundou em 1860 e na qual Stevenson também publicava), William Makepeace Thackeray (1811-1863) afirma que gosta "mais do d'Artagnan nas suas próprias memórias. [...] Dumas o glorifica e faz dele um marechal; se bem me lembro, o d'Artagnan original era um aventureiro necessitado, que morreu no exílio muito cedo". O engraçado é que o que ele chama das memórias do "verdadeiro d'Artagnan" é uma versão altamente ficcionalizada da vida do conde d'Artagnan Charles de Batz-Castelmore (1611-1673), e o próprio Dumas sabia bem disso quando usou o livro como base para construir o seu personagem.

CAPÍTULO 15

1. Feux de joie, literalmente "fogos de alegria", são as antigas e tradicionais comemorações com fogueiras ou salvas de tiros como vemos hoje em homenagens, celebrações ou cerimônias militares.

2. Personagens de *O misantropo* (1666), *Tartufo* (1664) e *As sabichonas* (1672), de Molière.
3. Stevenson se refere a *Conto de inverno*, de Shakespeare. A Boêmia não tem mar, e Shakespeare nunca usou a palavra "costa", mas a rubrica diz: "CENA III. Boêmia. Um país deserto perto do mar." O estudioso Patrick Leigh Fermor (1915-2011) levantou a hipótese de que isso seria possível porque, por algum tempo, a Boêmia teve litoral, quando o seu território se estendia até a Dalmácia. Mas ele não perdeu de vista, quando pôs a teoria num livro, que as comédias shakespearianas sempre se desenrolam em topografias imaginárias.
4. Em *O peregrino* (1678), de John Bunyan, a Terra de Beulá é um lugar pacífico e fértil que fica depois do Vale da Sombra da Morte e a meio caminho da Cidade Celestial. Em Isaías 62:4, é o nome a ser dado a Israel quando ela estiver em harmonia com Deus.
5. Amigo de Stevenson, Andrew Lang (1844-1912) foi um poeta, crítico literário, jornalista e historiador muito conhecido por reunir contos de fadas e histórias tradicionais inglesas. Os dois se conheceram em Menton, onde Lang também estava por motivos de saúde; Henry Austin Dobson (1840-1921) foi um poeta, ensaísta e biógrafo de autores ingleses como Henry Fielding, Horace Walpole e William Hogarth.
6. Duas das obras de Thackeray: *História de Henry Esmond*, de 1852, e *Feira das vaidades*, de 1848.

CAPÍTULO 16

1. Escrito em resposta a algumas opiniões expressas por Henry James (1843-1916) na revista *Longman's* de dezembro de 1884 sobre a importância da verdade no trabalho do romancista, este texto marca o início de um debate sobre a arte da ficção.
2. Walter Besant foi um romancista e filantropo inglês (1836-1901).

3. Fídias (c. 480-430 a.C.) foi um escultor, pintor e arquiteto da Grécia Antiga – sua estátua de Zeus em Olímpia foi uma das Sete Maravilhas do Mundo Antigo; William Hogarth (1697-1764) foi um artista inglês conhecido pelas suas gravuras e pinturas morais e satíricas; Anton Maria Salvini (1653-1729) foi um naturalista, classicista e linguista italiano de renome, conhecido por suas traduções de textos em latim, grego e hebraico.
4. Charles Edward Mudie (1818-1890), editor inglês e fundador da Mudie's Lending Library e da Mudie's Subscription Library, era filho de um vendedor de livros de segunda mão. O eficiente sistema de distribuição e a vasta oferta de textos de Mudie revolucionaram o movimento das bibliotecas circulantes e influenciaram os valores da classe média vitoriana e a estrutura do romance em três volumes.
5. Em *All Sorts and Conditions of Men* (1882), Besant retrata a pobreza e a privação do East End londrino.
6. Poema narrativo de Walter Scott publicado em 1810.
7. A estrofe spenseriana é uma forma de verso fixo inventada por Edmund Spenser (c. 1553-1599) para o seu poema épico *The Faerie Queene* (1590-96). Cada estrofe contém nove linhas no total: oito linhas em pentâmetro iâmbico seguidas de uma única linha "alexandrina" em hexâmetro iâmbico.
8. Charles Reade foi um romancista e dramaturgo inglês (1814-1884).
9. Romance de 1842 Edward Bulwer-Lytton (1803-1873).
10. O reverendo George Gilfillan (1813-1878), autor e poeta escocês.
11. Romance cômico de Henry Fielding (1707-1754), de 1749.
12. Jules Michelet (1798-1874), historiador e escritor francês considerado um dos fundadores da historiografia moderna.
13. "Nas montanhas ínvias", da Ode I, 23, de Horácio.
14. Deuteronômio 34:1 e Números 23:14. Alguns tradutores da Bíblia traduzem Pisga (פִּסְגָּה) como o nome de uma montanha, geralmente se referindo ao monte Nebo. A palavra פִּסְגָּה significa literalmente "cume". A região fica a leste do rio Jordão e a nordeste do mar Morto.

15. Romance picaresco de Alain-René Lesage (1668-1747).
16. Conto publicado pela primeira vez na *Illustrated Magazine* em 1884.
17. Livros publicados por Aldo Manuzio (1449-1515), em Veneza, a partir de 1494. Esses livros tinham a reputação de ser dos melhores da época, porque as edições eram de alta qualidade e os preços, acessíveis. Manuzio publicava principalmente clássicos latinos e gregos, bem como dicionários para ajudar os estudiosos a interpretar os textos. Ele empregou acadêmicos eruditos como Erasmo de Roterdã, cujas obras publicou mais tarde, quando passou a imprimir em línguas modernas.
18. *Pair of Blue Eyes* (1873) é um romance de Thomas Hardy (1840-1928), publicado em 1873; *Griffith Gaunt, or Jealousy* (1866) e *The Double Marriage* (1857), de Charles Reade são romances de sensação (gênero literário centrado em assuntos tabu que atingiu o pico de popularidade nas décadas de 1860 e 1870).
19. Romance de 1834 de Balzac, incluído n'*A comédia humana.*
20. O protagonista de *The Minister's Charge; Or, The Apprenticeship of Lemuel Barker* (1886) é um poeta péssimo e inocente que deixa a sua fazenda e vai para Boston na esperança de ser publicado. Henry James adorava o romance e escreveu para Howells dizendo que o livro "seduziu, encantou e iluminou o meu caminho" e que "o livro é tão bom que a minha leitura consistiu num 'bravo' ininterrupto".

CAPÍTULO 17

1. No fim do século XVIII, os irmãos Hugh (1749-1774) e Alan Stevenson (1752-1774) estabeleceram um negócio nas Índias Ocidentais. Alan deixou um filho, Robert Stevenson (1772-1850), que viria a se tornar o famoso engenheiro e construtor de faróis e avô de Robert Louis.
2. Era assim que Stevenson chamava os horrores que o atormentavam no sono.
3. George Payne Rainsford James (1799-1860), historiador e romancista inglês.

4. Stevenson ingressou na faculdade de engenharia em 1867, para seguir o ofício familiar de construção de faróis. Quando anunciou à família, em 1871, que ia abandonar a faculdade para perseguir a carreira de letras, seu pai o pressionou a pelo menos estudar direito para ter uma alternativa, coisa que ele fez. Passou no exame para se tornar advogado em 1875, aos 24 anos.
5. Onde fica o campus de Old College, em que funciona a faculdade de direito.
6. Edifício de vários andares divididos em apartamentos, como um cortiço. Mais frequentemente usado para se referir aos blocos de apartamentos na High Street.
7. Espírito do folclore escocês que executa tarefas domésticas e trabalhos agrícolas enquanto os donos da casa estão dormindo.
8. Adolphe Phillippe d'Ennery (1811-1899) e Victorien Sardou (1831-1908), dramaturgos franceses.
9. Descartes acreditava que a alma ficava alojada e todos os pensamentos eram formados nessa pequena glândula que fica no centro do cérebro e produz a melatonina.
10. Nos folclores medieval e moderno, um espírito amigo que ajuda e protege as bruxas e os praticantes de magia e pode assumir qualquer forma.
11. Publicado em dezembro de 1885.
12. *O peregrino* (1678-84) é apresentado como um sonho com propósitos didáticos.

CAPÍTULO 18

1. Tradução de José Paulo Paes.
2. No original "Turkey merchant", membro da Levant Company, companhia majestática constituída em 1592 para conduzir negócios com o Império Otomano e dissolvida em 1825.
3. Referência ao canto VI de "In Memoriam A. H. H." (1850), de Tennyson.
4. Eclesiastes 7:1.

5. Robert Bruce é Roberto I (1274-1329), rei dos escoceses durante as Guerras da Independência. Já Robert *le diable* é Roberto I da Normandia (1000-1035).
6. O termo praenomina, na convenção romana para nomes masculinos, indicava o prenome que os pais podiam escolher antes do nome da família a que pertencia, o que não foi alterado de lá para cá.
7. Trecho de um verso de "Ode: Intimations of Immortality from Recollections of Early Childhood", poema de Wordsworth de 1804.
8. O termo sobriquet indica o apelido de uma pessoa.
9. William Rae M'Phun foi um editor importante de Glasgow.
10. Lumpha, em latim antigo, se refere às ninfas das fontes.
11. Oliver Cromwell (1599-1658) e John Pym (1584-1643) foram figuras fundamentais na Guerra Civil Inglesa. Pym liderou as reformas na Câmara dos Comuns, defendendo inicialmente a reconciliação com a monarquia e procurando impor limitações constitucionais ao poder real. Cromwell, que defendia mudanças sociais mais radicais e de caráter religioso, governou como ditador até sua morte depois da deposição de Carlos I.
12. Profeta cujos oráculos e orações estão registados no Livro de Habacuque, o oitavo dos 12 profetas menores da Bíblia hebraica.
13. Título usado no direito constitucional britânico para designar o chefe de Estado. Às vezes era usado para designar os titulares de outros cargos temporários, como um regente que substituísse um monarca ausente.
14. Samuel Pepys (1633-1703) foi membro do Parlamento e presidente da Royal Society, mas ficou famoso pelos diários que manteve na década de 1660, nos quais registrou acontecimentos como a Grande Peste e o Grande Incêndio.
15. Filho de Frederick Charles Hengler (1820-1887), espécie de magnata do circo, proprietário de casas de espetáculo fixas em cidades como Liverpool, Glasgow, Dublin, Bristol e Londres.
16. Tio de Tristram e irmão de Walter.

CAPÍTULO 19

1. Utilizadas em enforcamentos públicos e também para a exibição dos cadáveres.
2. Bandeira de sinalização náutica usada para avisar que a embarcação vai zarpar.
3. Pequeno porto perto de Sebastopol onde uma das batalhas mais importantes da Guerra da Crimeia (1853-56) teve lugar. Os ingleses lutaram ao lado dos turcos e dos franceses contra o Império Russo. A cidade ficou famosa pela Batalha de Balaclava, durante a Guerra da Crimeia, graças à Carga da Brigada Ligeira, uma investida da cavalaria britânica que, devido a um mal-entendido, foi enviada a um vale fortemente dominado em três lados pelos russos. Tennyson imortalizou a batalha no poema "The Charge of the Light Brigade" (1854).
4. Marco Cúrcio, herói lendário. Segundo a lenda, em 362 a.C., se abriu um abismo no Fórum Romano. Os videntes declararam que o fosso nunca se fecharia até que o bem mais valioso de Roma fosse atirado para dentro dele. Afirmando que nada era mais precioso do que um cidadão corajoso, Cúrcio saltou para o abismo, que se fechou imediatamente.
5. Cidadezinha na costa da Campânia, a 16 quilômetros de Nápoles. Era a estância de verão preferida da aristocracia romana.
6. A ideia de que somos feitos da mesma matéria que os sonhos foi tirada do quarto ato de *A tempestade*, de Shakespeare.
7. "A matéria, então, pode ser definida como uma Possibilidade Permanente de Sensação", de *Uma análise da filosofia de sir William Hamilton* (1865), de John Stuart Mill (1806-1873).
8. Segundo a lenda, Don Juan, depois de matar num duelo o pai da jovem que estava seduzindo, encontra a estátua desse pai num túmulo. A estátua ganha vida e o arrasta para o inferno.

9. Na Inglaterra, um costume antigo era o toque dos sinos das igrejas em três momentos específicos, antes e depois da morte de um cristão.
10. Concebida por James Heath, de Bath, por volta de 1750, a cadeira podia ser empurrada por trás e dirigida por uma longa haste curva ligada à roda da frente e controlada pelo ocupante. Foi especialmente popular durante a era vitoriana, quando era usada nas estâncias balneares.
11. Em 1773, Samuel Johnson, então com 63 anos, fez uma viagem de mais de 80 dias pela Escócia, na companhia do seu biógrafo e amigo James Boswell. Mais tarde, Johnson publicou *Uma jornada às ilhas ocidentais da Escócia* (1775), e Boswell, *Diário de uma viagem às Hébridas* (1785).
12. Tirado da Ode 1.3, de Horácio, "*aes triplex circa pectus*", "peito fechado por latão triplo".
13. O "químico eminente" não era um cientista famoso, mas um químico que trabalhava numa pequena loja.
14. Horatio Nelson (1758-1805), o mais famoso almirante da história naval da Inglaterra, que venceu a batalha de Trafalgar.
15. Thackeray e Dickens, mortos em 1863 e em 1870, respectivamente, deixaram inacabados *Denis Duval* e *O mistério de Edwin Drood*.
16. De *As Báquides* (189 a.C.), comédia de Plauto (230-180 a.C.).
17. De "Ode: Intimations of Immortality from Recollections of Early Childhood" (1807), de Wordsworth.

CAPÍTULO 20

1. Do hebraico, *luzes e perfeições*. Objetos dotados de poder oracular.
2. Em inglês *Bobadil*, personagem da peça *Every Man in His Humour* (1598), do dramaturgo Benjamin (Ben) Jonson (1572-1637).
3. Mistura de uma fala do terceiro ato de *Hamlet* com Lucas 9:29.
4. Isaías 44:20.

5. John Herschel (1792-1871), Heinrich Wilhelm Dove (1803-79), James Glaisher (1809-1903), Peter Tait (1831-1901) e Alexander Buchan (1829-1907), meteorologistas renomados.

CAPÍTULO 21

1. "A thing of beauty is a joy forever" é o primeiro verso do poema "Endymion" (1818), de John Keats (1795-1821).
2. *História de Frederico II da Prússia* (1858-65), de Thomas Carlyle.
3. *A história do declínio e queda do Império Romano* (1776-89), de Edward Gibbon.
4. Eclesiastes 12:12.

Este livro foi composto na fonte PP Mori e Silva Text
e impresso pela gráfica Printi, em papel Lux Cream 60 g/m^2,
para a Editora WMF Martins Fontes, em julho de 2025.